生活因阅读而精彩

生活因阅读而精彩

杰出孩子的30种表现

JIECHU HAIZI DE SANSHI ZHONG BIAOXIAN

林丹茹◎编著

中国华侨出版社

图书在版编目(CIP)数据

杰出孩子的 30 种表现 / 林丹茹编著. —北京:中国华侨出版社,2013.1

　ISBN 978-7-5113-3036-9

　Ⅰ.①杰…　Ⅱ.①林…　Ⅲ.①家庭教育　Ⅳ.①G78

中国版本图书馆 CIP 数据核字(2012)第 265124 号

杰出孩子的 30 种表现

编　　著 / 林丹茹
责任编辑 / 尹　影
责任校对 / 孙　丽
经　　销 / 新华书店
开　　本 / 787×1092 毫米　1/16 开　印张/19　字数/300 千字
印　　刷 / 北京建泰印刷有限公司
版　　次 / 2013 年 1 月第 1 版　2013 年 1 月第 1 次印刷
书　　号 / ISBN 978-7-5113-3036-9
定　　价 / 33.00 元

中国华侨出版社　北京市朝阳区静安里 26 号通成达大厦 3 层　邮编:100028
法律顾问:陈鹰律师事务所
编辑部:(010)64443056　　　64443979
发行部:(010)64443051　　传真:(010)64439708
网址:www.oveaschin.com
E-mail:oveaschin@sina.com

序

杰出，来自父母的教育

望子成龙，是每一位家长的心愿。孩子，是爱情的结晶，是父母的寄托，也是未来的希望。天下父母都希望自己的孩子能够成为杰出的人才，能够做出一番事业。但是，人的资质有所不同，成长的道路各有选择，有些孩子能够渡过重重难关，达到人生的顶峰；有些孩子却被困难绊住手脚，只能停在中途，庸庸碌碌。

父母总想决定孩子的将来，想给孩子铺一条平顺风光的道路，但是，决定孩子将来的只能是孩子自己，他们才是未来的主人，他们的素质直接决定了将来的成就。那些从小就勤奋、努力的人，必然比懒惰、得过且过的孩子拥有更好的前程；那些品行端正、心地善良的孩子，必然比贪婪、自私的人拥有更和谐的人际关系；那些好奇心强、动手能力强的孩子，必然比木讷、尤热情的人拥有更广阔的视野……那么，孩子的素质来自何方？

《新三字经》上说，人之初，如玉璞，情与性，俱可塑。孩子的素质，靠的是父母的培养。父母需要将先天因素和后天教育结合，想要孩子成为拔尖的人才，首先要承认他现有的差距，然后查缺补漏，有针对性地一点一点培养，改掉他的缺点、强化他的优点，让他在各个方面都能有杰出的表现。

本书结合最新的社会学、心理学研究成果，提炼出杰出孩子的30种特征，涉及孩子的思维能力、学习能力、交往能力，也包括孩子的性格修养、品德修养。不要慨叹你的孩子不是个天才，也不要觉得只有那些天生歌喉洪亮、色彩感强、对数字迷恋的孩子才能成才，现代社会最讲究的是综合素质、综合能力。

想要培养杰出的孩子,先要做一个杰出的家长。在培养孩子的过程中,家长的头脑、孩子的配合缺一不可,甚至可以说,家长起的才是主导作用,他们是引路人、是向导,他们的一举一动都会被孩子模仿;他们的一言一语都可能对孩子产生深刻的影响。所以,家长首先要调整自己的心态,才能培养出杰出的孩子。

不管别人怎样看待你的孩子,首先家长要慷慨地给予100%的信心,有了这份信心,你便能付出更多的头脑和耐心去教导孩子。

好的家长还要有气度,不要总是握着家长的权威不放,认为自己说的都是对的,孩子说的就是肤浅的、幼稚的。要知道,教育面前,没有面子和尊严的问题。孩子有自己的主张是件好事,家长应该有度量接受孩子的质疑。

常言道,过犹不及。家长教育孩子经常犯两个"过度"错误:一是保护过度,什么都想替孩子做,什么都不敢让孩子尝试;二是压力过度,动辄打骂,粗暴训斥。其实,避免这两个问题很简单,无非"自由"二字。孩子的心灵和肉体都像刚抽芽的小树,太多的营养和太大的力度都会造成他们的扭曲,家长只有给他们足够的空间,他们才能自由自在地茁壮成长。

最后,父母还要有胆量,有胆量抛开父母的身份,然后拿出一半做老师,拿出一半做朋友。做个好老师,就是把你的人生经验用孩子最能接受的方式教给他们,而不是填鸭式地灌输;做个好朋友,就是要多听孩子说、多尊重孩子的意见,给孩子以提醒和指导,而不是管束和约制。只有这样,孩子才有可能把握自己的人生,而不是依赖你。

世上没有哪个孩子生来就是杰出的,正如爱因斯坦所说"天才是1%的灵感加99%的汗水",只是这汗水需要家长和孩子一起流。

阅读本书,不但能让广大家长找到一种轻松、有效的教育方法,更会在其中发现不少教育乐趣。所谓"寓教于乐",要知道,父母和孩子之间除了生硬的教育之外,还需要满满的欢乐与爱。

目 录
CONTENTS

第1章

玩耍嬉戏中也能透露出
强大的思考能力

第2章

孩子不但要会学习，
更要懂得学为所用

第3章

拥有过目不忘的惊人记忆力

第4章
不要忽视孩子的奇思妙想和浮想联翩

第5章
语出惊人,敢于提出富有独创性的见解

第6章
经常让人惊叹于他何时学会了如此多的新鲜词

第7章

能够长时间保持注意力集中

第8章

把一个故事讲述得妙趣横生

第9章

孩子精力充沛，
仿佛永远不知疲倦

第 10 章

新鲜事物总能吸引他的眼球

第 11 章

只要他喜欢做一件事,
就会坚持到底

第 12 章

喜欢冒险,尝试用不同方式
去做同一件事

第 *13* 章

你从来不教他，
他却能将东西很好地分门别类

第 *14* 章

你从来不知道他的小脑袋瓜里
有那么多的常识

第 *15* 章

一件事情他会不厌其烦地从头来过，
直到尽善尽美

第 16 章

对于弱者，
他会表现出极大的同情心

第 17 章

有时候，他的刻苦让你
肃然起敬

第 18 章

你永远不知道，
在老人面前他是多么乖巧可爱

第19章

他的幽默感经常惹得大人捧腹大笑

第20章

即使是小事，他也要做到言而有信

第21章

有时候他的表现真的像个小大人

第 22 章

好奇心经常让他打破沙锅问到底

第 23 章

他务实而有理想, 很有"主心骨"

第 24 章

有时候, 一点儿蛛丝马迹 他都不肯放过

第 25 章

他谦虚的时候,像成熟饱满的麦子

第 26 章

不论面对什么,他都能自信满满

第 27 章

关键时刻,
他总能表现出高度的理智

第28章

他很友好，
能和每一个人愉快相处

第29章

他很敏锐,有时十分敏感

第30章

强大的领导力让他常常成为
同学中的领头羊

第1章
玩耍嬉戏中也能透露出强大的思考能力

寓教于乐是天资教育的不二法门。在玩耍嬉戏中引导孩子的天性,教导孩子思考事物的道理,思考人与人的关系,思考人与世界的关系,这是培养优秀孩子的第一步。

孩子只要会玩就好

"我家的孩子只会玩,从小就不干正事。"

"只知道玩,长大了学习肯定不好。"

"让他去参加一个辅导班,他说什么都不肯!"

家长之间,经常会有这种对话,感叹自己的孩子"不务正业",但是对于孩子来说,只有"玩"才是天经地义,才最符合他们的天性。

小威今年才6岁,但已经是一个远近闻名的"神童",她不仅能脱口而出说英文句子、背唐诗宋词,还会弹钢琴、跳舞,就连珠算都很厉害。小威的"神奇",是因为她的父母注意早慧教育,在她刚识字的时候就教她背诗,进行双语教育,还请家教教她珠算、钢琴,又送她去舞蹈班……为了小威能成才,父母可谓煞费了苦心。

年幼的时候,小威经常对父母说想出去玩,父母也不是有意阻止,但他们总对小威说:"等你做完这套题就可以出去,"或者"等你再弹一小时钢琴就出去吧。"等到小威完成父母布置的任务,通常已经到了要睡觉的时间。在小威的记忆中,"出去玩"只出现在她的梦中,她很少有和其他小朋友一起玩耍的经验。

转眼间,小威已经是初中生了,大家惊奇地发现,小威的学习成绩虽好,个性却很阴沉,整天闷闷不乐的。钢琴、舞蹈这些东西她早就不学了,甚至听到这些词都会有强烈的厌恶表情,每当同学们说起小时候一起去抓蛐蛐的趣事,说起儿时最爱看的动画片,说起第一次去游乐园的开心,她就会露出羡慕的表情,这些事,她从来没有经历过……

什么样的教育才是最理想的?恐怕没有人能说得清楚,但理想的教育都有几个共同点:尊重孩子的天性、让孩子保持善良与对世界的信任、开发孩子的潜能。就像上面故事中的小威,她是个好学生,但父母对她的教育无疑是失败的,她少了童年的乐趣,少了对世界的热情,甚至小小年纪就体会了什么是铭心刻骨的厌恶憎恨,这样的情形,家长始料未及。

如果你的孩子刚上幼儿园,却从来不看动画片、不玩玩具、不出去和别的小朋友打闹,每天待在家里认生字、算算术,立志考个好大学,你会不会觉得这样的孩子不像个孩子?如果你的孩子从来不问"月亮为什么有时候是圆的、有时候是弯的"、"高楼是怎么盖起来的",而是很正经地告诉你"月亮上没有嫦娥和玉兔"、"那栋高楼不会是豆腐渣工程吧",你会不会觉得他身上少了童真、少了儿童特有的好奇与稚气?

教育学家说,中国的孩子压力大,当同龄的外国孩子还在享受户外的阳光,与花鸟鱼虫嬉戏时,他们已经被父母送进了各种幼儿学习班;当同龄的外国孩子还在涂鸦跳舞,他们已经背上了沉重的书包;当同龄的外国孩子一边学习,一边各尽所能地发展特长,他们已经过早地告别了美术、音乐教育,为中考、高考烦恼……

社会上,各种补习班蜂拥而起,鼓吹家长们"不要让孩子输在起跑线上",但从最简单的方面考虑,那些考上重点大学的学生,既有来自一线城市的富裕家庭,又有不少是来自边远山区的贫困家庭,而且后者的学习成绩往往比前者还要好,今后的发展有时比前者更好。

孩子还小,当你提起"学习"这个词,他们想到的只有老师板起的脸、学校繁重的课业、补习班紧张的气氛、父母的责骂,试想一下,这样的孩子还会爱学习吗?相反,如果他想到的是在大自然中认识动物和植物、在讲故事时学习生字和句子、在玩玩具时学习画画和摄影……你说,他还会反对学习吗?小孩子的学习就要有小孩子的方式,即使在游戏中,也一样可以学

习。那么,在"教育"和"玩"的问题上,父母应该注意什么?

1.尊重孩子的天性

每个孩子都有自己天生的个性,有些孩子天生好静,不喜欢人多的场合;有些孩子生来喜欢蓝色,什么东西都要求使用蓝色;有些孩子生来喜欢与人交流,要一刻不停地与人说话……这些东西不能选择,只能在接受的基础上按照更好的方向加以改造,千万不要强行扭转,那会扭曲了孩子的天性,这就像逼一个左撇子非要用右手,也许能改得过来,但那没什么必要,还会造成孩子的痛苦。不如在使用左手的基础上让他学会使用右手,这才两全其美。

有时候孩子会任性,非要违逆父母的意思去做一件事,尊重孩子的选择,对于父母来说并不是一件容易的事,父母总觉得自己的选择更有道理。但是,孩子的选择也不是没有原因,适当地接受他们的要求,让他们亲自去试一试,不管结果如何,都是一种生命体验。

2.给予孩子充足的娱乐时间

孩子的天性就是爱玩,爱做自己喜欢做的事。一定要保证孩子有充分的娱乐时间,带他们去野外、去公园,享受阳光和热闹的人群;让他们和小朋友一起游戏,培养他们初步的交际能力;让他们看喜欢的动画片、听吵吵闹闹的音乐,以具备最初的世界观和审美观;让他们自己动手进行创造,哪怕他们拿面粉捏动物、拿床单裁衣服,也不要打一顿屁股,要先夸奖再批评……在聪明的家长眼里,玩不会耽误孩子。玩是一种学习,也是一种训练。

3.早期教育不能忽视

有些家长矫枉过正,不想给孩子的童年压上一个又一个"书包",干脆让他们天天玩。这种"天天在野地里疯跑"式的教育也许能够拓展孩子的自由天性,却并不能培养孩子的学习能力。想要孩子能够成才,还是应当给予适当的早期教育。

能力培养是早期教育的重点,孩子需要具备识字、听音、学习、分析、推理和交际等能力,但我们要注意,这个阶段重在培养孩子的"学习意识",而不是非要让他们学习几千几万个汉字、能弹十几首曲子,或者能把整本《谜语大全》从头到尾都记住。为孩子选择一两个学习班,每周上几节课,让经验丰富的老师启迪孩子,只要能够达到一定的学前教育效果即可。

4.循序渐进

小孩子喜欢形象的东西,他们喜欢看动画片、看图片,色彩能刺激他们的视觉,让他们感受到世界的丰富。你可以给他们看插图注音版童话书,但若直接给他们的全是文字的世界名著,只会让他们感到枯燥,甚至让他们产生心理上的排斥感。

不要故作高深地教育你的孩子,他们听不懂。晦涩的语言只会造成他们的理解偏差;过多的大道理只会让他们疲惫不堪。不如用浅显的故事、具体的事例一点一滴地凝聚他们的人格,培养他们的习惯。

5.学会用孩子的语言与他们沟通

孩子的语言常常充满想象力,天马行空,非常具有想象力。如孩子在看到父母刷牙时忘记盖上牙膏盖子,他们可能会说:"牙膏的帽了怎么没戴?它会冻感冒的!"父母在日常生活中也可以模仿孩子的这种思维来教导孩子,如孩子在打扫卫生的时候,没有打扫干净,则可以说:"小纸片掉队了,快让它回到队伍里去。"或者在孩子经常放乱东西的时候,就可以说:"宝贝,东西找不到家了,多可怜呀!"这样的语言有趣味性、有形象感,更容易被孩子接受,用这样的语言与他们沟通,往往能达到事半功倍的效果。

但是,家长们一定要记住,最好的教育不是"管",而是收放自如,给孩子自由的同时,也要给他压力和责任,玩可以,但要注意人身安全、注意要和父母报平安、注意时间,让孩子自己懂得约束自己的行为。只有家长懂得教育,孩子愿意配合,才能达到最佳的效果。

在游戏中引导孩子进行独立思考

几年前,网上有一个很火的帖子,讲述了美国教师如何给孩子们讲著名童话《灰姑娘》。老师问孩子们:"你们说,如果12点到了,灰姑娘没有坐上南瓜马车,会出现什么事?"

孩子们说:"她会变得灰头土脸、穿着旧衣服!"

老师说:"对啊,这是多么糟的一件事啊,所以大家一定要做到守时,特别是女孩子,要注意外表的美丽,每天都要让自己干干净净的。"

老师又问:"大家说,灰姑娘去参加舞会只是靠仙女的帮助吗?"

孩子们回答:"不对!还有老鼠、南瓜、狗!"

老师说:"对,它们一起帮助了灰姑娘,所以大家一定要记得,每个人都离不开朋友的帮助。"

……

这个帖子很长,回帖的人都佩服这位老师的智慧,惊呼:"这就是教育的差距!"

常听人感叹,国内教育和国外教育差异巨大,而且,人们隐隐约约都在说:"现在的教育束缚孩子的天性,让孩子局限在考学和做题中,在其他方面得不到发展。"凡事都要一分为二,中国孩子的学业负担的确重,但也不可否认他们的知识水平更高一筹,不止一个留学生回国后说:"外国大学的课程很简单,在国内都学过。"当然,也不能忘记他们同时也会说:"外国学生想问题比我们更深入、更广泛。"

转眼间,我们告别学生生涯,为人父母,再回头看自己受过的教育,难免有更深的感触,也希望在孩子小的时候就找到一套行之有效的教育方法,让他既能承担繁重的课业,又能在繁重之余以童真的心情感受童年,最好还能尽可能扩展他的思维,让他有更广博的知识储备、更独特的思维方式……父母总想将最好的东西教给孩子,所以,想要开启孩子的智慧,父母首先要动脑。

想要孩子有独立的思想,不随波逐流,能够与众不同,首先要保证孩子能够自主思考。一件事发生了,他马上就能有自己的想法,而不是看父母的脸色、听父母的说法。遇到困难的时候,他愿意积极地想解决的办法,而不是等着别人帮他解决,或者模仿别人的解决办法。父母也不必为锻炼孩子思维煞费脑筋,其实,就像美国老师讲《灰姑娘》那样,讲故事、猜谜语、做游戏……在孩子们喜欢的活动中,你就可以见缝插针,启发他们思考,这样做不但不会招致他们的厌烦,还会让他们乐在其中,觉得游戏更有滋味。

任何游戏都可以是智慧的启蒙。例如,搭积木很简单,但是要把积木搭成高塔,需要考虑每块积木的受重;要把积木搭成宫殿,要考虑每块积木的图案。这些都可以称为学问,都可以在孩子娱乐之余教授他们知识。但是,孩子常常沉迷了游戏本身,沉迷于游戏带来的快乐,忘记思考这同事。你也许会发问:游戏真的能让孩子具备独立的思考能力?其实,关键是你要知道在游戏里,应该让孩子思考些什么。

1.让孩子思考事情的内在原因

每一个游戏都能找到一系列的问题。例如,为什么陀螺会转?为什么人可以浮在水上?为什么风车可以扇风?父母是孩子的第一任老师,也许你还无法让孩子理解什么是惯性、浮力和摩擦力,但是,只要他肯想、肯问,那就是一个好兆头。

起初,孩子只顾着看旋转的陀螺,在游泳池拍水、握着风车乱跑,他不会想到问问题。这时候,你可以向他提问,让他思考,他如果想不到,你再给

他详细讲解。这样的提问发生数次之后，他就会形成一种思维惯性，看到新奇的事，也会问你"为什么"。在游戏中，你要为孩子打开一扇求知的门，让他们玩得开心、学得轻松。

2.让孩子思考如何把一件事做好

小孩子玩游戏的认真程度不亚于科学家对待火箭升空。如果你和他一起探讨"怎样才能在最短的时间让游戏通关"，他肯定拿出全副注意力和劲头，这时候，你不妨"趁热打铁"，教给孩子这样一个思维方式：做每一件事都要思考方法、思考如何做得更好。

思考时，最重要的是思维方式，一旦习惯某一种思维方式，做什么事都会不自觉地带入。倘若你的孩子在每一次游戏时都想着如何把游戏做到最好，那么今后他做什么事都会特别认真，寻找方法，在学习上也是如此，这会为你的教育省不少时间和力气。

3.让孩子思考人与人之间的关系

孩子最初的人际关系概念是在游戏中萌芽的。在多人游戏里，和哪个小朋友合作多一些、和哪个小朋友总是争吵、哪个小朋友看上去最让人信服、哪个小朋友大家都不喜欢……这些事，孩子看在眼里，如果亲子关系和睦，交流时间充裕，他会一样不落地说给你听。

这个时候，要引导孩子进行思考："为什么你和某个人关系好？是因为他对你好，还是因为你们有话聊、共同点多？""为什么和某个人总是处不来？是你的问题还是对方的问题？""你佩服的那个孩子，身上有什么优点？你能不能把这个优点学来？""大家为什么会讨厌同一个人，他有什么缺点？你身上有没有这种缺点？"孩子会顺着你的问题思考答案，进而懂得人与人的不同，学习小朋友身上的优点，摒弃缺点，并试着和更多的人相处。

4.让孩子形成自己的见解

孩子能说话的时候，就已经具备了发表意见的能力。当他的思维逐渐形成,就可以训练他发表自己的见解。从小就要让他养成良好的独立思考习惯,没有亲眼看到的东西,不要乱说;没有亲自调查的事情,不要下定论;大家都在说一件事,不要跟风、人云亦云。如果你的孩子能做到这 3 点,他的每一个见解都会有分量。

小孩子接触的事情太少,容易形成偏见,而且他固执起来,九头牛也拉不回来。这个时候,千万不要专断地说:"不对!你必须按我说的做!"这只会让孩子更加"藐视权威"。对付固执的孩子,最重要的是有耐心,用实际例子一点点纠正他的错误看法,或者干脆让他实践一下自己的错误,碰上一鼻子灰,他自然会对家长的话多一层信服,今后更愿意听家长的建议。

不要干涉孩子之间的矛盾纠纷

仔细观察孩子们,你会发现一个很有趣的现象:每一群孩子中都会有"孩子王"、"哭包"、"小军师"、"傻大胆"这些角色,他们的个性让你一目了然。孩子们会煞有介事地形成一个"小社会",扮演着各自的角色,并乐在其中。

小朋友玩耍的时候,难免磕磕碰碰,孩子之间的事,用大人的道理说不明白。他们可能因为一块橡皮、一根铅笔闹绝交;也可能会因一瓶可乐、一块蛋糕重新和好,说对方是自己"最好的朋友"。他们亲热起来,恨不得时时刻刻黏在一起,不分彼此,不管爸爸妈妈买了什么样的好东西,他们也要记得给自己的好朋友带上一份去分享。

孩子之间也会互相猜忌,他们的思维简单,对他人的认识除了"好"就是"坏",你要跟他们讲"人都是有优点也有缺点",他们多半听不懂,也不愿意听。每一个当父母的人都要明白这样的道理:成长是孩子自己的事,你是一个协助者，就像花园里的员工，当小树苗长歪的时候，你扶正；当太多枝叶影响长势的时候，你修剪。但是，千万不要规定它在什么阶段一定要到达什么样的高度和粗度，否则只会让你和孩子一起失望。

　　一天早上，刘女士怒气冲冲地来到幼儿园的教师办公室，对孩子的班主任大发雷霆，原因是她的孩子刚进幼儿园3天，就被班上的小朋友欺负，脸上甚至挂了彩，可这种情况下，班主任竟然不闻不问，她要替孩子"讨一个公道"。

　　班主任是个40来岁的中年妇女，她平静地听刘女士说完，和声和气地说："孩子刚进入幼儿园，和小朋友相处不来是正常的。如果闹一点儿小矛盾，家长老师就干预，反倒不利于孩子和其他小朋友好好相处。"刘女士愤愤不平地说："难道我的孩子就要白白让别人欺负吗？"班主任说，"吃亏是福，如果孩子打小就明白这一点，变得大度而且宽厚，这对他的未来也有好处。"不管刘女士怎么发脾气，班主任就是不肯替她"主持公道"。

　　刘女士回到家后还是一肚子气，恨不得马上给孩子换一个幼儿园，还是丈夫劝了又劝，才把这件事给压下去。事情过了几天，孩子脸上的伤好了，她才渐渐消了气。再过了一个月，孩子果然和小朋友们相处愉快，再也没被别人欺负过，刘女士这才知道班主任说的话极有道理，她很郑重地打电话给班主任，道歉外加道谢。

　　小孩子们会闹矛盾，一来因为个性太强，还不适应集体生活；二来因为对环境不熟悉，产生了怕生、逆反等心理，容易和人产生摩擦。孩子从小就要学会如何与人相处、如何分辨对和错、如何理解他人、如何维护自己的利益。那么，父母平日应该给孩子哪些教导，才能减少孩子与他人的纷争，让自己能轻轻松松当个"旁观者"？

1.尊重他人的个性

　　人与人的个性不同，小孩子却不明白这一点。他不明白为什么自己开心地在老师的带领下做游戏时,有些孩子却喜欢在角落里看书,有些非要黏在老师身边,有些总是想出一些匪夷所思的主意,有些玩着玩着哭了起来,因为别人弄脏了他的衣服……

当孩子不理解他人时,不要对孩子说"那是个哭包,别学他"、"那个孩子孤僻,长大了肯定不好相处"、"小小年纪就知道讨好老师,不得了"这一类话,你的孩子还小,他会把父母的话看做真理,想也不想便全盘接受。你希望孩子变得势利吗?更可怕的是,小孩子口无遮拦,没准明天,他就把你说的话告诉了那些小朋友,然后家长老师知道了这件事,到时候,你会给别人留下一个什么印象?

要让孩子试着用善意的心态理解别人,告诉他"那个孩子性格羞涩,不好意思和其他小朋友玩,你应该多跟他说说话"或者"那是因为他喜欢那件衣服,你的东西坏了,一样会哭不是吗?"你将孩子的心态引导到善意的方向,他就会以善意的角度揣测他人,变得尊重他人的性格,不会为人与人的不同而大惊小怪。

2.尊重他人的利益

很多父母认为对小孩子不能说"利益"这件事,会"污染"孩子纯洁的心灵。其实,只要教育方法得当,让小孩子明白一些和利益有关的事,未必就让孩子变得市侩,还会让他们更懂得维护自己,照顾他人的感受。

他人的利益,主要是指他人的所属品、他人的情感领域还包括他人的决定。要让孩子明白每个人都有自己的"领域意识",包括自己的爸爸妈妈和所有物品,要让孩子清楚地分辨出什么物品属于自己、什么物品属于他人、什么物品是公共的,大家都可以使用。换言之,不要让孩子以为外面是家里,别人都会让着他,别人的东西他可以随便用。一旦过界,就是冒犯他人,必要时要道歉。学会尊重他人利益,会让你的孩子不会僭越他人的底线,这种性格在他的成长过程中会起到积极作用,让他有礼有节,更好地与

他人相处。

3.孩子受了欺负怎么办

原则上，家长不应该干预孩子们的矛盾。实际上，孩子们的纠纷常常以各自回各自家叫来家长来收场。这个时候，家长的表态就显得十分重要。多数家长都采取"息事宁人"的态度，一来孩子的事，家长不便插手，二来不想因为孩子影响家长之间的关系。

如果其他孩子仗着自己人高马大，总是欺负其他小朋友，让他们毫无办法，你的孩子也总是跟你诉苦，这时候你不能一味地要求孩子"自己解决"，可以联系对方家长，让对方家长留意一下对孩子的教育，天下父母，没有人希望自己的孩子是个"小恶霸"。如果你的孩子正是这么一个小霸王，你必须对他进行训诫，让他懂得力量是用来保护弱小者的，而不是欺负他们。如果你动不动就帮孩子"撑腰"，会让你的孩子更加肆无忌惮，甚至开始无法无天。

总之，不管孩子们如何闹别扭，只要不是特别严重的事，家长应该本着"看热闹"的心态，跟着笑一下就好，千万不要插手、起哄，一定要让孩子自己作决定，才能去掉他身上的骄娇二气，让他成为一个会玩也懂道理，能忍也能自立的好孩子。

第 2 章
孩子不但要会学习，
更要懂得学为所用

现代社会，知识最重要，有了知识才会有进步。但是，有些孩子懂得活学活用，有些孩子只知死学，根本不会利用。孩子的一生都是学习的过程，父母要让他们在学到知识的那一刻就有运用知识的意识。学以致用，才是学习的最终目的。

激发学习兴趣，掌握高效的学习方法

　　孩子本性爱玩，如果想用管教和规章来让孩子爱上学习是不现实的。要想让孩子爱上学习，兴趣是最好的老师。一切方法都抵不过"兴趣"二字，兴趣是人们力求认识某种事物或爱好某种活动的倾向。这种倾向总是和一定的情感联系在一起，并对人们的行为起向导作用。

　　也就是说，孩子一旦产生了对学习的兴趣，就会爱上学习，从而才能更加愿意自动投入学习中去。兴趣可以说是孩子自主学习的一种动力，能让孩子产生良好的学习效果。法国昆虫学家法布尔就是一个很好的例子。

　　法布尔在很小的时候就对昆虫产生了浓厚的兴趣。那时，法布尔的父母都以为他玩世不恭，直到有一天发现他的确是在饶有兴致地钻研昆虫。

　　一天夜里，等家人都睡下了，法布尔便悄悄溜出门，提着灯笼蹲在田野里观看蜈蚣怎样产卵，这一看竟看了几个小时，不知不觉天都亮了起来。当他最后抬头一看时，原来太阳已经从东方升起来了。还有一次，法布尔为了观察蜣螂的活动，竟爬到树上一动不动地观察，等家人发现他时，他已经四肢麻木得不能下来了。

　　法布尔的父亲这下终于知道了孩子的兴趣，于是便不再责骂他，还鼓励他把自己的爱好延续下去。法布尔的父亲认为，人一旦对某项事物有了兴趣和热情，自然就会在自己所擅长的领域做出一些成就来。

　　在父亲的鼓励下，法布尔立下了终生研究昆虫的志向，并写下了赫赫有名的《昆虫记》，为昆虫学研究作出了巨大的贡献。

大多数孩子对学习的兴趣都不是与生俱来的,都需要父母长期的教育影响,这是在社会实践中不断地发展起来的。激发了孩子的学习兴趣就是给孩子的学习增加动力,只有有了动力,孩子才能够在学习中游刃有余。

当然,学习兴趣并不是一蹴而就的,更不是靠父母苦口婆心地劝导才得以形成的。父母要学会分析孩子的实际情况,掌握合适的方法来激发孩子的学习兴趣。那么,父母应该如何来培养孩子的学习兴趣呢?

1.找到孩子缺乏学习兴趣的原因

孩子总有许多理由来拒绝学习。比如,有的孩子在学校经常遭受老师批评,进而就对学习产生了排斥;有的孩子因为学习方法不得当,结果已经十分努力了可成绩依然赶不上,于是陷入了恶性循环。

其实,做父母的要知道,没有一个孩子是甘于落后和被批评的,可是现实中的确有很多因素阻碍了孩子对学习兴趣的产生。这时,父母要做的不是对孩子加以打骂、责罚,而是要给予理解和关爱。父母应该引导孩子将自己在学校的情况说出来, 然后分析究竟是什么原因导致孩子不爱学习。最后,要让孩子发现其实自己不喜欢学习的理由并不是学习本身,而是很多外在的因素。

父母要做的就是帮助孩子克服那些外在因素。比如,父母应该向老师积极反馈孩子的情况,让老师改变一下对孩子的批评方式,教会孩子一些科学的学习方法等。只有这样,才能让孩子对学习充满兴趣。

2.用好奇心来激发孩子的学习兴趣

兴趣来源于强烈的好奇心,但如果孩子每天都过着"学校—家庭"这种两点一线式的生活,每天都重复一样的模式来学习的话,就容易对学习产生厌倦情绪。

居里夫人曾说过,好奇心是学者的第一美德,而好奇心又总是兴趣的导因。父母要十分珍视和保护孩子的好奇心,孩子只有带着好奇心去学习各种科学知识,才会形成良好的学习兴趣。因此,父母要善于抓住孩子的好奇心,从而加以正确引导,帮助孩子激发学习兴趣。

激发好奇心的方法有很多,比如父母可以在孩子学习之外适当增加一些新鲜的学习内容。例如,孩子如果不喜欢学习语文,就多给他挑选一些课外书籍,周末还可以带他去图书馆,感受一下读书气氛;如果孩子不喜欢自然课,可以多带他去动物园、植物园、科技馆等地方,以此激发孩子的兴趣。

3.掌握高效的学习方法

许多孩子之所以厌倦学习,就是因为学习不得法,鲜有成效。很多人都说,学习没有捷径,只有踏踏实实地学才是正途,但高效的学习方法的确能让孩子更快捷、轻松地迈向成功。而且,高效的学习方法还能激发孩子的学习兴趣,有利于他们发挥自己的才能和天赋,但学习若是不得当,则会让孩子产生厌倦心理,从而阻碍孩子才能的发挥。

古人说,钓胜于鱼。掌握高效的学习方法就如得渔,这比默默无闻地死学更有用,所以,每位父母都要积极地为孩子寻求适合其自身特点的高效的学习方法,将孩子的学习变成一种乐趣。学习方法有很多,如帮孩子制定长期目标和近期目标、帮助孩子制订科学的学习计划、教孩子学会科学用脑、掌握最佳学习记忆的时间等。

4.降低学习难度

望子成龙这是天下父母的共同心愿。然而,如果对孩子的期望值过高、对孩子的要求过于苛刻,往往不利于孩子产生学习兴趣。更有许多家长怕孩子成绩差,在亲朋好友间失了面子,就一味给孩子加压,结果反而让孩子产生逆反心理,更不爱学习了。

因此,家长不如降低标准,为孩子降低学习难度。如果孩子能够稍稍做出一些努力就能达到父母所愿的话,就会认为学习并不是一件太难的事,那么就能逐渐喜欢上学习。

玩转考场，考取高分有技巧

爱学习的孩子就一定能在考试中拿高分吗？未必如此。有的孩子平时总能注意听讲，积极地回答问题，按时完成家庭作业，但每次到了考试，都会名落孙山，让家人空欢喜一场。其实，这是一个普遍现象，就连报纸上也时常会刊登出某某考生晕场的报道。

每到期末总结，老师都会给冉冉一个很高的评价：上课注意听讲、积极地回答问题，等等，可再看她的期末成绩，简直就是一落千丈。冉冉的成绩总是不太好，经常连及格线都达不到。

又快到考试了，这次妈妈给冉冉下了一个死命令，如果这次数学考试再不能及格，就要扣押她两个月的零花钱。一听到这里，冉冉的心里就更加紧张了。

很快到了考试那天，冉冉怀着忐忑不安的心情走进了考场。当考试卷子发下来后，她先浏览了一番，看上面是否有自己熟悉的题目。结果，冉冉一看，所有的题目都是生面孔，没有一个自己做过的，心里就更加紧张了。

接着，她按照题目顺序逐个做题，做完几道后，她就回过头去看看自己做了多少题、能得多少分，然后再看看后面会做几道题，然后算一算自己能不能及格。可每次算完一遍，她都觉得自己离及格线更远了一点儿，于是心里就更紧张了。

冉冉努力想让自己冷静下来，从而专心做题，可她已经心乱如麻，思路便一下子被打断了。这下，就连平时会做的题目或是心里熟记的题目也都给忘了。这时，冉冉感觉自己的脑袋再也不听使唤了，耳根子嗡嗡直响。"这次考试又完了!"冉冉心里想着,再也没有力气拿起笔来了。

果然,冉冉这次又没能及格。

像冉冉一样平时表现良好却总是考不出好成绩来的孩子不在少数。我们难道能说这样的孩子是优秀的、杰出的吗?在接受教育的过程中,考试是检验孩子是否学有所成的一种有效手段。每次考试的分数代表着孩子掌握的知识,分数高低能证明孩子学会了多少东西,所以分数并不是可以轻易忽视的。

再者,考试对于孩子来说不单是知识的检验,更是一种技能的测试,是对综合素质的考查。那些有着充分知识储备的孩子却不能玩转考场,考不出好成绩来,那么即便他们再爱学习,再肯刻苦用功,一切也都是徒劳,我们也不能说他们是优秀和杰出的。

杰出的孩子不但要爱学习,更要会学习,懂得学为所用。其实考试不外乎两种,一种是平常的测试考试,目的是测量孩子的成绩,如果是个不会考试的孩子,那么知识储备再深厚也是得不到学校认可的。另外一种考试是选拔优等生,类似于淘汰赛,目的是把学生划分为上、中、下3个等级,然后各个学校择优录取。

不管哪一种考试,如果孩子不能考出好成绩,都是无法被认可的。因此,即使在喊着"素质教育"的口号下,我们还是应该将考试重视起来,把孩子培养成一个能够轻松玩转考场的杰出天才。

玩转考试其实是需要一定技巧的。许多父母一味地相信只要孩子学了知识,就一定能取得好成绩的,因此,一旦孩子没能如他们所愿,便认为孩子在学校没有认真学习,并对孩子大加指责。这实在是错上加错。考试技巧并不是天生的,有的孩子能在学习过程中领悟,而有些孩子只能通过老师、父母的帮助才能领会到。那么,孩子究竟需要怎样的技巧来玩转考场呢?

1.赢在心态

在考试过后,我们常常会看到这种情形:几个学生聚集在一起讨论题目、核对答案，其中出现频率最高的话就是：啊呀，这个我错了，记起来了应该是怎么怎么做的。

明明熟记的东西，在考场上就是想不起来，可是一下了考场就立马想起来了，这究竟是怎么一回事呢？其实这是焦虑心理在作祟。随着考试的临近，大多孩子都会出现焦虑、紧张的心理状况，严重的一入考场脑袋就会一片空白，甚至晕倒。这是心态工作没有做好。

其实，孩子在知识储备方面的差距并不大，这时就看谁能保持一个良好的心态了。因此，父母要在心态方面引导孩子。

父母不但要让孩子相信自己的知识储备和复习效果，还要不断地激励他，让孩子把压力变成自己的动力，从而看淡考试，避免怯场。相反，如果父母为了让孩子考好，表现得比孩子自身还紧张，再加上说一些不合时宜的话语给孩子以一定压力，那么就会让孩子产生紧张和焦虑情绪，从而怯场。如果因为怯场问题而导致孩子的心智受阻，从而影响了考试成绩，那就太得不偿失了。

2.做好充分的准备工作

准备工作分为两种，一种是知识准备，一种是指身体准备。要想在考场上取得高分，一定要做足知识准备工作，否则就如巧妇难为无米之炊。再者，孩子只有把所学的知识都掌握牢固了，才不会畏惧考试。

身体方面的准备也一定要做好。考试是一件非常耗神、费力的工程，孩子在考试期间，精力、体力都比平时消耗量大很多，这就需要父母做好孩子的后勤工作，让孩子用一个健康的体魄去迎接考试。

3.掌握答题技巧

考场答题不似平时练习。平时练习时间充裕，而考场作答时间有限而且手头没有任何可供查找的资料，这时要想痛快作答就需要一定技巧了。

要学会快速浏览试题。考试开始前，有一段时间是用来填写卷头和浏览试题的。这时，孩子要做的就是仔细阅读考前提示，以免遗漏重要信息。然后，再把每道题通读一遍，有时，有些题目就能在这次通读中找到答案。

要学会有策略性地应试，首先做自己有把握的题目，不确定的题目做个标记，如果时间充足再回头攻克把握不准的。做题之前要认真审题，这是保证做好题的关键。很多孩子慌里慌张，总是害怕时间不够，因此总是匆匆掠过一眼题目就开始解答，结果总是因为没有细读题目而犯了大错，最后白白丢了分。

还要学会合理分配答题时间。现在，越来越多的孩子抱怨不是不会做，而是根本没有时间做完题。其实，并不是现在题量大，而是孩子根本不懂得合理安排考试时间。一般说来，考试时要先浏览一下试卷，然后心里有个大概的时间分配方案，知道哪些题目简单应该花多长时间完成、哪些题目复杂，需要花费多长时间等，然后还要把最后检查的时间空出来。

这个能力，需要孩子在平时做题时就着手训练。比如，做题时留意一下做题的时间，做一道简单的题是这么多的时间，做一道复杂些的题目又会花费多少时间呢？下次再做会不会节省一点儿时间呢？总而言之，想要考取高分，要靠平时的学识，也要考临考的技巧，信心与细心缺一不可。

此外，很多家长都信奉"成绩决定论"，孩子成绩好，他们喜笑颜开，把孩子夸上天；成绩不好，他们愁眉苦脸，恨不得让孩子一天 24 小时读书。其实孩子的成绩好与坏只是一时，小学到初中，初中到高中，贪玩的孩子可能变得用功，用功的孩子可能懈怠，倒不如让孩子保持一颗平常心，对考试成绩要重视，但不要视为唯一。成才的路有很多种，学校教育只是其中一种，考试是这一种中的一种，孩子的天地很大，不要一叶障目。

社会是一本大书,
处处留心皆学问

当孩子一天天长大,接受的教育程度一天天提高时,家长在欣喜和骄傲的同时,就需要想一想:让孩子接受教育的目的究竟是为了什么?孩子学了这么多的知识和学问,是否能够学为所用?如果这时让孩子走入社会,孩子是否能在社会中得到良好的生存和发展?

有人说过这么一句话:我花了 20 年的时间学会说话,20 年的时间学会做人,20 年的时间学会做事,人生,一共能有多少年呢?读书不只是读书本,学习也不只是学知识,读书学习的目的归根结底都是要走入社会、融入社会,与社会共进退。在此之前,社会就是一本大书,永远有你未知的信息。

因此,父母在抓紧孩子学习的同时还要注意培养孩子对新奇社会中存在的多方面知识的兴趣与探索。孩子对知识的好奇与渴望往往都是在小时候培养起来的。然而不少家长却认为孩子还小,或孩子还在上学,不应该去了解那么多的社会知识。正是因为这种心态的影响,才培养出了一大批高分低能的小皇帝和小公主。

学习是一件时时刻刻都能进行的事,社会更是一本大书,只要你处处留心,到处都是学问。做父母的应该谨记,孩子要学习的不只是书本上的知识,这种知识无论何时何地都能学到,更加需要学习的是社会知识,是那种孜孜不倦的学习精神。

18 世纪伟大的科学家富兰克林,幼年时期不懂得学习的重要,一点儿也不喜欢学习。然而,富兰克林的父母深深知道这个道理,因此尽管家庭条件不是很好，依然为富兰克林购买许多书籍。

只可惜年少轻狂的富兰克林根本懒得看这些书，每次当他拿起一本书准备要看的时候，还没读几页，只要一听见外面有小伙伴的叫喊声或外面发生什么事情，就立马会将手中的书一丢，回来之后早就忘得一干二净了。

有一天，富兰克林在外面玩耍的时候，听到一帮人在谈论埃及的金字塔。这是他以前从未听过的事情，更想象不出来那金字塔长什么样子、是做什么用的。情急之下，他便上前去询问，结果被那些人耻笑了一通。

富兰克林羞红了小脸，一口气跑到家中问他的妈妈："妈妈，你能告诉我埃及金字塔是怎么一回事吗？街上那些人说的话，我怎么就是听不懂呢？"富兰克林的妈妈便认真地给他讲解……听着听着，富兰克林仿佛见到了远在地球另一面的金字塔，最后他对母亲说："妈妈，我从来不知道你是这么的厉害，你怎么什么都知道啊？我要怎样才能变得像你这么聪明，有这么渊博的知识。"

富兰克林的妈妈只是笑了笑说："妈妈哪里什么都知道了，妈妈所知道的这些也都是从那些书上看来的。其实书上的知识是最丰富的，它不光是枯燥的算术题，还有更多有意思的内容，只要你去看、去发掘，肯定能懂得比妈妈还要多。"

从此以后，富兰克林对书籍产生了浓厚的兴趣，经常拿来书籍翻阅，并且他十分懂得学为所用的道理，经常通过实践来验证书中的道理，时间长了，不但扩大了知识面，更培养出了发明家的潜质。

广袤的社会就像富兰克林手中的书本一样，只有不断学习新知识、不断丰富自己，才能获得机会，并能加以利用，从而创造出源源不断的财富来。

当父母看到孩子有了一定的学习能力之后，欣喜之余不要忘了鼓励孩子学会自己思考，并把自己对待事物的想法倾诉出来，因为这不仅仅是对孩子语言能力的一种锻炼，还能让孩子把所学知识同实践联系起来，从而发掘更多的新知识。

家长千万不能在教育中步入两个思维误区：一是过于重视学习知识的重要性；二是忽略了知识及实践与社会的结合。活到老，学到老，人生处处有学问，时时需学习，任何时候都不能忘了学习。

但是，社会是复杂的，家长总是担心孩子过早地接触社会会沾染一些成人习气，变得势利、贪婪，而过早失去童真。其实这些都有赖于家长的指导。当孩子接触到社会的时候，如果家长能及时告知善恶对错，试想哪个孩子愿意做"坏孩子"？至于家长总是担心的安全问题，孩子早晚要面对，从小就扶着他适应，好过长大后突然要一个人面对。那么，在生活中，家长应该如何安排，才能让孩子安全地接触社会？

1.从邻里关系做起

现代社会，邻里关系似乎日趋冷漠，四面高墙隔绝了一个个小家庭，很少有人想到和对门邻居打个招呼。其实，邻里相处是孩子了解社会的一个好的起点。一来邻居有老有小、有男有女、有各种职业的人，能够让孩子接触到不同种类的大人与孩子；二来大家住在一个小区、一个楼层，抬头不见低头见，孩子的安全问题基本不用担心。

想要孩子接近邻居，父母要先行动，可以拜会一下邻居，或者在平日散步时聊聊家常，一来二去就能成为互相照应的朋友，然后教导孩子观察这些邻居，和他们友好相处，听他们讲讲自己在工作上的经历，这些都能够丰富孩子的头脑。

2.学校的社会实践

学校的环境很单纯，不过，多数学校都会照顾到孩子的教育需要，安排"社会实践"这个环节，让孩子们进入工厂、进入农田、进入敬老院。有些孩子不爱参加，认为这就是去"干活"，家长一定要改变他们的思想，让他们知道这样的机会是不可多得的。

参加社会实践，能让孩子近距离接触到工人、农民，甚至更多行业的人，知道他们如何工作、听听他们如何生活，让他们看到校园外的方方面面，这对他们幼小的心灵是一个触动，还能让他们学到很多学校里接触不到的东西。

3.旅游也是好机会

休假的时候，可以带着孩子出去旅游一下。跟团也好，自助也好，都是一个接触社会的好机会。在旅途中，不光要看湖光山色，更重要的是熟悉风土人情。如果是境内游，每到一个城市，会发现城市习惯的不同；每到一个乡村，会发现语言民俗各异。如果有条件境外游，更可以看看异国的人与事，这都是难得的学习机会。

在旅行前，先要跟孩子约法三章：不准叫累、不能拖后腿、不能耍脾气。不论见到什么人都要保持友好，遇事也不要吵吵嚷嚷、心急火燎，可以仔细看看父母如何处世。旅途上难免会有意外事故，例如，汽车突然坏了，停在半路，这时候孩子就会看到顾客自觉下去推车；例如，座位拥挤，有人站了很久，这时父母要求他挤一挤，让身边站着的人歇歇脚……对于孩子来说，亲眼看到这些事，好过你跟他说100遍"与人方便"、"与人为善"。

社会是一本大书，及早翻看，有助于智慧的积累、经验的积累。还有，在翻看这本书时，天真很重要，聪慧也很重要，能够有单纯真诚的心态，又有懂分析的头脑，无疑会将这本书看得更透彻。父母也要常常讲解这本书的精彩之处、疑难之处，让孩子真的看懂，真的能够活学活用，真的从中领悟了知识，得到了启迪。

第3章

拥有过目不忘的惊人记忆力

科学研究发现,幼儿和少年的记忆力处于人生"黄金状态",在这一时期开放孩子的记忆潜能,充分激活他们的大脑"库存",让他们掌握记忆方法,巩固所学所得,将为今后的学业奠定良好基础——你的孩子,也应该拥有过目不忘的记忆能力。

让孩子释放出大脑潜能

当我们走进博物馆，或是翻阅一下历史书籍，都会惊异于人类文明究竟何时发展到了如此地步。两千年以来，人类文明平均一两百年才会更新一倍，而到了近现代，几年之间，人类的知识便会更新一倍。特别是近两年，几乎每天都有新鲜事物乃至新鲜词汇走进我们的生活。在现今这个信息大爆炸的时代，一个普通人今天掌握的知识竟是古代人的几千、几万倍。

人类知识的更新速度如此突飞猛进，都应该归功于人类大脑的发展与进化。这就是在告诉我们，父母在教育子女的过程中应该将释放孩子的大脑潜能当做当务之急。

有人说，人脑比不了电脑，如今是计算机的时代，学会运用计算机的强大功能就行了。殊不知，计算机取代的仅仅是人类左脑的功能，也就是说，它仅仅替代了一个逻辑推理和数字计算的功能。但是，像知觉、形象思维、想象力等，这些右脑的功能是计算机永远无法取代的。而我们所说的逻辑分析、记忆等功能即便是被计算机所取代，但离开了右脑功能的结合也只不过是冰山一角，难以发挥。

因此，如今的教育应该重点放在释放孩子大脑潜能的基础上。那么，人类的大脑究竟还有多少开发的价值呢？就拿爱因斯坦来说吧，爱因斯坦是世界上最伟大的科学家之一，尤其是在物理科学领域作出了突出的贡献，而他的大脑仅仅用了百分之几。据此可以推定，人类大脑的潜能几乎是无限的。

媛媛是个四年级的女孩子，她十分聪明，学习成绩好，与同学相处很融洽，也很讨老师喜欢。媛媛的父母十分重视对她的教育，为此还读了许多这方面的书籍。后来，媛媛的父母了解到大脑的发育规律和相关的教养方式，于是在对她进行教育时，十分仔细地为她的成长创造条件。

他们遵循营养学的有关规律，有安排地为孩子提供饮食。不但挑选那些有益于大脑摄取营养的食物，还借鉴其他成功家教的经验，利用各种方法训练孩子的五官，以促进孩子大脑的健康发展，释放大脑潜能。

媛媛的父母十分注意一切从实际出发，他们能够认真观察孩子的表现，再结合其他科学研究成果和他人的实践经验，有意识地创造条件，让孩子的大脑潜能得以释放。

孩子大脑的发育与健全需要全面均衡营养，如果缺少相关营养成分的滋润，孩子的大脑发育将受到严重的阻碍，因此，父母们需要特别注重营养问题。除此之外，父母还要学会正确的教养方式，让孩子的大脑获得充分的发育，从而最大限度地释放潜能。

1.注意孩子的饮食营养均衡

要想孩子的大脑得到充分的营养，不能只靠鸡鸭鱼肉等高蛋白营养物质的维持。为孩子补充营养，也不能只靠增加奶、蛋、肉等，否则孩子不但没有因此变得更聪明，反而一天比一天懒于思考了。

有些父母以为每天让孩子吃大鱼大肉就是给他们最好的营养了，殊不知，这些东西根本与大脑的发育没有一点儿关系。对此，父母应该科学地参考营养学的规律，尽量采用荤素搭配的方式给孩子准备饭菜，不要以为给孩子买许多的补品和鱼肉就万事大吉了，这些补品不容易消化，不但会影响肠胃的吸收，更谈不上补脑了。

2.训练孩子的五官

五官是孩子接触世界、感受外界刺激的重要渠道，也是刺激大脑发育的主要途径。要想让孩子多多接收外界的信息以刺激大脑的发育，首先就应该训练孩子的五官。

首先要先训练孩子的耳朵，因为孩子的听力比视力发展要早很多，而且耳朵可以 24 小时不断地接收外来的信息。父母可以通过摇晃风铃来吸引孩子的注意力，从而训练他专注的听力习惯。

对感觉器官的训练可以使孩子变得感觉灵敏、反应积极，从而让孩子更喜欢接收外界信息的刺激，使大脑沉睡的潜能激发起来。

3.教会孩子科学用脑的方法

孩子的大脑还处于发展时期，过多地用脑或不科学地用脑都会影响到大脑的发育。因此，父母要时时叮嘱孩子，在长时间学习后应注意多多休息，这样才能保证大脑的正常发育。另外，孩子应该将左右脑分配合作加以运用。比如，专心学习一会儿后，可以听一听音乐、唱一唱歌，在放松的同时也锻炼了大脑。总之，要让孩子的大脑按照人脑的发展规律，科学高效地使用。

4.注重开发孩子的右脑

如果说计算机取代的是人类的左脑，那么父母就更应该重视孩子右脑的发育和开发了。更有人说，凡人与天才的区别就在于后者开发的是右脑的潜能，并能让左右脑两个半球协调合作。父母在教育孩子的过程中，应该让孩子学会左右脑兼用，最大限度地发挥效果。

比如，在孩子小的时候，父母可以给孩子听一听歌谣、交响乐等，刺激孩子的右脑细胞，这样有利于他们在以后的学习和生活中有意识地运用右脑。另外，父母在指导孩子学习和记忆时，可以教孩子把内容编成歌谣等，让孩子展开想象的翅膀，那会更有利于记忆。

懂得开发记忆力，让孩子成为记忆超人

希腊悲剧诗人阿斯基洛斯说，记忆是智慧之母。英国哲学家培根说，一切知识的获得都要靠记忆，记忆是一切智力活动的基础。俄国教育家谢切诺夫说，一切智慧的根源都在于记忆。

看来，从古至今，但凡有所成就者，都是头脑清晰、记忆力超群的人。据记载，拿破仑皇帝在制定法典的会议上能随口引证自己 19 岁时曾在禁闭室内看的罗马法典；艺术大师达·芬奇在十几岁时曾到某个寺院里玩耍，立时被一幅壁画所吸引，第二日回到家中，便毫不费力地把看了一眼的壁画分毫不差地默画了下来，最后经对比，连色彩明暗都似重现一样；音乐神童莫扎特，一次在教堂只听了一遍就把秘不外传的人合唱默记于心了；周恩来总理只要与人见上一面，许多年后仍能认出对方并清楚叫出对方的名字。

有人说，记忆和创新根本是两码事，其实不然，记忆关乎人类的创新和发展，没有记忆，就没有知识经验的积累，没有经验就不可能有知识的创新和发展。千百年来，人类将自己的知识用文字的形式记录下来，以便后人得以铭记和考察。人类正是依靠记忆积累经验，凭借记忆获得了征服大自然的能力。

人的大脑就像是一个很难装满的知识仓库，只要加以重视和培训，记忆力的提高便指日可待。大多数人的记忆力都未曾得到充分发挥，对孩子来说，便更是如此了。孩子的大脑就像一张白纸，只要认真培养和训练，充分发掘自己的潜力,记忆力的提高便指日可待。

平凡是个4岁的小男孩,论样貌,他与普通孩子并没有什么差异,但其实他已经成为一个远近闻名的记忆明星了。

平凡的父母十分重视开发孩子的记忆力,他们通过多方面咨询以及阅读相关书籍,对孩子记忆力发展的特点有了一个充分的认识,便试着开发孩子的记忆力,并取得了非常好的效果。

平凡刚会牙牙学语的时候,妈妈就用寓教于乐的方式帮助孩子学习。比如,每次吃完饭后,她都会带着儿子去散步,当他们走在小区的路上时,妈妈就会指着身边的事物教他一一辨认,并鼓励孩子说出各种事物的特点,以便加强他的印象。平凡的妈妈说,在开发孩子记忆力的初期,必须要让孩子在愉快的情绪体验下快乐地进行记忆。

妈妈经常在平凡睡觉之前和他一起朗读诗歌,长久坚持下来,到平凡3岁时,他就可以将整本《诗经》背诵下来了。妈妈说,因为他在第一次进行了很愉快的记忆,以后就会在潜意识中追求这种愉快体验。接下来,妈妈就开始培养孩子有意识地记忆了。比如,妈妈有意地将各种知识编成儿歌或顺口溜来传授给孩子,并且还将其中含义讲解给孩子听,孩子听完之后就会有意将其背诵下来。

可见,超强的记忆力是可以培养起来的。记忆力的高低与先天遗传和后天的训练有关系,但主要还是靠后天的训练和培养。父母在激发孩子记忆力的过程中可以把记忆力当成一种心理活动,从而让孩子对记忆有一定的欲望。这就是说,在培养孩子记忆力的时候,要以孩子的兴趣为先导,不能一味强迫他们去进行记忆。

在平凡的案例中,妈妈就懂得让孩子首先进行愉快记忆。孩子只有在无意识的情况下对记忆产生愉快的体验后,以后才会有意地去追寻这种愉快的感觉。然而大多数父母在一开始就做不到这点,他们一开始就强迫孩子去背诵难懂的古诗、歌谣等,孩子一旦背不出来或者不愿背诵时,还会对孩子加以批评指责。这样,孩子就对有意的记忆产生了排斥现象。

既然记忆力有待改善,那么父母在教育孩子的过程中,应该从哪些方面着手来开发孩子的记忆潜能呢?

1.根据孩子的资质因材施教

记忆力有一定的先天因素,因此每个孩子的记忆素质都不尽相同。有些天生记忆力超群的孩子果然能达到过目不忘,但那毕竟是少数。一般的孩子记忆力都属于平常,因此相差不多,如果父母能认真了解孩子的记忆素质,并加以正确地引导和训练,孩子也能拥有超常的记忆力。

所谓记忆素质,就是指孩子擅长怎样的记忆。比如,有的孩子擅长听觉记忆,有的孩子擅长视觉记忆,有的孩子喜欢利用移动身体进行记忆,有的孩子喜欢伴随机械运动进行记忆,有的则喜欢按照节拍进行记忆。孩子到底属于何种记忆,就需要父母的认真观察了。父母在了解孩子的记忆素质后再加以因材施教,那么开发孩子的记忆力就可以说成功了一半。

2.激发孩子的记忆兴趣

像以上案例中所说,记忆是一种心理现象,既然是心理现象,就有情绪附加其中了。如果让孩子进行强迫和被动的记忆,孩子就不会留下愉快的印象,那么在以后就更加不会主动去进行有意记忆了。

心理学的有关规律指出,若想使人产生一种心理活动,那么首先应该要他产生兴趣和欲望去做这件事。那么如何才能激发孩子的记忆兴趣呢?这就需要做父母的去科学引导了。父母可以多让孩子接触大自然、多体验生活,一般来说,孩子对新鲜事物会产生强烈的好奇心,这便是记忆欲望的开始了。父母此时如果能够耐心地教他们识别,教他们记下物品的名称、特征,等下次再遇见时他们便会回忆起来。而这一过程必然会给他们留下愉快舒适的感受。接下来,再逐渐地对其进行有意记忆的培训。

3.学会利用记忆时间

记忆是需要结合时间来安排的。人的记忆并不是一条直线,而是有高峰,有低谷的。一般说来,一生中,18 岁到 29 岁的记忆是最好的;在一年当中,春秋两季是记忆力提高的最佳季节;在每一天中,最佳记忆时间又会有所不同。然而,到了每个人身上,又会出现不同的最佳记忆时间。

因此,记忆时间并不是绝对的,父母需要细心地观察孩子的行为表现,观察他们在不同时间段的记忆效果和精神状态,掌握孩子的最佳记忆时间,把比较难记的内容留在最佳记忆时间段来记忆。

4.注重对孩子进行记忆方法的培养

记忆是一门技巧,是技巧就会有方法存在,这也就说明,只要方法正确,每个孩子的记忆力都可以通过后天的训练得到很大的提高。虽然科学研究表明 3 岁至 7 岁是培养孩子记忆力的最佳时期,但是即使错过了这段时间,依旧可以通过教给孩子相关的记忆方法来提高他们的记忆力。

父母在培养孩子记忆力的初期,应该根据孩子不同的情况把应该记忆的内容编成顺口溜或者儿歌的形式来让孩子轻松记忆下来;等孩子稍大一点儿,父母还可以通过把知识渗透到表演、游戏中,让孩子在轻松愉快的气氛中进行记忆。

等到孩子入学课业繁忙之后,更要帮助孩子找寻快捷、轻松的记忆方法,让孩子从始至终都要保持对记忆的热情。

及时复习，让"记忆"无懈可击

许多孩子都抱怨自己并不是学不会，而是学过的东西很快就会遗忘。尤其到了期末考试的时候，翻开课本一看，竟发觉前面所学的知识早已经忘得一干二净了，于是心里还在纳闷，明明当时已经学会并掌握了的东西，为什么这时却一点儿也不记得了。

这是在教学过程中常出现的一个普遍现象，因为孩子每天都在接受新鲜知识，而那些学过的知识点如果不时常重温的话，就会逐渐被埋没在脑海深处，于是就出现了遗忘的假象。其实，孩子并没有完全遗忘，此时若能稍加复习，就会很快将记忆拾回，这就是复习的意义所在。

曾经有位哲学家说过，复习是学习的母亲。看来，这句话并非空穴来风，而记忆也决不是一件一劳永逸的事。孩子在学习新知识的同时更要注意重温之前学过的旧知识，只有这样，才能确保孩子的记忆无懈可击。

琳琳在老师和家长眼里一直是个笨孩子，就连她自己也总是抱怨自己的脑袋笨。今年，琳琳上五年级了，可学习成绩依然不见起色。琳琳说，不知道为什么，明明都学会的知识在考试时就是记不起来。

后来，琳琳妈发现，琳琳并不是脑子笨，而是根本不把复习当回事。琳琳似乎也知道复习的重要性，但就是不愿意去付诸实践。结果，琳琳考试不理想，学习热情也逐渐被消磨掉了，成绩只会越来越差。

琳琳妈通过多方面咨询，认识到孩子在家学习时的主要内容就是复习和预习，复习更是首要的。于是，琳琳妈每日监督，让孩子每天拿出半个小时的时间看学过的课本以及课堂笔记。然后，琳琳妈还会定时检查复习效果,等这一切工作结束后,她才允许琳琳做当天的作业。

这样坚持了一个月,琳琳发现自己的学习仿佛变得轻松了许多,到了期中考试的时候,居然成绩提高了不少。从此以后,尝到复习所带来的好处的琳琳便自主自觉地将复习的习惯坚持了下来,学习成绩更是大有起色。

很多孩子只重视学习新知识的过程,于是上完一堂课后就觉得如释重负,认为自己将老师所讲内容都听明白了,其实这并不表示已经完成了学习任务。很多孩子抱怨自己学过的知识很快就会遗忘,就是因为还没有实现完整的学习过程。完整的学习过程应该是在上完一堂课后,在当天抽出一定的时间对所学的知识做一个总结和巩固,然后再通过做课外作业来强化。每周还需要对本周所学知识做一次温习,并且通过做练习题来达到强化。

复习的目的是为了巩固所学的知识,复习得越多,所学的知识就会越巩固;复习还会深化知识,从复习中拓展所学知识。课后复习是孩子课堂学习的进一步深化,对于提高孩子对知识的掌握程度起着关键的作用,而且在复习的过程中,孩子还会发散思维,将新旧知识联系起来,达到拓展学习的效果。

课堂学习一般只是针对新知识的讲解,而复习的过程大多是在家中进行的,这就意味着提醒孩子及时复习的任务必须由做父母的来引导完成。父母可以帮助孩子掌握正确的复习方法,从而督促、提醒孩子循序渐进地进行复习,直到孩子做到独立复习,养成复习的好习惯时,遗忘将不再是拖后孩子成绩的罪魁祸首了。那么,父母该如何帮助孩子做好复习工作呢?

1.让孩子认识到复习的意义

古语有云:"温故而知新。"复习能够帮助孩子把今天甚至以前的知识和明天要学的东西融会贯通。孩子时常以为,自己听明白老师所讲内容,就是已经掌握了知识。其实,有的知识在课堂上只是懂了一部分,只有经过复习反复推敲,才能对其有更深刻的理解。等到能将知识灵活运用到各种题目上时,才算真正掌握了这个知识。另外,还有一些比较抽象、难懂的知识必须经过反复思考,才能真正领会。而这些,只能通过及时地复习才能达到效果。

通过不断复习,将学习形成一个良性循环,就可以逐步加深孩子对知识的理解,如此,做作业的速度也会加快,同时预习新知识的时间就会大大缩短,第二天听课的效率更能有所提高,良好的复习习惯的养成对于课堂学习也会起到一定的促进作用。所以,父母要督促孩子认识到复习的重要性,并使它成为孩子良好的学习习惯之一。

2.教孩子运用科学的复习方法

科学的复习方法当然要遵循记忆规律。德国著名的心理学家艾宾浩斯从心理学上对记忆进行系统实验,发现了保持记忆的规律,还绘制出著名的"艾宾浩斯遗忘曲线",这就为孩子的复习提供了科学依据。

时间间隔	保持的百分比	遗忘的百分比
20 分钟	58%	42%
1 小时	44%	56%
8 小时	36%	64%
1 天	34%	66%
2 天	28%	72%
6 天	25%	75%
31 天	21%	79%

如此看来,复习的最佳时间应该是记忆之后的 1~24 小时,最晚不超过 2 天,如果能保证在这个区段内稍加复习即可恢复记忆。如果过了这个时段,我们就会觉得记忆很困难了,这就是为什么孩子们在复习功课时会感觉碰到的好像是新知识似的,这就是因为复习的间隔太长了的缘故。

只有掌握科学的复习方法,让孩子有的放矢、有法可循,才能够使孩子的学习效率大大提高。另外,还需要针对学科特点来对孩子进行复习引导。语文重视读写,数学重视逻辑思维,这种分工有明显的差别,掌握好了就能让孩子轻松掌握知识。

3.复习要及时

如果学习的知识过了很长时间才去复习,就已经遗忘很多,此时复习几乎相当于重新学习,需要付出大量的时间和精力,因此,一定要让孩子当天学的知识当天复习,不能存在拖拉的心理。孩子对当天学的知识印象比较深,复习起来相对也比较轻松,容易进入复习的良性循环,从而减少学习障碍。

因此,父母应该要求学生在复习时间的安排上要做到当堂复习,当天复习,切忌"临阵磨枪",考试前搞突击。同时,父母还可以帮助孩子制订周复习、月复习的计划,督促孩子按计划完成。

第4章
不要忽视孩子的奇思妙想和
浮想联翩

观察与想象,是孩子日常生活的重要部分,也是他们的天赋之一。有目的、有步骤地培养孩子的观察力,让他们养成正确的观察方法;鼓励、激发孩子的想象力,让他们富有创造力。有梦想的孩子就像有翅膀的鸟,终有一天会高高飞翔。

善于观察往往是富有想象的前奏

观察力是一种综合能力,是人在感知活动过程中通过眼、耳、鼻、舌、身等感觉器官综合感知事物特征的能力。比如眼睛,眼睛是人类最重要的观察器官,却不是唯一的观察器官。观察需要人的各个器官通力合作,而眼睛观察只是观察的一种形式。

科学研究表明,观察能力的缺失是导致孩子记忆力和学习成绩不理想的重要原因之一。观察能力还是想象力、创造力的源泉,而观察能力是需要平时锻炼与积累的。生活中喜欢多看、多听、多接触的人,因为积累了丰富的知识经验,所以就能很快找出各种事物之间的联系,从而总结归纳出解决问题的方法。这样一来,他们就更容易在此基础上进行创新活动。

因此,父母要想培养出杰出的孩子,就必须对孩子的观察力进行着重培养。而在这个过程中,还要注意改变孩子过去对观察力的片面认识,全面开发孩子的观察能力。

公元前300多年的一天,马其顿国王腓力花重金购进一匹宝马。这匹马虽然价值连城,但性子十分刚烈,很难驯服。腓力国王聘请了好几个驯马师来驯服这匹烈马,但最终都以失败告终。国王非常遗憾,就在他不得已想放弃的时候,他年仅12岁的儿子站出来说:"我可以驯服这匹烈马。"说着便要求国王将马赐予他。

这时,大臣们纷纷表示,这匹马会摔死王子的,而腓力国王也认为儿子目中无人,应该给他这个教训,于是便答应了他的请求。王子牵起马缰,将马头掉转到背阳的方向,并轻轻地抚摸了这匹马。就在这时,王子以飞快的速度一跃跳上马背,这匹马竟像绵羊一样乖乖地听话,驯服地托着王子奔向了前方。

当王子骑着马回来的时候,所有大臣都对此赞叹不已,有的甚至对王子顶礼膜拜。国王十分欣慰地对他说道:"我的儿,去寻找你自己的王国去吧,马其顿对你来说太小了。"后来,这个小小的王子果然成长为一代帝王,他就是雄才伟略、足智多谋、开辟了地跨亚欧非三大洲的马其顿帝王,并被历史推崇为史诗一般传奇的亚历山大大帝。

当年只有 12 岁的亚历山大为什么能够驯服别人不能驯服的骏马呢?难道他身上果然有不凡的帝王之风?其实不然,亚历山大只是靠着他细密的观察力。原来,他通过仔细观察发现,那匹马不是性子烈而是害怕自己的影子。所以,他才自告奋勇来驯服这匹马。当他把马头转向背阳的方向时,地上的影子便消失了,马也就不再受惊了。

在一开始的时候,腓力国王也曾因为亚历山大是一个小孩子,根本不把他放在眼里。在今天,许多父母同样都小瞧了自己孩子的观察能力,甚至不要他们去观察。就算孩子将自己观察到的结果说出来,许多大人也对此嗤之以鼻,甚至严加训斥,从而打消了孩子的积极性。殊不知,这种做法不只是扼杀了孩子的观察能力,甚至扼杀掉了孩子身上的一切才能。

一个孩子,最先应该培养的便是他的观察能力。古今中外,综观无数名人逸事,大多数的发明创造都来源于对生活的细致观察。在孩子眼中,一切事物都是新鲜的、都是未知的,因此他们的观察要比许多成年人仔细许多。通过观察,他们不但能将事物看得更透彻,还能进行丰富的联想。因此,作为成人、作为父母的我们应该做的不仅仅是不要小瞧了孩子的观察能力,更需要鼓励孩子去观察,去认真倾听孩子观察的结果。

的确,观察力是人类智力结构的重要基础,是人思维发育的前提,也是培养孩子创造力的关键。要想让孩子成长为优秀的人才,每一位父母都应该从培养孩子的观察力做起。那么,在平时,父母该如何做呢?

1.激发孩子的好奇心

好奇心是观察的起点,一般来说,我们对一件事物感到好奇,才会费心思去观察它。如果父母能够采用正确的方法去激发孩子的好奇心,就能提起孩子观察的积极性和主动性,使孩子进一步进行观察活动。

有些孩子擅长观察也乐于观察,如果父母一直非常重视保护和激发孩子的好奇心,并借以激发孩子的观察兴趣,就能培养他们的观察能力。父母应该鼓励孩子多提问,看到不懂的要及时发问,父母也不要因为话题复杂或敏感而回避,而应该耐心地给予指导和鼓励。

2.让孩子学会综合观察

观察力是一种综合能力,是运用人的五官对事物进行全面细致了解的一种能力。因为对于一种事物,人们常常难以仅用眼睛便能识别。比如,最常见的白醋和酒,用眼睛来看,两者都是无色的透明液体,但是只要用鼻子一闻便知道哪个是醋,哪个是酒了。

在培养孩子的观察能力时,父母一定要注意培养孩子通过多种器官进行参与,如指导孩子用眼睛观察形状、颜色之后,再用鼻子闻、用耳朵听、用手去触摸。运用多种感官来分辨不同的事物,就能全面地了解事物的特征。

3.教孩子掌握有效的观察方法

有效的观察方法可以使孩子更准确地进行观察,得出正确的观察结论,培养孩子的观察兴趣,因此,父母可以指导孩子掌握有效的观察方法,从而提高孩子的观察能力。

观察是要讲究方法的,比如观察植物和动物就有不同的区别。动物是动态的,因此需要留神观察动物的一举一动,以及它们的神态变化。而植物是静态的,就需要长期观察它的生长过程,它什么时候长高、什么时候开花、什么时候结果等,这是一个长期的过程。

如何提高孩子的观察力

前面说过,观察力是孩子必须具备的能力之一,细致地观察有助于孩子积累知识、发展智力。用眼睛接触到的事物能够给他们留下完整而深刻的印象。不过,小孩子的观察常常表现为"乱看",你带他们出门,他们到处看,但他们看事物往往只看好奇的细节而忽略整体轮廓;或者只看表面现象,不去思考内在原因,这是因为孩子只知道"看",不懂得观察方法。要在孩子"到处看"的基础上,训练他们抓住重点的能力。

此外,看孩子喜欢观察什么,你也能察觉到他的个性如何。有些孩子喜欢看暖色、自然感强烈的东西,喜欢在大自然中观察树木、花草、昆虫,这样的孩子热情开朗、充满生气;有些孩子却喜欢走进小胡同,走进无人居住的宅子等地方一探究竟,这样的孩子爱冒险、求知欲强、喜欢神秘事物;还有些孩子专门喜欢看人与人之间如何相处、每个人的脸色和眼神,在街上如果听到有人打架,他一定要凑上去看清楚,这样的孩子心机深、有头脑,今后在人际关系上很吃得开。

法国有个作家叫莫泊桑,是世界三大短篇小说大师之一,我们高中学过的课文《项链》就是他的手笔。当年莫泊桑曾拜法国著名作家福楼拜为师,专门学习写作。福楼拜给莫泊桑上课,经常让他去外面闲逛,学习如何观察。福楼拜说:"如果你看到一个坐在自家商店门口的杂货商和一个赶着马车的马夫,你要如何写,才能让我不把他们和世界上任何一个杂货商和马夫混淆?这就需要你仔细观察,捕捉他们各自的特点。"

在福楼拜的指导下,莫泊桑的观察力越来越敏锐,笔力也越来越深厚,终于成为一位出色的作家,取得了巨大的成就。

不是每个孩子都会成为作家,但每个孩子都应该有作家那样的观察力,让他们随时能够察觉环境的变化、周围人心境的改变,对看到过的事物留下深刻印象。观察力强,记忆力就好,用做分析的材料也会更充足、更确切,总之,观察到位,对孩子的思维能力百利而无一害。

可是,小孩子的感觉总是乱的、杂的,想要他们观察一样东西,他们常常只知道一种方法,例如只记得用眼睛而忘记闻气味;只记得用手摸而忘记了用耳朵听,换言之,他们单项能力不错,综合能力很差。其实单项能力只要达到一定程度,自然会触类旁通,与其一开始就让孩子做"大综合",不如一样一样来,让每种感觉臻于极致。那么,如何训练孩子敏锐的观察力?

1.敏锐的听觉

要培养孩子对声音的敏感度,最简单的是识别他人的声音。在人群中能分辨每个人的不同声音,注意别人的音色,听电话的时候也要尽量记住别人的声音。此外,他人的口头禅也应该熟悉,渐渐地摸透了对方的说话习惯,习惯了人的声音,就要开始训练他听自然的声音、动物的声音、其他物品碰撞的声音。

可以让孩子学习一样乐器,不一定是钢琴、小提琴,简单的口琴、竖笛就能达到识别声律的效果。让孩子掌握音阶和音色,区分不同的旋律,还能够训练孩子本身的说话声音,让他们的声音更悦耳,更起伏有致、韵律十足。

2.敏锐的视觉

有些孩子天生漫不经心,即使有些东西就放在他们眼前,他们偏偏看不到。这个时候就要训练他们的注意力。具体的做法是变动家里的每一个房间,让他进去几分钟,说出房间里有哪些东西。接下来收起一些物品,放一些新物品,让他说说多了什么、少了什么。这样的训练进行久了可能有些枯燥,但却有很好的成效。孩子会对环境形成一个敏锐的感觉,知道要记清每一样东西的位置、形状、样貌,这样情况一发生改变,他就能一瞬间察觉到。

还要训练他用眼睛寻找东西的能力,即俗话说的"眼尖"。可以把具有特点的东西放在杂物堆里,让他寻找。不是用手翻,而是用眼睛转。这种训练会让他尽量记住事物的特征,如某种颜色、某个尖角,长期训练下去,他对人或事物看上几眼,就再也不会认错。

3.对情绪的体察

有些孩子"没眼力见",根本不知道别人在生气还是在高兴,有时候别人说一句讽刺的话,他以为在夸他。这样的孩子缺少对他人情绪的敏锐度,这种状况也可以通过训练改变。

看电视的时候,可以让孩子留意演员脸上的表情,让他注意区分喜、怒、哀、乐时,演员的五官都有什么变化。等他熟悉了这些表情,再教他辨认演员的眼神和语言,让他逐渐摸透人的真实情绪,随着人的情绪做出适当的应对措施。

4.对细节的把握

如果孩子实在难以集中注意力,连最简单的事物特征都无法辨别,这时就要对他展开强化训练,看静物图片是个好办法,图片是不动的,适合长时间观察揣摩,让孩子描述图片究竟是什么样、每一个细节的颜色是什么样,还能同时促进孩子的表达能力。

细节包含在万事万物中,有的时候,一个细节就是事物的关键。例如,想要分辨长相一模一样的双胞胎,也许不能通过面孔、声音,却发现其中一个喜欢穿皮鞋,另一个只穿运动鞋,这样一来,分辨就成了轻而易举的事,可见把握细节的重要。

5.对环境的感应

有些孩子对环境的变化毫无知觉,自己的床从床边被挪到门边,都不会问一问,照样蒙头大睡。这种"迟钝"有些过头,今后可能会缺乏危机意识，让自己遭遇危险。可以从"季节"的角度培养孩子对环境的观察能力。地点可以是每天要走的小路，或者小区里的公园。让孩子感受季节的推移，植物的生长、凋落，还有四季的温度变化、身上穿着的衣服的变化、都能刺激孩子的感觉，让他们既有"我是环境的一部分"的融合感，又有"我是环境的观察者"的旁观感。

开发想象力，拓展孩子的心灵天空

现在有句话说得好，只有想不到的，没有做不到的。这就充分说明了想象力在人类文明进程当中的重大意义。事实也的确如此，试想，如果没有人类的想象，牛顿不可能因为一只苹果落地就发现万有引力；如果没有想象力，如今覆盖全人类的电脑也将不复存在。一眼望去，看现在有哪个高科技产品不是人类想象的结果。

想象力被科学这样定义：想象力是指人们在外界现实刺激的影响下，在头脑中对记忆的表象进行加工和改造，形成和创造出新形象，在这一系列过程中，人们所表现出来的一种特殊的能力。可以说，想象力是一种高级的心理功能，任何创造性活动如果没有了想象力的参与，都是行不通的。

而一般来说，成人的想象力因为遭受世俗教条以及以往经验、知识的影响，已经大打折扣。孩童正因为头脑、意识都未曾经过彻底的开发、洗礼，才能发挥出最天马行空的想象。想象力可以被称为智慧的翅膀，而孩子天生就有一对想象的翅膀，如果不加以保护和开发，就有可能被扼杀掉。

乐乐上小学一年级时十分聪明可爱，每天都快乐得像小鸟一样。父母、祖父母都对其寄予了厚望，因此上学后，对他的管教也更加严格和迫切。

到了二年级时,乐乐的确成绩优秀,门门功课都能考第一,但他比起小时候却缺少了一丝活力。小时候还经常拿一些东西作比方,比如"饺子像星星,是用圆圆的月亮做成的"。可如今的乐乐从来都是一丝不苟地回答问题,也从来不会越雷池半步。

一次,乐乐的妈妈问他:"树上有 5 只鸟,被人用枪打死了一只之后,树上还剩下几只鸟呢?"乐乐想了想,欲说还休。妈妈似乎看出了乐乐的心思,便鼓励他说,"没关系,乐乐,你想怎样回答都行,这并不是考试题。"

乐乐终于肯开口了,他开心地说:"还有 3 只。你瞧,爸爸被打死了,妈妈吓跑了,只剩下 3 个不会飞的孩子。"妈妈听了满意地笑了,这才明白孩子并不是少了想象力,而是不敢表达,没想到对孩子的厚望反而几乎将孩子扼杀。

于是,妈妈装作不高兴地说:"应该是 4 只吧!妈妈怎么会丢下自己的孩子不管呢?妈妈会永远守护好自己的孩子的!"乐乐严肃地点着头说:"没错,应该还有 4 只。"这次之后,乐乐又恢复了往日的快言快语。

在孩子的世界里,永远没有一种叫"模式"的东西,没有"应该"这样的词汇,在他们的眼中,一切事情都有可能发生。你从来不知道孩子的小小脑袋瓜里究竟藏着怎样令人意想不到的惊喜和奥秘。在日常生活中,父母对孩子不合常规的言谈如果不能包容,就是对他们想象力的扼杀和破坏,是对他们创造力的忽视和摧毁。

孩子的心灵是无限广阔的,而想象力就在这样一个广袤的空间里得意地生根发芽。想象力概括了世界上的一切,它推动着人类的文明和进步,是一切力量的源泉。那么,父母该如何开发孩子的想象力呢?

1.指导孩子多观察和积累

科学研究表示,现在的孩子一旦进入小学四年级,想象力就会骤然降低,这属于正常现象。因为儿童天性好奇,幼儿期的想象还常常与现实相混淆,但随着知识的增多、生活经验的逐渐丰富,特别是思维的发展,以好奇心为基础而支撑起来的想象力水平也在不断提高。这就是说,孩子到了一定年纪不是想象力降低了,而是他们的想象力需要往更高的层面提升了。这时如果引导不好,将会不小心扼杀孩子的想象力。

因此,父母要结合孩子所学知识水平,逐步引导孩子探索新的未知领域,让孩子好奇心不减,这样想象力也将得到发展和开拓。父母可以有计划地带孩子外出、每天晚饭后去附近公园散散步。平时放假的时候可以带孩子去旅游、参加聚会,让孩子多接触自然和生活,积累丰富的想象素材,父母有时间还可以常带孩子去博物馆或者科技馆参观。

让孩子多多接触大自然。大自然是一个神奇而美妙的世界,是培养孩子观察力的广阔天地,也可以给孩子带来无穷的知识和乐趣。大自然是人类最初的孕育之地,拥有无穷无尽的奥秘,父母应该带着孩子多接触大自然,指导孩子在其中进行观察。

2.保护孩子的想象力

在一定年龄阶段,孩子总会莫名其妙地说出一些不着边际的话,这不是他们童言无忌,更不是胡言乱语,而是想象力的一种表现形式。孩子的想象力大胆而丰富,但父母的思维模式长期受到固化影响,因此对孩子的一些"奇思妙想"并不理解。若此时,父母没有觉察到这一点,而对孩子训斥一番的话,就会伤害孩子的想象力。

有时当父母提问,例如"雪化了是什么"的时候,孩子可能会天真地回答"是春天",但答案应该是"水"。这时不要怒斥孩子,也不要否定孩子的回答,而应该夸奖孩子答得好,然后再引导他向正确答案靠近。

对孩子天马行空的想象,父母就算不能理解,也应该给予尊重,这就是对他们想象力的最起码的保护。只要父母肯包容孩子的一切,那么孩子就有可能包容整个天空。

3.引导孩子进行联想

这世界上的一切对于孩子来说都是无尽的未知,因此孩子才会有问不完的"为什么"。不要觉得你的孩子在无理取闹,不要因为你答不出孩子的"为什么"而懊恼和厌烦。要知道,孩子每天看到的、听到的、感受到的都能让他们提出十万个为什么。父母如果能对此加以引导,就能保护他们的好奇心,培养他们的想象力。

父母也不要一味地回答,更应该抓住机遇进行联想。例如,春天来了,孩子看到有的树上冒芽了,有的却仍旧光秃秃的,便会问妈妈这是为什么,妈妈如果回答不上来,就可以引起孩子的联想,可以这样反问孩子"你问问小树的朋友,看它们知不知道"。这样,孩子就能展开想象。还可以鼓励孩子将他想到的东西画下来、写下来,这会让他更有成就感,还可以留待他长大以后回味一下童年的自己是多么可爱。

第5章
语出惊人，敢于提出
富有独创性的见解

独特的人最有吸引力，独特的想法最有领先性。从小就培养孩子的思维能力，鼓励孩子进行发明创造，将脑中的幻想付诸实际，他会渐渐形成自己的思维体系，以高于同龄人的思辨能力，独到而深刻的想法让你惊喜不已。

留出一点儿空间，
别让孩子丧失思维能力

天下父母都希望孩子听话,希望父母说什么,孩子就要去服从;做老师的也都希望学生能够听话,能够正确回答问题,殊不知,孩子的思维就在这不经意间受到越来越多的限制。

思维能力是人的一种精神活动能力,可以说是智力的核心。要想培养杰出的孩子,就必须培养孩子广阔、灵活、敏捷的思维能力,以开启孩子的智慧。

看一个孩子的思维能力是否卓越,就要看他进行独立思维分析的能力。思维水平的高低常常反应一个人智力活动水平的高低。年龄小的孩子在遇到疑难问题时,向家长或其他长辈求助是一种正常现象,但有的家长就会真的把答案直接告诉孩子,这虽然在当时解决了问题,然而从长远角度来说,对孩子的智力发展是没有好处的。家长每次都直接将答案告诉孩子,孩子就会对家长的答案形成依赖,而不会想办法自己寻找答案,也无法养成独立思考的习惯。

那么,高明的家长在面对孩子的问题时会作何反应呢?他们会告诉孩子解答问题的方法,然后让他们自己动脑动手去解决问题。当孩子经过自己的思考、分析,验证了答案时,孩子就对自己形成一种自信,而解决问题的过程也变成了孩子自己的经验,比如他学会了怎样查找资料、怎样去模仿、怎样在模仿的过程中进行创新。孩子就这样在成就感一点点地积累过程中提高了思维能力。

一家幼儿园曾举办过一次亲子活动。活动中,许多孩子在一起玩沙土。一个孩子用小铲子把沙子往漏斗里装,可是漏斗是漏的,沙子装得多,流得也多。孩子开动脑筋,就用手指将漏斗堵住,等沙子装满之后再把漏斗挪到瓶口,然后让沙子流进瓶子里。但是孩子年龄小,手脚不灵活,而沙子漏下的速度也很快,结果从孩子拿开手指到对准瓶口的过程中,沙子就已经流失了大半。可孩子依然很高兴,不厌其烦地一次次将沙子放入漏斗,再装入瓶中。不知在多少次后,孩子终于开窍了,他先把漏斗对准瓶口,然后再将沙子倒入漏斗中,这样漏斗中的沙子直接便滑入瓶子中,于是瓶子很快就装满了。孩子高兴地笑了,然后回头看看身后的妈妈,而他的妈妈正在为他的成功鼓掌。

再看另一对孩子和妈妈,这对母子却是另外一种做法。当孩子将沙子装进漏斗便直接从漏斗底部漏掉时,妈妈就立刻蹲下来对孩子说:"来,让妈妈来教你,你看,先把漏斗对准瓶口,再把沙子装入漏斗,沙子就直接流到瓶子里啦!"于是,孩子在妈妈的指导下,率先将瓶子装满了。

古人有句话说得好,叫做"纸上得来终觉浅,绝知此事须躬行"。我们从小到大就会背诵这句古诗词,然而真正做到的却没有几个。很多人为自己辩解,说自己并没有限制孩子的成长,而是太在意孩子会不会受伤,而对他太过关心。然而,正是这种过度地关心使孩子丧失了思考的能力。

父母给予孩子无微不至的关怀,却忘了在自己的过度关怀下,我们的孩子得到的是什么。再审视我们的教育,我们希望孩子服从我们的要求,老师希望孩子按正确答案回答问题,却不知道这样的服从和按常理出牌,让我们的孩子没有了思考的自由,丧失了别出心裁的勇气。的确,孩子的分数高了,进了好学校,却丧失了最为宝贵的思维能力,成了高分低能的机器。

还是给孩子留出一点儿空间吧,别埋没了孩子的思维能力。那么,家长要怎样做,才能让孩子的思维能力逐步成长呢?

1.鼓励孩子去思考而不是告诉他答案

家长在面对孩子提出的问题时,不要轻易告诉他答案,而是要引导他去思考解决问题的办法。平时,家长也要善于给孩子提出些小问题,让他积极运用已有的感知经验去独立思考和找答案。只有这样,孩子在思考中遇到困难时,才可以积极主动地去开启思维。长期下去,孩子的思维能力便会得到提高和发展。

2.提高孩子的感知力

感知,是指事物在人头脑中的直接反应,通常表现为一种感觉。孩子的感知能力通常很强,但也需要加以引导,因为思维能力并不是凭空产生的,有的人思维很抽象,那也是在积累大量感知材料的基础上加工而成的,因此,孩子必须学会运用感知,家长则应该不断引导孩子去观察、去认识、去思考,这样才可以加深和扩张孩子的印象,学会对事物进行概括和总结,从而发展思维能力。

3.锻炼孩子勇于探索的精神

孩子看到新鲜事物就会生起好奇之心,于是喜欢"打破沙锅问到底",直到得到满意的答案为止。家长不要对此感到烦躁不安,如果有些问题的确难以回答,家长就鼓励孩子自己去思考、去揣测、去琢磨,甚至让孩子去大胆探索。这样,时间长了,孩子就不只会动嘴问一问,而是会用眼看一看、用脑袋想一想、用手做一做了。培养孩子爱思考、爱动手、肯钻研的好习惯就是这么简单。

4.民主的家庭氛围

民主的家庭氛围,就是孩子能够在这样的家庭环境下畅所欲言。要支持孩子表达自己的看法,即使是错误的也应该让孩子说完,然后适时而又恰当地给予孩子指导。家长如果太专制,孩子就会"敢怒不敢言",慢慢地就变得思维呆板,无主张、无立场,专门看家长的脸色行事,长大了也容易受到别人的暗示和影响而改变主意,变得容易盲从。父母给孩子一个民主的家庭环境,孩子的思维才会活跃,才会愿意去分析、去查证。

创造力往往来源于日常生活

创造力，是一个富有诱惑力的词，有创造力的孩子最独特，他们在人群中总是最吸引人，发表的见解也总是与众不同。他们能够把奇思妙想付诸实践，创造出令人惊喜的东西，还可能发现一些你根本没注意过的事。

多数家长不明白创造力的真实含义，他们总是把创造力想得太复杂，认为自己的孩子很普通，跟创造力没有什么关系。其实只要用心培养，每个孩子都能成为杰出的创造天才。创造力是创造性思维与创造性活动的总称，我们说谁拥有强大的创造力，不只是指他的创造性思维，还有他的创造性活动。

简单地说，创造力就是发明创造的能力。每个孩子都拥有创造力，只是创造力的大小不同，社会价值更是各异。适当地教育能唤醒孩子的创造力，失败的教育也同样能埋葬孩子的创造力。创造力来源于日常生活，而儿童时期又是培养孩子卓越的创造力的最佳时机。这就是说，一个孩子是否拥有杰出的创造力取决于父母的家庭教育。

花花今年4岁，一双伶俐的大眼睛，特别招人喜爱。花花还是个聪明的孩子，3岁时就能背诵许多唐诗和英文单词了，但花花的父母并不认为自己的孩子拥有卓越的思维力和创造力。为了培养孩子的创造力，夫妻两个着实费了一些工夫。

他们经过咨询和研究发现，要培养孩子的思维力和创造力，最重要的是让孩子敢想、敢说和敢做，而父母需要做的就是在一旁鼓励和引导，而且这并没有多么复杂和高深，只要运用生活中的点点滴滴就能实现培养的目标。

比如，花花每次吃饭都抢着帮大家拿筷子，可她从来不会数一数该拿多少，总是攥一大把放到饭桌上。对此，花花的妈妈就会先问花花："花花，你知道咱们家有几个人吃饭吗？"花花会毫不犹豫地回答："你、我、爸爸3

个人。"妈妈便问道，"那你看我们需要多少双筷子啊?"花花皱着眉头想不出来，就说:"反正好多人，妈妈，我再多拿一些就好了。"这时，妈妈就会蹲下来提示，"你想一想，我们吃饭的时候，一个人用几根筷子啊?""两根。""那我们每个人两根，一共3个人，算下来需要几根筷子啊?"最后花花掰着手指头算了半天，终于欢快地得出了答案:"是6根。"可是，等花花下次拿筷子的时候仍然记不住应该拿多少根，于是花花的妈妈就不厌其烦地和孩子一起数数，最后终于让花花发现了究竟拿几双才是最合适的。

一切突破自己常识的发现都可以归类为创造，像故事中的花花，虽然只是简单地发现了该拿几双筷子，但对于她来说，就是了不起的进步，沿着这个方向发展，再加上她本身具备的素质，谁能说她以后没有大好前途?

孩子的创造能力来源于深厚的生活知识和生活经验。瓦特如果像大多数人一样，看到了壶盖在水开时的跳动而不闻不问，那么就不会发明出蒸汽机。父母总是有计划地带孩子去游玩、散步，教他观察各种动物和植物、细致入微地去体味生活中的点点滴滴、耐心地向他解释各种自然现象的发生规律，就能逐步培养起他对世界的浓厚兴趣。

鼓励孩子多提问、多观察，尽可能细致入微地观察，并指导孩子阅读一些科普杂志、协助孩子做一些科学小实验，便能开启他的创造力。

每一个儿童都具有创造力，如果父母能够加以正确的引导，那么他们的创造力就能得到充分的发挥。那么，父母在培养孩子创造力的时候，应该从哪些方面着手呢?

1.关注日常生活中的点点滴滴

父母应该时刻提醒孩子注意观察身边的各种事物和现象，让孩子从生活中常见的现象出发，训练他们的创新能力。比如，当孩子观察到"含羞草"的特质后，就会产生疑问，为什么草也会"害羞"?这时，父母就要陪孩子一起翻阅资料，直到找到最终答案。在翻阅资料、了解原理的过程中，孩子说不定就能像瓦特一样联想到生活中的其他方面，从而进行发明创造活动。

2.不要让孩子认为发明创造很枯燥

在孩子还小的时候，父母不要急于灌输孩子当科学家、做高深学问的思想。当我们谈起发明创造时，总认为那是一件高深莫测的事，需要读许多许多的书，积累渊博的知识，其实不然，创新其实是哪个职业都需要的。

孩子正是玩耍的年纪，如果想把他培养成杰出的发明家，那么至少得让孩子爱上发明创造，因此，父母的职责是让创造活动成为一件快乐的事。美国有许多小发明创造家，他们之所以能够在少年时代就能创造出一些顶级技术的发明，就是因为他们把发明创造当成了生活中一件快乐的事。

父母不要自以为发明创造是一件艰苦的工作，总是对孩子千叮万嘱，强调发明的神圣性、艰难性，这样的思想会让孩子对发明创造产生敬畏之情，一旦生起敬畏之情，孩子就会敬而远之，还不如鼓励孩子"玩"，告诉他们搞发明就是在玩，这样孩子才会越做越有趣、越玩越开心，不知不觉，已经玩出了水平。

3.发明创造要与生活实际相结合

发明创造只有跟生活实际结合起来才能称之为有价值的创造。孩子的确具有强大的创造力，这不假，但总是发明创造出一些毫无实用价值的东西，就没有丝毫意义，因此，培养孩子的发明创造，还要跟生活实际相结合，从小引导孩子往实用价值方面思考。

比如，当孩子看到煮饭或做菜时冒出的蒸汽而感到奇怪时，父母就要借此机会跟他讲一讲蒸汽机的发明过程，这样就能让孩子从小就注重观察生活场景和现象，从而产生对人类有用的创新灵感。

还有，孩子说是创"新"，但他做的可能别人早已经做过，甚至是一些见怪不怪的事，这个时候不必打击孩子，至少他在自己的基础上迈出了坚实的一步，这就应该褒奖。培养孩子的创造力不能操之过急，这是一项长期的、由易到难的过程。父母首先要意识到，当孩子还小的时候，给他们灌输创新的观念比要求他们进行创新活动更为重要。

让孩子试着搞一搞小发明创造

对很多家长来说,发明似乎是科学家的专利,和幼小的孩子没什么关系。其实发明创造并不是一件高深莫测的事,试问我们自己,在过去的人生中,是否有过一次想发明创造的冲动呢?其实发明创造很简单,只要你敢于将它与异想天开结合在一起。

就像每个人都曾有过想当科学家的梦想一样,我们的孩子也希望自己能够成为小小发明家。如果你渴望自己的孩子能够成为杰出优秀的人才,希望他的智慧之花早日绽放,那么就请你帮他迈出发明创造的第一步吧。

不要高看每一次发明,也不要过于小觑孩子的每一次小小的创造。每一次发明创造都能很好地激发孩子的创造热情和潜能,培养创造性思维。例如报纸上说一位少年在一年中申请了 5 项专利,对于自己所取得的成绩,他这样说:"其实发明并不神秘,国外有许多比我还小的孩子都能发明出十分尖端的高科技。"

还有一位少年发明了一种"震动功能的枕头",这个发明就来源于日常生活。原来,他每天上学都很早,而闹钟经常会把睡眠不好的长辈吵醒,于是他就从手机震动的原理受到启发,发明了震动型枕头——这些听起来很简单,但谁又肯真的动手去实践?

还有一位少年,曾经丢过 5 辆自行车。之后,他冥思苦想:究竟怎样才能使自行车不被偷走?在这种情形下,他反复思考、研究和实践,终于成功发明出一种防盗锁——自行车立体防盗锁。而这项发明让他获得了"宋庆龄少年儿童发明奖"金奖。

发明并不是高不可攀,也并不神秘,可以说,每个孩子都具备发明创造的天赋,因此,父母要尽早培养孩子的发明创造精神,让孩子多多参加科学探索和技术发明活动。正如诺贝尔奖获得者阿尔伯特·森特·焦尔季说:"发明是由人人都见过的东西加上人人都没有想到的东西构成的。"著名教育家陶行知也说："处处是创造之地，天天是创造之时，人人都是创造之人。"

启文是深圳市实验学校的一名男生，他曾在第 52 届国际科学及工程博览会上获得了个人项目比赛二等奖，同时他还获得了美国国家宇航局外国学生专项奖和美国某著名高校的全额奖学金。

从外表上看，启文就是一个极为普通的少年。只是由于他平时热衷于发明创造，才成为了学校科技小组的骨干成员。原来，父母在他很小的时候就十分注重培养他的发明创造能力，并且鼓励他去拆装自己感兴趣的装置和设备，鼓励他动脑动手。

启文的父母很早就帮孩子订阅了各种科普杂志，让他能更加深入地了解科学的奥秘。父母还有意识地培养他独立思考的能力，让孩子能对自己的所见所闻进行分析、查证，从而自己找到答案。就这样，随着科学知识的积累，启文逐渐迷上了发明创造，多次获得国际大奖。

启文的例子告诉我们，发明创造的门槛并不高，几乎人人都能成为发明家，关键看父母在孩子的早期教育中如何开发和培养。不管怎样，父母都要坚定信念，只要肯努力，我们的孩子就能变得杰出。

放眼望去，世界上任何伟大的发明创造几乎都离不开平凡的生活。爱迪生的许多项发明都是因为生活中的某些小事触发了他的灵感。不要以为这是科学家的自谦，事实的确如此，生活孕育了发明创造，发明创造源于生活。

不要总认为我们的生活已经很完备了，已经没有东西可发明创造的了，只要我们平时注意观察，不难发现生活中有很多事物都不完善，只要肯花费心思积极动脑，就能找到发明创造的灵感。再加上我们平时所积累的知识储备，就能将灵感付诸实践。日常生活中，父母应该从哪些方面着手来让孩子进行发明创造呢？

1.让孩子进行独立思考

不要小看孩子提问，一般来说，提问总跟某个潜在的灵感相关联。许多

孩子遇到不懂的地方,就会向老师或家长提问。老师或家长以为耐心向孩子解答就是对孩子负责,其实不然。提问证明了你的孩子不懂得自己思考,做学问应该是先自己认真思考、学习,实在不懂再向他人请教。

因此,父母最好先鼓励孩子自行解决,同时再认真思考一下孩子的问题,想一想孩子为什么要这么问?是不是可以将问题与生活中的发明创造联系起来,从而再对孩子加以引导。父母要谨记,孩子独立思考的过程正是发明创造所需要的,没有独立思考,谁都不可能拥有良好的创造力。

2.掌握发明创造的思维方法

所谓创造的思维方法,简单地讲就是指寻找创作灵感。这就要求孩子能从错综复杂的事物中找到事物的本质,然后以不变应万变,找到事物发展变化的主因,从而使事物呈现出有序的条理来。这样一来,就有利于灵感的出现。思维方法有很多,如发散思维法、纵向思维法、逆向思维法、比较思维法,等等,只要我们善于利用,不断学习总结,就能将其充分利用。

3.教孩子掌握创造技法

发明创造并不是空穴来风的,如果孩子仅有很好的设想,却无法动手创造,那一切都不过是无稽之谈。创造技巧就像绘画的画笔,是孩子创造时有利的工具。如果父母根本不懂,那么不如带你的孩子多去参加一些创造课,让孩子在课堂上学习一些创造技巧,还可以让孩子学会头脑风暴法来集思广益。

4.鼓励孩子,对孩子有信心

试管炸了、电池漏电了、风车转不起来,小孩子的实验总是充斥着这样或那样的小麻烦,导致最后的失败,让他们沮丧不已。这时候家长应该和孩子一起找找原因,鼓励他们重新再试一次,直到成功为止。要告诉孩子,在发明创造的道路上,最需要的心理准备就是失败。要让孩子对自己有信心,要让他们意识到发明创造的过程必然会出现各种各样的困难,要尽自己最大的努力去克服,这样才能在科学的道路上走得更远。

第6章

经常让人惊叹于他何时学会了如此多的新鲜词

自开口说话后,小孩子的词汇量每天都在增加,他会下意识地模仿听到的每一句话,不加分辨地复述别人的每一个观点。从小训练孩子的口才,锻炼孩子的表达能力,教导孩子在不同场合运用头脑,多与不同类型的人进行交流,你的孩子也能舌灿莲花、妙语连珠。

刻意锻炼孩子的语言表达能力

成功学大师卡耐基说过："现代人是靠着一条舌头打天下的。"现代社会，没有良好的口头表达能力，就几乎没有安身立命的本钱。家长不能忽视对孩子语言能力的培养，当你惊异地发现你的孩子会偶尔冒出一些你从未听过的新鲜词时，你的教育便已经跟不上时代了。

口语表达能力的培养要从孩子小时候做起，那么究竟什么是口语表达能力呢？有的家长会说，谁不会说话呢？于是拒绝在这方面花费时间去培养孩子，其实不然。现在许多家长都存在类似的误区，有的认为"说话谁都会"。

的确，人属于群居动物，每天要跟形形色色的人打交道，这就要求我们必须要会说话。于是，家长就认为，孩子生活在这样一个环境里，等长大了自然就会说清楚了。还有的家长认为教孩子练好口语表达能力就是在培养孩子"耍嘴皮子"，这根本没必要。还有的家长甚至认为只要把话说出来，别人都能听懂就行了。

如上述等对培养语言表达错误的理解会对孩子的成长造成极大的障碍，甚至影响沟通、交往甚至思维能力的培养。家长不要忽视口语表达能力的重要性，如果无意中疏忽了对孩子这方面能力的培养，再等发现问题的时候就已经来不及了。

龙龙是家中的独生子，在他还很小的时候，爸爸就被分配到外地工作。平时，家里就只剩下妈妈和自己，而妈妈每天也要上班，回家后还要做家务，每天都没有时间跟龙龙说上一句话。

后来，龙龙到了说话的年龄，偶尔还会蹦出几个词来，妈妈也从来没有多加关注。等到再大了一点儿的时候，龙龙学会自己看电视，到了晚上还缠着妈妈讲故事，妈妈却十分不耐烦，只管让他到一边自己玩。等龙龙再大一点儿后，便被送往幼儿园了。

等到龙龙开始接触其他孩子，一比较才发现，龙龙的胆子格外小，而且不敢张口，别人跟他说话，他也不知道该怎么回答。想表达什么总是结结巴巴，词不达意，渐渐地没有人愿意理会龙龙。发现这种现象的老师给龙龙家打了电话，妈妈这才着急起来。

龙龙并不是天生性格内向、胆子小，只不过在他成长的过程中，妈妈没有给予他应该的培养和引导，才导致他不善表达和交流的。龙龙的例子提醒广大父母，一定要在孩子适合的年龄给予他语言能力上的重视和培养。同样是母亲，下面这一位就做得很到位。

美国妈妈琳达对女儿黛丝的教育就值得广大父母借鉴。她的女儿黛丝3岁之前一直跟随外婆生活在乡下农场，那个地方地广人稀，多见树木少见人，所以在人多的场合就会显得胆怯、羞涩，无论如何也不肯开口叫人，这让琳达很伤脑筋。

琳达一直希望黛丝是一个活泼、开朗的孩子，事实上也正是因为这样，她才把黛丝送到乡下去生活的，可谁料想事与愿违。经过反复思考后，她决定从平常的小事开始引导女儿，让她跟年龄大一点儿的孩子一起玩耍，教她和朋友友好相处，逐渐地，黛丝的话变得多了起来。

只要黛丝有一点点的进步，琳达就会表扬她，让她知道表达是一件值得称赞的事。有一次，黛丝看到邻居家的无花果树成熟，这让她十分想念乡下的日子，于是便想到邻居家的院子里去看一看、尝一尝无花果。这时，琳达对她说道："那棵树是隔壁阿姨种的，我们要想去采食，必须得经过她的同意，否则就是偷窃行为了。"

黛丝犯了难，她十分想到邻居家的院子里去看看，可是又不敢跟邻居阿姨开口,便试图用哀求的目光打动琳达,让琳达帮自己开口,但琳达始终坚持让孩子自己去开口,最后,琳达妥协了一步,说:"这样吧!你先去问一问阿姨,如果阿姨不同意的话,我再去请求她。"于是黛丝扭扭捏捏地去了,也许连她自己也没想到,邻居阿姨居然十分开心地同意了,她甚至还抱起黛丝让她亲手去摘无花果。最后,阿姨还夸黛丝是个懂礼貌的乖孩子。

黛丝成功了,而且她还体会到了与人交往的乐趣。就这样,琳达通过许多事情让孩子锻炼了语言表达能力。

通过这个故事我们可以看到,语言表达能力并不困难,只要孩子愿意开口表达自己的意愿,他就能与人交流,沟通良好,就能得到自己想要的结果。拥有良好的口语表达能力的孩子更能适应时代的要求。因此,父母应该注重培养孩子的语言表达能力。具体来说,孩子应该从以下几方面着手:

1.跟孩子说话,做孩子模仿的对象

许多家长不知道,孩子学习语言的基础是模仿。在孩子牙牙学语的时候,父母如果常跟孩子说话,就能让他很快融入语言环境中,让孩子也能对语言保持一个高度的敏感,这是锻炼孩子口语表达能力的初级步骤。

在这个过程中,父母要注意"过滤"自己的语言,过粗、过糙的话,不宜在这个时候让孩子听见,骂人的话更要绝口不说。此外,在孩子的语言学习期,父母要减少争吵,尽量让孩子体会到语言的平和温暖,而不是刺人心的噪声。

2.让孩子有话可说

不但要让孩子模仿自己说的话,还要让孩子有话可说,父母应当尽量寻找孩子感兴趣的话题来和孩子探讨,这时的话题最好不要脱离孩子的认知范围,否则就会给孩子造成不小的困惑。曾经有位刚刚工作不久的老师在上第一堂课的时候便给孩子们出了一个作文题目——《假如我是一位外科手术医生》,结果没有一篇能让他满意的。这位年轻的老师在进行作文评讲时,有个孩子小声嘀咕地说道:"那么你来写一篇试试。"

许多家长就像这位老师一样,说一些孩子听不懂的话,就如同让孩子写一篇这样的作文。孩子对外科手术医生一点儿感性认识都没有,在不经过资料补充的情况下,怎样能写出好的文章呢?别说孩子们不知道怎样做一位外科手术医生,恐怕就连老师自己也不明白当医生是怎么一回事。由此可见,让孩子学习语言表达一定要给孩子营造一个适合他学习的语言环境。只有这样,孩子的思维才能被打开,才能将所思所想表达出来。

3.给予孩子鼓励而不是嘲笑

想要孩子多多说话,家长的态度很关键。当孩子对一件事提出自己的见解之后,不管事情是不是正确,不管有多么幼稚好笑,家长都不能给予否定的评价,否则就会抹杀孩子的积极性,毕竟这是孩子在表达自己的意愿,要用鼓励的态度问:"为什么你会这么想呢?" 或者说:"我就没想到这么有趣的事,你能详细说说吗?"让孩子更有信心,也更有兴趣继续说下去,不知不觉,他的语言能力就能得到长足的提高。

不要把孩子排除在交际场合之外

许多父母都不喜欢让孩子参加大人们之间的谈话,有时孩子只是发表一下自己的见解和看法,也会遭到父母的呵斥:"这儿没你说话的地儿!"其实,父母若真是为孩子的未来着想,那对于他们交际能力的培养是不可忽视的。

不要把你的孩子排除在交际场合之外,从小注意培养孩子的交际能力,将会给孩子留下一笔宝贵的财富。然而,在中国传统的教育理念里,始终认

为孩子在长辈面前应自谦、温和，因此常常会忽视对孩子交际能力的培养，结果导致孩子养成了腼腆、内向的性格。更有的家长，把这看成是一种优点，这就大错特错了。

杰出的孩子不但要有聪明的头脑，拥有良好的品行，还要拥有杰出的口才。孩子身体、头脑的成长，也是性格的成长。在这一过程中，孩子会主动去接触一些陌生的人或事，这都是正常现象，是孩子好奇心使然，家长这时可以帮助和引导孩子分辨是非黑白，但一定不能扼杀孩子的积极性，否则会使孩子胆小怕事，对于孩子良好性格的养成是大为不利的。

经常有夫妇总是因为聚会的事十分苦恼，随着社交面的扩大，他们几乎每一天都会有聚会。出于礼貌和习惯，一般聚会的时候通常是不能带孩子去的，于是每次一聚会，夫妇俩就把孩子单独锁在家里。一开始，他们并没有觉得有什么不妥，但时间长了，夫妇俩发现孩子似乎越来越孤僻了，不爱说话，也和自己也越来越疏远了。

很多家长在外出或参加聚会的时候都会把孩子独自一人放在家里，这其实对孩子的成长没有益处。现在许多孩子都是独生子女，平时在家里就没有什么玩伴，一旦父母也有事外出的话，就更加孤独寂寞了。

其实，在不耽误工作的情况下，父母不妨带孩子一起参加聚会，这不但是锻炼孩子社交能力的机会，更能避免孩子陷入孤独，除此之外，还能让孩子多见见世面，增长知识。像案例中的夫妇一样，如果经常把孩子排除在聚会之外，那么就会使孩子减少成长的机会，还会影响孩子良好性格的形成。

小王夫妇不论何时何地参加聚会，都会带上自己家的宝贝，这成了朋友圈的一个笑谈，但小王夫妇从来没有因此就放弃孩子，无论是工作上的聚会或是家庭朋友间的聚会，小王夫妇都把孩子带在身边。

不但如此，小王夫妇也在自己家中举行聚会，这时他们就让孩子去迎来送往，孩子每次在父母的指点下，总能轻松自在地叫出客人的称呼，客人也从来没有觉得让一个孩子来迎接有什么不礼貌的。客人进门之后,孩子还会礼貌地给客人让座、倒水,扮演着小主人的角色,而这些举动都让客人感到十分高兴。

无论是自己举办聚会还是带孩子去其他聚会,小王夫妇都会在赴会之前告诉孩子这是什么类型的聚会,让他明白该怎么讲话等。在他们的悉心教导下,孩子不但在语言交流上得到了锻炼,也形成了良好的性格。现在,他们的孩子待人接物非常有礼貌,人见人夸,小王夫妇也十分有成就感。

这样的孩子不但不会在聚会上给自己丢脸,反而会成为聚会中的小明星,给家长的脸上增添光彩。想要达到这样的效果,需要长期的训练,别想一带他出去就能成为你的"社交招牌",孩子毕竟是孩子,如果突然带他去陌生人云集的地方,让他开口叫人,做一些迎来送往的事,难免会让他手足无措。有些家长一碰到这样的情形,就会在人前羞辱孩子,伤了孩子的自尊,结果孩子以后更不愿与人打交道了。因此,要想让你的孩子成为一个杰出的社交高手,就不应该把孩子排除在社交场合之外。那么,具体应该怎么做呢?

1.时时鼓励,细心引导

家长应该鼓励孩子参加一些聚会,并且根据孩子在聚会上的表现来对孩子进行表扬和批评,以此给予指导。我们都知道,习惯的养成要靠平时的积累,锻炼孩子的社交能力也是一样。每次带孩子出去参加聚会时都可以给孩子提出一些小小的要求或建议。如果孩子做到了要给予他一定的肯定,哪怕孩子只有一点点的进步,家长都要及时鼓励。孩子只有感受到努力付出之后的成果,才能更加有信心,才能成长进步。

2.事前交代,不要事后责骂

不要嫌你的孩子为你丢了脸面,事实上,只有开明的家长才能培养出杰出的孩子。有的家长因为孩子在聚会中表现拙劣就开口大骂,其实这些错都在家长。许多家长在带孩子出门之前，从来都想不起来要交代什么内容，或对孩子提出什么要求，结果到了人前，孩子必然会行为失态。而家长事后再责骂，也无法挽回已发生的事实，结果不但家长心情不愉快，也给孩子留下浓重的心理阴影。因此，家长只有做到事前交代，才能让孩子有一个充分的心理准备来应对眼前的这场考验。

3.给孩子自主交流的机会

家长应当尽可能给孩子创造一些交流的机会，比如带着孩子去邻居家串门、带孩子参加社区集体活动等，这样孩子就能接触到各种各样的人、见到各种各样的事，孩子更能有机会学习一些社交礼仪和规矩，体会到社交的乐趣。父母还要鼓励孩子在家进行接待工作，如果有客人来，就让孩子做一些迎来送往的工作，这样才能大大锻炼孩子的社交能力。

4.对孩子制造的麻烦要及时化解

小孩子说话，最大的特点是口无遮拦，例如他们看到别人的衣服不好看，也许会在众人面前脱口而出："那个阿姨的黑衣服真难看！"家长如果不能在这个时候及时为孩子圆场，被说的人不但对孩子印象不好，对家长也会心生敌意，围观的人更会觉得这个孩子太没礼貌。

这个时候最好的办法是对别人说一句："这个孩子特别讨厌黑色，我家里的黑衣服都被他说难看，害得我都不敢穿了。"然后对孩子使个眼色，示意他不要继续说下去。回到家后，可以就这件事给孩子上一堂"如何在公共场合尊重女性"的教育课。

带孩子去社交，孩子不可避免地要接触不同种类的人，这时候家长也应该给孩子打一个预防针，提前告诉孩子什么事可以说、什么事不能说。有些人别有用心地向孩子询问家里的情况，这时候孩子就会想起父母的嘱咐，按照父母教导的方式回答——社交场合是复杂的，孩子也不能毫无心机毫无防备，让他知道对什么人说什么话，也是语言训练的一种。

耐心听孩子把话讲完

训练孩子的谈话礼仪,培养孩子的讲话技巧,优秀的家长应该随时随地做到这一点。但是,如果忘记说话是一种表达方式,不去听孩子究竟在说什么,不去理解孩子为什么会这样说,一味地重视谈话技巧,就会本末倒置,甚至出现不良后果。

朱洁是一位单亲妈妈,为了给孩子提供最好的教育,她每天都在忙碌,今天开会,明天出差,后天接私活,她的时间被工作占得满满的,赚来的钱一部分存做孩子未来的留学基金,一部分送孩子进最好的培训班,请单独辅导口语的外教。

朱洁的工作太忙了,以致每次孩子跟她说话,她都会随口说:"乖,自己去玩,等妈妈工作完再来陪你。"朱洁的工作永远做不完,孩子的话也一直没说出来。直到有一天,老师给朱洁打电话,希望她多注意与孩子交流和沟通,以免孩子产生自闭心理,拒绝与他人交流,朱洁才发现自己因为工作,疏忽了对孩子的教育。

父母总是担心孩子不会说话,尤其是人多的场合,他们说出失礼的话来,显得很没家教。人们不会责怪孩子,只会说父母没教好。所以,父母总是希望自己家的孩子言谈得体,有礼貌又有分寸,得到众人的夸奖,以此来彰显自己是个尽职的家长。

父母总是担心孩子说错话,不管什么时候,人与人的关系都是复杂的,不同的人有不同的性格,一句话说得好,可能讨人欢心、让人赞赏;相反,说得不好,就会让人反感,甚至因此得罪人,让人记恨。所以,父母总是希望孩子在说话的时候能够思前想后，把话说得周到圆满，不得罪任何人，也不带来任何麻烦。

也许就是因为父母太过注重孩子的说话内容，为孩子规定了"该说什么"、"不该说什么"，以致在生活中，孩子说了一句话，父母会根据喜好打断："不要说了，这话也该你说"；或者根据需要更改："这句话说得不对，应该这样说……"；或者根据情况忽视："我在忙，一会儿你再说。"总之，孩子说的话，父母经常当做耳旁风。

等孩子长大一点儿，父母会纳闷："为什么我说的话，孩子总是当做耳旁风？"其实静下心来想想：如果你当初肯静下心多听几句话，他怎么会把你的话不当一回事？人与人的关系都是相互的，亲子之间也是如此。所以，为了孩子的语言训练也好，为了亲子的感情培养也好，当孩子说话的时候，一定要耐下性子把孩子的话听完。何况，孩子的话里包含了他大部分的喜怒哀乐，仔细听，你很容易知道：

1.孩子最关心什么

你知道自己的孩子在关心什么吗？是最新款的游戏机？是最流行的零食？还是最受欢迎的宠物？不要以为小孩子的世界只有玩乐，现在的孩子，眼界和头脑都不是你能想象的。尽管年龄不大，他们已经像模像样地关注国家新闻，谈论文学音乐，探讨自然历史。

没错，这是一个早慧的时代，你甚至觉得你的孩子懂得比你都多。一定要了解你的孩子在关心什么，了解他们的爱好与志向。否则，你跟不上他们的思维，也就不能及时为他们提供支持和帮助，他们会觉得你老土，你会觉得他们人小鬼大，总想予以纠正，这样的亲子关系，恐怕是最不理想的一种。

2.孩子最近的烦恼是什么

如果你的孩子愿意常常跟你说说他的烦恼，恭喜你，你是一个称职的家长，你的孩子对你充满信任，他们愿意把你当做朋友，最渴望得到你的理解和支持。相反，如果你的孩子有了烦恼，头一个想法是："不能让爸爸妈妈知道，他们知道了肯定骂我，那糟透了!"那么你在孩子心目中的形象实在岌岌可危，是不是该检讨一下自己?

当孩子倾诉烦恼的时候，不要认为"和朋友吵架"、"不知该不该把喜欢的书借给同学"、"老师似乎不喜欢我"是鸡毛蒜皮的小事，在孩子眼中，这些几乎是他们的全部烦恼，不可以草率对待，说一句"这些事根本不值得烦恼"就打发他们。要耐心听他们烦恼的原因，站在他们的角度着想，并给他们提出恰当的解决办法，这样一来，孩子会更信赖你，更愿意将生活中的点点滴滴都拿来与你分享，"代沟"自然无从产生。

3.发现孩子的心理需要

很多父母自以为是地为孩子做了很多事，他们认为这都是在为孩子考虑，可是，孩子也许不需要你干涉他们交朋友，不需要你为他们制定每天的食谱，更不需要你来规定他们出去穿什么衣服。所以，在他们的谈话中，你应该发现他们的需要。

他们喜欢什么颜色?喜欢什么风格?知道这些，你买的衣服还会让他们反对吗?他们上网最喜欢看什么小说漫画?他们喜欢听什么样的音乐?知道这些，你还怕选不对他们的生日礼物吗?与其当一个包办独断的家长，不如当一个投其所好的管家，这样一来，孩子的叛逆期永远都不会到来。

此外，多听听孩子说什么，你会发现生活中，你忽略了很多东西。例如，花是什么时候开的、下雨的时候街上有多少种颜色的雨伞、小鱼什么时候爱吐泡泡?这些你早就不会注意的东西，由孩子口中再一次说出来，你会重拾童心，觉得生活本身就应该是诗意的、美好的。

第 7 章
能够长时间保持注意力集中

小孩子好动不好静,他们不喜欢长久地做同一件事,分心是他们的习惯。想要孩子注意力集中,需要家长对他们进行长期不懈的训练。要让孩子懂得认真的重要,懂得什么时间就该做什么事情。要从小培养孩子一心一意的习惯,正如马马虎虎皆因小时候受的教育太过随便。

孩子的注意力总是被外界分散

一位家长在一个家教网站中，这样倾诉道：

我儿子现在上小学二年级，字没认识几个，反倒学会了使用腾讯QQ，结果成天泡在网上，从来不跟我们沟通交流。我跟孩子他爸都不会用，后来朋友告诫我们说："你们也该学一学使用QQ，然后跟孩子在网上聊天，这样你才能明白他心里在想什么。"我觉得这些话挺有道理，就跟孩子爸商量了一下，我们打算跟上孩子的成长。

现在孩子沉迷于网络者不在少数，而家长如果不懂网络就无法对孩子进行正确指导，我不愿意成为这样的家长。邻居家的儿子正值青春期，整天放了学就往网吧里钻，邻居一点儿办法都没有，只能大半夜在家附近逐个找他的儿子，常常找到深夜两三点。

还有的家长对孩子是一点儿办法都没有，只好把孩子的教育寄托在学校和老师身上，现在不少家长在一起谈话时，都将错误推脱到老师身上。其实，在防止青少年沉迷网络这方面，老师和学校不是关键，关键还是在家长和家庭。家长如果能在小时候对孩子的兴趣多多加以培养的话，孩子就不会沉迷于一件事情上。

我也是在经历过之后才有所悟，希望以后我能同孩子友好地沟通，从而正确引导和开导他，让他从网络的世界中走出来。

上小学的学生，应该把学习当成主业，沉迷于网络，被网络吸引了所有的注意力，难怪家长操心。孩子的注意力为什么如此容易分散？因为小孩子对外界的刺激太过敏感，不论是色彩的变化还是场景的变化，都能激起他们的好奇心,继而产生了观察意识。不过,他们的观察也是浅层次的,看上几眼,就又被其他事物吸引。在这个帖子中,家长也明白网络上有大千世界,对于孩子来说,太新鲜、太刺激,孩子会沉迷也不奇怪。

举个最简单的例子,小孩子都喜欢坐火车、坐飞机,对于他们来说,一瞬即逝的风景正好满足他们一闪而过的好奇心,火车开动和飞机起飞的那一刻,他们会欢呼,会露出兴奋的神情。可是,如果在生活中,孩子也总是留恋于飞逝的风景,不能安心做自己该做的事,过不了几年,他们脸上兴奋的表情就会消失殆尽,剩下的是对现实的挫败感。那么,家长应该如何防止出现这种现象?下面几条可以供家长们参考:

1.分析原因

孩子注意力不集中的原因很多,父母也要具体问题具体分析。有些孩子思维活跃,前一分钟观察花草,下一分钟就开始追蜻蜓,这是孩子的天性,不需要立刻强调:“专心点儿!”否则就算孩子蹲下来继续写观察日记,心里想的也是那只蜻蜓。孩子的跳跃会随着年龄的增加而减少,父母不宜操之过急。

还有些孩子心不在焉,做一件事时,脑子里想的是昨晚看的动画片,想着接下来的情节。这时候你就要告诉孩子:“今晚还能继续看。”快速打消他的“念想”,让他回过神专心于眼前的事。在孩子小时候要给他灌输“该做什么事就做什么事”的观念,让他养成专心的习惯。

2.培养自制力

注意力分散,最主要的原因是小孩子自制力太差,不懂得控制自己,一看到有趣的事就被吸引,他们的注意力呈跳跃状态,总从这一个点跳到下一个点。这是孩子的思维特点,家长只能采用一些强制规定来矫正。

学校教育就是其中一种,老师会规定孩子们将双手背到背后,抬起头看黑板,这就是一个集中注意力的过程,但是,有些孩子总是不听话,随时溜号,当老师向你反映,先要耐心和孩子谈谈这个问题,告诉他们认真听讲的重要性,然后不妨以奖励诱惑他们一下,让他们愿意静下心听讲——只要上课注意听讲成了惯性,孩子们就能渐渐形成自制力。

3.冷静头脑

头脑昏昏沉沉的时候,做什么事都不容易集中精力。所以,保持充足的休息、均衡的营养,对孩子的身体和头脑都有极大的好处。特别是在剧烈运动之后,脑子处于亢奋状态,更不容易冷静,要提醒孩子在玩乐与学习间歇留几分钟,专门用来冷静。

在要做什么事之前,花几分钟平定情绪。例如在上课之前按压一下太阳穴、调整一下自己的呼吸,让自己"进入状态"。总之,要把一切和课堂无关的兴奋情趣统统压下去,剩下平静的头脑和心态来应对接下来的知识传授。

4.形成习惯

想要孩子集中注意力,最重要的是养成他的习惯。在固定的时间、固定的地点学习,一旦肢体细胞习惯了这个时间,就会成为惯性。养成一个好的习惯只需要 21 天,所以不管训练什么,先坚持 21 天再说。3 个礼拜并不长,你却会发现孩子有了很大的改变。

另外,孩子的"溜号"和"幻想"有一些区别,不能一概而论。"溜号"是指孩子做一件事想到另一件事,两件事都没做好;而"幻想"则是专心致志地在自己的世界中,没准下一刻就画出一张不错的简笔画。所以,当孩子天马行空的时候,也是一种"集中精力",不要打扰孩子神游天外,只需要在时间过长时提醒一句:"该读书了"、"该吃饭了",他们就会收回自己的思绪,开心地投入下一个"任务"中。

让孩子保持注意力集中需要方法

京剧大师梅兰芳年幼的时候，曾被人说长了一双死鱼眼。梅兰芳担心眼神太过死板，影响他在台上的感情表达，于是下定决心训练自己的眼神。

想要训练眼神，先要集中精神。梅兰芳养了几条金鱼，每天盯着鱼缸里金鱼的游动，眼珠时刻不停地随着金鱼摆动着；后来，梅兰芳又开始盯着天空飞的鸟，眼神跟随它们飞起、降落。经过持续不断地努力，他的眼神越来越灵动，人们都知道梅兰芳有一双秋水一样多情婉转的眼睛，这全靠他的勤奋练习。

世上无难事，只怕有心人，梅兰芳能够将自己的一双死鱼眼练成秋水明眸，靠的就是他能静下心集中注意力。做什么事都是如此，只要集中精神，持之以恒，就能做出成就。所以，锻炼小孩子的注意力，就是让他养成专心致志的好习惯。

让孩子能够保持注意力，父母首先要注意孩子的年龄特点。孩子正处于好动的年龄，让他们安静一会儿都不是容易事，怎么能让他们专心？是时候拿出父母的权威了，有时候，你需要对他们严厉，给他们规定任务，做不到就按约定处罚。在孩子的教育上，不能一味慈爱、人性化，有时候也需要定下死规定，让孩子无论如何都要做到。很多孩子小时候都有被父母打骂的经验，但只要养成了好习惯，他长大后非但不记恨，还会感谢父母的用心良苦，并把这种严厉的教育贯彻到他对孩子的教育中。那么，让孩子保持注意力究竟需要哪些方法？

1.让孩子学会闹中取静

很多人都希望在学习、工作时有一个安静的环境，避免嘈杂。很多人也知道，在多数时候，这是一种妄想。都市生活的一大特点就是"吵"，孩子也要面对这个问题。即使幼儿园对面，也可能会有施工单位在大声鼓噪。

要让孩子从小习惯"心静"。只要专心致志做某一件事，一定程度的噪声其实影响不了做事的效率，要让孩子从小就习惯有旁人的环境。集中注意力的关键也在于心静，你可以在一时之间给孩子一个安静的环境，让他什么也不要想，先习惯这种状态，开始读书或者做手工。训练几天后，在他做同样事情的时候放点儿音响或电视，让他不许溜号，然后逐渐加强外界刺激，仍然要求孩子不能溜号，在这种情况下，孩子会很快明白如何静下心。

在日常生活中，你还应该常常检查他的"安静度"，可以适当让他走出自己的房间，在父母看电视的时候做自己的功课；也可以带他去快餐店之类的地方，让他完成一篇作文。在这样的强化训练中，孩子会自己摸索到不被打扰又能完成任务的方法。

2.为孩子规定时间

小孩子的时间意识很差，常常觉得时间像飞一样过了一天又一天，所以，父母要保证孩子的每一天都有所学、有所悟。这就需要家长为孩子规定好时间，让他在某个时间段只能做这件事。这段时间不宜太长，也不要太短，以半小时到一小时为宜。

就像一节课有 45 分钟，然后才能休息，身体习惯了这个节奏，一天上七八节课，每一节都能消化吸收。同理，要帮助孩子建立"时间意识"，在规定时间内只能做同一件事，然后才可以游戏、看电视、上网。

3.一次只做一件事

大人忙起来，有时要一边接电话一边签文件，眼睛还要盯着下属有没有认真干活，但是，他们会发现这样做效率极低。孩子的精力有限，思维程度有限，更不能同时兼顾好几件事。所以，要教导孩子"一次只做一件事，做好为止"。

孩子一次只做一件事,不会为其他事分心,只想完成手中的任务,全部智慧也集中到任务上,不会旁逸斜出。养成这种习惯后,当孩子想要做很多事,他会主动考虑这些事的前后顺序,一个一个突破,而不是一起开始,顾此失彼。

4.创造"学习氛围"

不要把游戏机、漫画、布偶放在写作业的桌子上,那会让孩子分散注意力,总想着赶快去玩。有些孩子喜欢在自己的房间里贴满明星海报,这也不应该提倡。海报可以有,因为整天对着自己喜爱的明星,会有让自己更漂亮、更帅气的效果。

理想的孩子房间应该注意和谐的搭配,书籍、玩具应该有一定的比例,不要都堆在一起,而是显出距离和层次。也可以在孩子的屋子里放一盆植物,让有生机的绿色安定他的情绪。不要让房间变得让人眼花缭乱,没有任何重点。

保持孩子的注意力,最重要的是培养孩子的目标性,当孩子认定一个目标,例如,当他决定要在数学这个科目上争得全班第一的成绩,自己就会主动集中精力,上课认真听讲,回家后做额外习题。父母的培养既要重标也要重本,这个"本",就是孩子的愿望,将这些愿望找出来,就很容易鼓励孩子集中精力。

第8章
把一个故事讲述得妙趣横生

孩子懂得听故事，也要懂得讲故事。从小就让你的孩子将看到、听到的故事讲给身边的人，既能锻炼他的语言能力、表达能力，也能增加他的思考，增进他与旁人的友好。而且，爱讲故事的孩子往往比其他人更加热爱生活、懂得快乐。

爱听故事的孩子最有想象力

世界上流传最广的故事是什么？世界上最受人欢迎的形象是什么？世界上最多人喜欢的人物是什么？只要你愿意探询答案，就会发现流传最广的永远是天真无邪的童话故事，最受人欢迎的是白雪公主、米老鼠、机器猫等卡通形象，最多人喜欢的是小人鱼、灰姑娘……因为，一代又一代的孩子从小就听这些故事、喜爱这些故事，长大了也常常回忆，而且会把它们讲给自己的孩子。

闻名世界的天王巨星迈克尔·杰克逊曾说，他有个愿望，希望天下所有父母都能在睡觉前给孩子读一段故事。为什么一个好的童话故事能够经久不衰，讲了一代又一代？因为童话有最浅显的语言，不会造成理解上的偏差；有最真诚的故事，让孩子幼小的心灵为之感动；有最美丽的幻想，让孩子对这个世界充满憧憬。

最近，《百年孤独》这本书横扫各大图书排行榜，掀起了一波又一波"百年热潮"。《百年孤独》是魔幻现实主义的代表作，全书充满瑰丽的想象和深刻的思想性，它的作者加西亚·马尔克斯曾经获得过诺贝尔文学奖。

马尔克斯曾说过，他能够成为作家，得益于自己的外祖母有一肚子奇怪故事，在他小的时候，外祖母整天给他讲故事，那些猪尾巴、冰块，刺激着他的想象，让他的思维始终漂浮在那些绚丽的故事中。在这些故事的吸引下，他才走上了写作的道路。

小孩子都喜欢听人讲故事，从故事中认识世界，比在现实中认识的世界更加有趣、更加丰富，也更加符合他们对世界的期待。孩子的一些初步品德,例如善良、勇敢、温柔、礼貌,都在这些故事中萌发,他们对未来的向往、对世界的向往,也由此开始。

有些孩子故事听得多了,也开始自己编一些故事,你会发现这些故事没什么条理,有些只是有趣的段子。千万不要轻视这些故事,这说明你的孩子已经具备了初步的创造能力,他们正把自己的想象力与学到的知识结合。所以,不论你有多忙,在孩子想要讲故事的时候,你都要耐心地听下去,表现出饶有兴味的样子,还可以适当问几个问题,使他觉得大人在用心听也能助于他思考得更加深入。那么,家长应该为孩子选择什么样的故事?

1.童话

童话是最适合小孩子阅读的书籍,特别是那些加了彩绘的插图本。童话作家们深入浅出,将丰富的人生哲理蕴涵在简单的故事中,给人以美的感受和心灵的启迪。那些童真的形象是孩子童年的最佳伴侣。《安徒生童话》、《格林童话》可以说是每个孩子的必备床头书籍。

不仅孩子要读童话,优秀的父母肚子里一定要储备许多各种各样的童话故事,可以随时让孩子开心,给孩子教益。和孩子说话时,随口说一个故事,会增加孩子对你的尊敬和喜爱。给孩子选择童话的时候,不需要一定选那些"王子与公主过着幸福的生活"、"善良的人得到了回报"这样的光明故事,也要让孩子对世界的复杂、人性的善变有基本的了解。例如《哈利·波特》就涉及很多内容,是不错的儿童读物,成年人也可以看得津津有味。

2.科学幻想

让小孩子去啃一本关于时间简史的书籍,他肯定翻白眼,但是,要是给他一本关于"时光机"、"去史前探险"之类的童书,他一定会蹦蹦跳跳、高兴不已。孩子对世界的好奇,总希望通过一种冒险的、生动的形式得到解答。

有些科学类的幻想小说是给孩子的好礼物,在这些书中,有很深的理科功底的作家们充分发挥想象力,让主人公去海底旅游、去天空翱翔,在太空漂流、乘坐时光机穿梭在现代和过去，这些都能激起孩子对科学的向往，让他们有兴趣多懂得一些科学知识。

3.冒险

家长总是想在读故事的同时塑造孩子的人格。冒险类故事以紧张的情节、曲折的故事吸引孩子，而这类故事的主人公往往是勇敢、仁慈、聪明的化身，他们运用自己的智慧渡过重重难关，保护自己的家人和朋友，舒展自己的天性，这些都会给孩子的身心发展以有益的教诲。马克·吐温的《哈克贝利·费恩历险记》就是这方面的代表。

4.寓言

很多老师、家长对寓言故事的重视并不够。其实寓言是最有教育意义的故事，它的本义就是为了教诲人，故事的编排也扣紧"教育"这个主题，不会有任何枝节，能够完整地传达教育主旨。例如著名的《伊索寓言》中，每个故事最后都会说一句格言，告诉人们应该如何做事。这样的故事短小精悍，每天给孩子读一个，再好不过。而且，如果你的英文不错，还可以让孩子听听英文版，寓言没有高深的语法句法，很容易被孩子接受。

不过家长可能还会遇到一个这样的难题，就是在讲故事的时候，孩子会问："故事到底是不是真的?"这个时候可不要说："全是假的。"这也许是实话，但却会伤害孩子幼小的心灵，可以委婉地告诉孩子："作家写出的童话都有一定的故事背景、具体的情节，却需要他来加工。但是，故事里讲到的王子对公主的爱情是真的;辛巴达的勇气是真的，快乐王子的善良是真的……"总之，你希望孩子相信的，就是童话作家们希望孩子相信的，那些都是真的。

让孩子成为故事大王

孩子的圈子虽小,平均年龄也小,却也有"人缘"的说法。小孩子的判断标准很简单,漂亮的小孩、聪明的小孩、脾气好的小孩总会很受欢迎,孩子王也有很高的"人气",那些被老师经常夸奖的好学生也很让人羡慕。你的孩子也同样拥有自己的位置,这个位置不能被家长左右,只能靠孩子自身的形象与能力确定。

那么,在孩子们心目中,什么样的人最受欢迎?在孩子圈中,有这样一个角色,他们可能没有漂亮的长相,没有各种各样的玩具,没有冒险淘气的个性,但大多数孩子都喜欢围在他们身边,想跟他们做朋友。

柳太太的女儿小月只有 6 岁,还在上幼儿园,可是她已经成了幼儿园里的小红人,在幼儿园的毕业典礼上,刘太太亲眼看到很多小朋友都争着和小月合影,留作纪念。连外班的小朋友都来对小月说,以后咱们有机会一起出去玩。

看到这样的情景,柳太太自豪却也有些疑问:"女儿为什么这么受欢迎?"这时,幼儿园的老师解答了她的疑问。原来,小月的幼儿园是全托型幼儿园,孩子一周有 5 天在学校住。在课余时间,孩子们都喜欢围着小月,听她讲故事。小月时而讲童话,时而讲名著,时而讲看过的电视剧。她的表情丰富、语言生动,孩子们都爱听,一有空就求她多讲一点儿。

柳太太这才想到,每次回家,小月都缠着自己给她读童话,或者自己去看注音版的小说,还会给奶奶打电话,听奶奶说最近的电视剧,原来,她把这些全都讲给了小朋友!

为什么小孩子喜欢会讲故事的人? 因为在小孩子的世界中,"故事"就像一扇新世界的大门,给他们带来新奇的体验,让他们知道从不知道的东

西,包括异国的风景、神奇的魔法、懵懂的感情、激动人心的冒险。而讲故事的人就像拿着大门的钥匙,谁不希望得到他手中的钥匙,进另一个世界领略一番?孩子喜欢会讲故事的人,你也很容易看到:

孩子知道很多故事,也就知道了很多知识。他可能知道某一种草药能够缓解蛇毒;知道想要取出伤口中的子弹要先烫一下刀子;知道丝绸之路需要用骆驼当交通工具;知道地球的另一面在 6 月过冬天……他们的知识很杂,但很有趣。

孩子知道的故事多,懂的道理也就多,小朋友们不但爱听他们说故事,有什么心事和烦恼也喜欢对他们说,因为他们知道和人产生矛盾应该怎么办;遇到危险了应该怎么办——他们总能给人出主意,就算主意不对,别人也觉得有道理。从这一点来看,会讲故事的孩子很"占便宜",他们走到哪儿都会受欢迎。

想要孩子做一个受欢迎的人,可以培养他做个故事大王,想要让孩子成为会讲故事的人,你首先要成为一个优秀的指导者,告诉孩子应该如何讲好一个故事。把故事看完、听完是先决条件,不论孩子在哪里接触到故事,只要他把大部分情节记在心里,就可以开始讲故事。在讲的时候,家长要提醒孩子:

1.把握情节

孩子读完《灰姑娘》的故事,却只记得神奇的南瓜马车,这是件麻烦事。把握情节是讲故事的关键,不要以为小孩子都是天生的故事大王,想要他们学会讲故事,先要培养他们把握主干的能力。给他讲一个故事,让他说出主要人物、主要事件(开端、经过和结局),这是训练的第一步。然后,你才能要求他记得一些有趣的段落,或有意思的枝节情节——想培养孩子讲故事的能力,先培养他如何讲清楚一件事。

2.模拟人物的语气

等到孩子能够毫无阻碍地将每个故事的大概情节复述出来,这时候就该增加孩子的语言感染力了。要让孩子揣摩每一个故事人物的语调:老人说话要故意发出苍老缓慢的声音;小孩说话要快、清脆;公主说话要文雅、温柔;英雄说话要大声、勇敢。

还要让孩子体会人物的处境,当故事中的人物遇到危险时,孩子也要感同身受地发出颤抖的声音;当故事中的人物伤心哭泣时,孩子的声音也不能欢快……等孩子讲完故事后,可以重新和他一起回忆,引导他想一想该用什么语气,他下次自己就会注意这个问题。

3.善用停顿、提问造成悬念感

等到孩子理解到情节、语气对讲故事的作用,就要进一步磨炼他的讲故事技巧。如何牢牢地牵住听众的注意力,让他们参与其中,听得津津有味?这就需要孩子在情节的停顿处制造一些悬念。例如,在危险的时候,他突然安静下来,一言不发,这时听众也都觉得有紧张诡异的气氛;例如,当主人公遇到困境时,问一句:"你知道接下来发生了什么吗?"听众也会开动脑筋,跟着思考。

需要注意的是,可以制造悬念,但用得太多就不可爱了,一个故事里制造一两次悬念恰到好处,3 次就嫌多,若是 3 次以上,下次恐怕没多少人有兴趣听这个故事了。

4.留给人以思考的空间

好故事的魅力,不是听完就忘,而是能够反复回忆、反复琢磨。那些经典的故事,即使人们长大了也会重新回头读一读,每一次都有新的发现。幼小的孩子还没有意识到这件事,但训练他们讲故事的时候,一定要强调这一点,让他们自己发现问题,例如,"为什么白雪公主在小矮人再三劝告下,还是要吃毒苹果?"这些问题他提出来,和别人一起讨论,无形中增加了他的思考能力,也将思维的种子带给其他小朋友。

培养孩子的读书和复述习惯

在人们的常识中,爱看书的孩子总会比同龄孩子早熟、聪明,想事情也更有深度。

哲学家说,阅读是人类的终生伴侣。书籍可以给人带来智慧,但是,不是所有孩子都会读书,也不是所有孩子都能消化书中的智慧,变为自己的语言和思想。有些孩子读书,能够很快地记住书中的内容,还能活灵活现地讲给他人;有些孩子把书上的字看了一遍,什么也没记住,别人问他们有什么心得,他们却连书名都快忘了。这不是因为他们记性差,而是他们在看书的时候心不在焉,既抓不到重点,也没学到知识。

培养复述能力是建立阅读习惯的第一步。要求孩子复述一本书的内容,既让孩子在读书时保持专注,又锻炼了他的记忆力和口才,渐渐地,他说出的话就有了自己的风格,他的声音也有了自己的基调。复述还能带来更多的好处:

小花今年7岁,说起话来有点儿大舌头,每当听到她用稚嫩的童音说"一、爱、沙(一、二、三)"的时候,爸爸妈妈的心情由原本的"咬舌头说话真可爱"转变为"都7岁了,还能不能改了"。而且,小花的表达能力也有问题,一句话经常说很多遍也说不出重点,爸爸妈妈越来越焦急。

小花的奶奶是个退休老教师,听说这件事后,不远千里赶来,说要陪孩子住一段时间,解决这个问题。每一天,小花的奶奶都对孩子说:"奶奶的眼睛花了,给奶奶读读报纸吧。"小花孝顺,每天都认真读报纸上的新闻,读错的字,奶奶就在旁边纠正。

过了一段时间,奶奶对小花的要求提高了,她要求小花看完报纸后,把报纸上的内容讲给她,小花只好开始练习自己的复述能力。

又过了一段时间，奶奶买来很多注音版的世界名著，让小花看完讲给她。奶奶挑的故事都是诸如《3个火枪手》、《海底两万里》这类以剧情吸引人的故事，小花看得津津有味，复述起来也不大费劲儿，不知不觉，小花的大舌头状况好转了，说话也抓得住重点，条理清楚多了，讲起故事来更是眉飞色舞，让爸爸妈妈欣慰不已。

家长培养孩子读书讲故事的习惯，不但是为了丰富他的知识面、提高他的想象能力和思维能力，还应该侧重于锻炼他的语言能力。会讲故事的孩子大多爱看书，看多了那些流畅优美，或蕴涵哲理、或修辞委婉的句子，孩子们说起话来自然不会出现颠三倒四、啰里啰唆的情况，总是讲故事的孩子，口语表达都不错，常常被老师选去参加演讲比赛。

小花的故事还给我们一个启示：训练孩子的表达能力，要注意把看和说结合起来。有些孩子虽有很大的阅读量，脑子里也有大量知识，可他们不愿意说出来，或者语言表达能力有限而不会表达；还有些孩子喜欢讲故事，把从别处听到的东西稍作加工，就能让人听得如痴如醉，可是，这样的孩子没有知识做底子，终究流于浅薄。一时之间，他们能吸引别人的耳朵，但时间久了，人们发现他们只是讲得热闹，并不能给人带来思考，渐渐也对他们没有兴趣。而复述，就是让孩子练习如何将自己看到的变为说出口的。

1.当一个合格的听众

当孩子复述一个故事的时候，不要像考官打分数一样坐在旁边，要当一个听故事的人、一个参与者。可以在孩子讲故事时不时问一句："后来怎么样？"让孩子更有讲下去的欲望，有时候也要问一些"为什么"，促进孩子本身的思考。还可以在复述结束后与孩子共同探讨问题，如谈一谈主角为什么要做某件事，如果是自己，会不会这样做，等等。

相信你也有这样的体验：当你说一件事，如果听众表现出感兴趣，不断问你接下来怎样，你会更有兴趣讲下去。孩子也是如此，你越是好奇、越是

表现得急不可耐,他越是想把故事讲好。想要孩子当一个讲故事的高手,你先要学当一个好听众。

2.提醒孩子表达时要中心明确

当孩子复述一件事的时候,他总在枝节上说很多,甚至加一些自己想到的形容词,却没有把最主要的情节讲明白,这就犯了主次不分的错误。就像盲人摸象,就算反复说耳朵如何大如蒲扇、鼻子如何长、腿如何粗,他们说的东西也不是象。

要让孩子注意表达重点,先把一件事的主干讲明白,再讲枝节。如果孩子总是改不了这个毛病,建议你改换方法,对孩子说:"我不知道会不会喜欢这个故事,你先简单说一下,这个故事讲了什么?"这时候孩子就会三言两语概括出中心。让他概括的次数多了,他也就拥有了抓主干的能力。

3.提醒孩子说话时要注意修辞

一个会讲故事的人不会平铺直叙,不会把妙趣横生的故事讲得干干巴巴,这就需要孩子懂得句子中的修辞,配合多变的语气和语调,让自己说出的话富有吸引力。想要让孩子学会运用恰当的修辞,一是要让他们多看书,作家们的语言是最精练、最生动的;二是要让他们多听那些富有表现力的人讲话,学习他们如何说话。父母还可以带孩子看一些讲故事或演讲的片子,让他们自己揣摩,有选择性地利用起来。

注意修辞是很好,但如果你的孩子一口一个"亲爱的爹地"、"美丽的妈咪",你恐怕每天都想晕倒。要让孩子注意环境,注意周围人怎么说话,不要一味模仿电视、动漫、小说里的人物。话虽这么说,所有的孩子都要经历一个模仿的阶段,不论他学着动漫人物的夸张,还是说着当今流行的网络语言,你将有很长一段时间忍耐着他的东学一榔头,西学一棒子,然后在忍无可忍的时候说:"说人话!"不过,看着孩子学习语言,听着他层出不穷的新词汇,也是为人父母的乐趣之一。

第9章
孩子精力充沛，
仿佛永远不知疲倦

让孩子保持充沛的精力，不仅要保持膳食的营养、合理的作息，还要让他们有充足的时间玩耍，有足够的空间释放自己的天性。让孩子学会"玩"，和父母、和同伴、和自己，让他们懂得调节身心、控制精力和心情，就能避免他们因孤单而孤僻，让他们的生活始终开朗。

多陪孩子玩耍，让孩子活泼开朗

如果回忆童年，你最先想到的是什么？

是父母的慈爱？是每天用大把的时间来游戏？还是小朋友之间天真无邪的情谊？

回忆童年，你最快乐的又是什么？

恐怕每个人想到的都会是无忧无虑地做游戏。

世界上所有的孩子都一样，在他们的世界，把快乐永远放在最重要的位置，玩耍就是他们的事业。父母需要考虑的是如何让孩子玩得更健康、更开心。昂贵的玩具只能满足孩子们的一小部分需要；益智类玩具只能打发孩子们一部分时光；与小朋友做游戏无法时时刻刻进行。孩子最需要的陪伴对象不是冰凉凉的玩具，也不是不能时刻陪伴的小朋友，而是有耐心、有爱心的爸爸妈妈，和爸爸妈妈一起度过的游戏时光，才是孩子记忆力最美好的回忆。

小宁是个不幸的男孩，出生时，他的腿就是一长一短，好不容易学会走路，也是一瘸一拐的跛脚状态。走在路上，小宁需要忍受路人诧异、轻视的目光，小小年纪，他就沉默寡言，也没有什么朋友。每当他看到小朋友们结伴去打篮球，就会露出羡慕的目光。

这件事很快被小宁的爸爸察觉，爸爸一直担心儿子太不爱与人接触，今后会更不快乐。想来想去，爸爸决定和小宁一起打篮球。他先在家里改造客厅，安了一个篮球架，让儿子学习运球、投篮，等到小宁有了进步，就怂恿小宁和他一起去附近的篮球场。

在爸爸的鼓励下，小宁终于点头。每天早上，他们都要去篮球场打上一场。篮球场很大,还有其他的小学生、中学生也在这里打球。刚开始看到小宁的动作,这些男孩哄堂大笑,小宁便有了放弃的念头,但看到爸爸神态自如,他也不好意思说回家。打了几天球以后,再也没有人笑话小宁,甚至有孩子会主动来教小宁几招,或者和他切磋一个回合。

再后来,小宁不需要父亲继续陪伴他,他和篮球场上的许多人成了朋友,他们佩服小宁的毅力,也常常帮助他。靠着父亲的帮助,小宁越来越开朗,再也不需要担心他的心态,现在,他做什么都很积极,让父母放心。

父母为什么要多陪孩子玩耍?因为世界上再也没有人比父母更了解孩子、体谅孩子。就像故事中的小宁,如果没有父亲的耐心,谁愿意一开始就带着他去打篮球呢?孩子的许多乐趣,并不是自己发现的,而是父母带领的;孩子的很多心态,并不是自己养成的,而是父母给予的。如果父母懂得陪孩子玩耍,孩子会因为这份爱心,对生活有更多热情。

此外,"玩"这件事不仅仅是指做游戏,还可以包括很多方面,只要高兴,就算是做家务,孩子也能当成玩。孩子在乎的不是费力气,关键是你要给孩子一个愉快的心情。那么,父母应该带着孩子"玩"些什么?

1.一起运动

生命在于运动。陪孩子玩耍,不要仅仅在家里陪他过家家、打游戏、摆拼图,还应该把孩子的身体健康考虑进去。每天带孩子出去晨练、使用小区里专门为孩子准备的健身器材,在运动时和孩子说说话、聊聊天,运动交流两不误。

休息的时候,运动就更多了,可以带孩子去野外踏青、放风筝。去湖边游泳、划船。一家人打羽毛球、打乒乓球。爸爸还可以带着孩子一对一练习足球……运动的种类很多,一家人一起运动,即使疲惫也有说不出的快乐。

2.一起猜谜、学习

猜谜可不仅仅是指猜字谜、猜脑筋急转弯这类活动,聪明的父母会把猜谜的范围无限扩大。例如,晚饭后,全家人去公园散步,看着来来往往的行人,一起猜某个人是什么职业、多大年龄、性格如何。这是一个训练孩子观察力的好机会。

一起学习也是一种"玩耍",例如和孩子一起模仿动物的叫声、模仿人的动作、拿一本话剧剧本一起排练,扮演不同的角色。孩子的学习需要家长不断地提点,聪明的家长总能在游戏中让孩子学到更多的东西,引导他们对生活的热爱。

3.一起结识新朋友

孩子不能只和家长玩,必须让他去结识朋友,而且,你也要认识他们的朋友,争取成为他们的"大朋友"。当孩子对你说他交到了新朋友,你一定要鼓励他将朋友带回家,一来对孩子的交友做到心里有数;二来显示你对他的重视、对他的朋友的重视;三来有新的小朋友,会给家里带来不同的气息,有助于活跃家庭气氛。

另外,孩子交了朋友,家长最好也能和对方的家长成为朋友,这样更能促进孩子们的友谊。在他们闹别扭的时候,家长也能商量着帮忙解决。

4.一起劳动

小孩子并没有"干活"的意识,和爸爸妈妈一起洗碗、扫地、打扫房间,对他来说更像另一种形式的游戏。那么保持他的"游戏感"吧,就算他帮你和面,弄得一地都是白面;帮你拖地,让房子"发了水灾",也不要责备他。虽然他越帮你越忙,但对于他来说,他可是做了了不起的大事,今后回忆起他的笨拙和你的慈爱,他会忍不住露出幸福的笑容。

让孩子学会自己玩耍和发现

彭先生和彭太太结婚 10 年，孩子今年 5 岁，他们开了一家工厂，正处于事业起步期，对孩子自然照顾不周。彭家夫妻把孩子送进一个口碑很好的住宿幼儿园，希望慈祥的老师和友爱的小朋友能缓解孩子心中的寂寞。

可是，孩子仍然一天天抑郁下去，他不喜欢和小朋友玩，也不太听老师的话，彭家夫妻没办法，只好将孩子接回家带在自己身边。情况有了一些好转，孩子终于爱说话、爱游戏了，但在父母不在的时候，他依然孤单地坐在自己的房间里，不知道做什么。

这天，彭先生买回来几个木质模型，在上班之前嘱咐孩子："爸爸回来之前，把这些东西拼好！"孩子乖乖地摆模型，等彭先生回来，一个"埃菲尔铁塔"已经摆在桌子上，孩子一脸的兴奋。从此，彭先生经常给孩子买各种各样的益智玩具，还鼓励他找附近的小朋友一起玩。现在，彭家夫妻再也不害怕把孩子一个人放在家里，他会自己找乐子，让自己开心。

父母都害怕孩子孤僻，害怕他不爱与人接触，造成交流障碍，以致今后在学校、社会上"吃不开"，更害怕他一个人待久了，患上抑郁症或者自闭症。还有一些孩子总喜欢缠着父母，寸步不离地要求父母陪伴他们，可是父母不是时刻都有时间陪伴孩子，这时候，孩子需要自己调节，学会自娱自乐，要知道一个人玩耍，也可以玩得很精彩。

一定要让孩子学会真正地玩耍，有小伙伴的时候，他能和小伙伴们打成一片，与每个人友好相处；没有小伙伴的时候，他能自己在小房间或小花园里找到乐趣，一个人研究些花样。既有对外界的接受度、融合能力，也有一定的独立性、自我调节能力，这样的孩子，其心理素质往往最优秀，因为他们的心理始终处在一种"平衡"状态，既不会因为孤独而觉得被全世界遗弃，也不会以自我为中心，认为全世界都要围着他转，不懂得迁就他人。

父母也要尽量做到尽职，即使不能陪伴孩子，也要给孩子留下足够的陪伴物，让他们有事可做，自然就不会觉得无聊。小孩子只要乐意玩，时间便很好打发，也很容易快乐。还有，当你回家的时候，一定要陪孩子多待一会儿，或者让他出去和小朋友多玩一会儿，孩子的世界有玩具、有朋友、有父母，才是最完整的。那么，孩子一个人的时候玩什么？

1.复杂的手工模型

不管是木头模型、纸模型，还是复杂的组装玩具，因为有一定的拼装难度，需要孩子动脑筋、花时间，而拼出后的成就感也让孩子乐在其中。所以，这种玩具最适合孩子一个人的时候解闷。由此还能锻炼孩子的动手能力和动脑能力，以及使用工具的能力。孩子一个人的时候，适合沉下心来做事，他们往往在凝神思索和动手中忘记了时间的流逝。

2.阅读长篇故事

如果孩子的识字量够了，可以让他在独自一人的时候阅读指定的书，如果识字量不够，也可以播放一个长一点儿的动画片或影片。在一个完整的时间段，孩子完整地接受一个故事，比零零碎碎地听说更有教育意义，能引起孩子更多的思考。不用你问，他自己就会迫不及待地将心得体会全都告诉你。

3.植物和动物

种花、种草、养小动物，都是打发时间，又能开启孩子智慧的好办法。不论花草还是动物，以适合室内养、小型、环保为宜。例如，女孩子的床头可以摆上青草娃娃，一些刻字的罐装植物也会给孩子带来别样的乐趣。金鱼、仓鼠、龟等小动物，不费什么力气，却能让孩子乐意观察、乐意喂养，培养他们照顾弱小动物的同情心和能力。

照顾植物和动物不能三天打鱼，两天晒网，因为植物和动物大多很娇贵很脆弱,稍不留神就会造成它们的死亡,所以能够赋予孩子一种责任感,也能让他们正视生命、尊重生命。

4.学会享受孤独

孩子不应该孤僻,但应该从小就懂得享受孤独。一来,人生在世,多数时候只能依靠自己,必须习惯孤独带来的压力;二来,孤独的时候,心思最清明,思维最清楚,可以重新审视自己,想到自己常常忽略的事,孤独带来沉思;三来,集体合作是一部分,但也要保证自己有单枪匹马的能力,孤独,就是自己摸索道路,这会让孩子的能力更强。

当孩子学会自己一个人玩耍,他发现的不仅仅是孤独,还有生命中更深层次的东西,他会开始思索他的存在,他会看到事物背后的深层原因,他的思想也一天天更加成熟。父母是孩子童年的监护人,给予孩子的不应该只有热热闹闹的夏天,还应该让他习惯冷冷清清的冬季,人生如四季,看过繁华也看过萧索,才算完整丰富。

为孩子树立时间观念,能够自我节制

从远古时期,人们就开始注意"时间",人们想到的计时方法很简单,根据太阳的升降,定为一天;把月亮盈缺一次的时间定为一个月;四季的往复,则是一年。人们按照太阳的位置安排一天的活动,按照月亮的形状记录一个月的活动,按照季节的变化添衣、耕地、收获、狩猎……时间如此重要,人们渐渐发明了各种计时工具,从沙漏到巨大的摆钟,再到近代可以戴在手腕上的机械手表和电子表,每个人都不能忽视时间的存在,因为时间就是生命。

年纪大了，就常常听到有人抱怨："少壮不努力，老大徒伤悲。"这几乎成了与"小时候没好好玩真遗憾"一样的成人抱怨语。为人父母的人，应该好好想一想，为什么我们在抱怨"没玩好"的同时，也在抱怨"没学好"？究竟哪个关节出现了失误，导致我们总觉得自己浪费了时间，既浪费了学习时间，也浪费了玩耍时间？

常听人说，时间就是生命，却也不断有人说："我在浪费生命。"成年人总是在"正事"与"娱乐"之间摇摆着，不知该如何分配自己的时间，到孩子身上，他们试图找一个平衡点，让孩子既能尽情玩耍，也不会把时间全部用在玩上，而是学习一些知识。小孩子的时间过得很快，人们回忆起童年，经常觉得"一下子就过去了"，如果不能抓紧时间，不但会耽误孩子的玩耍，也会耽误孩子的早期教育。

花有重开日，人无再少年。儿童和少年期是学习的黄金时期，这个时期，记忆力、想象力都处于巅峰状态，学什么会什么，说什么记什么。为什么父母热衷于让年幼的孩子学习各种知识？就是因为不想错过这个黄金时期，想让孩子确切地留下点儿什么。可惜父母对孩子的定位往往不准，孩子们学的东西很多，留下来的却不多。

在孩子的时间上，父母应该是一个"协调者"，小孩子的时间就像天平两端的砝码，一端是玩乐，保持孩子的天性，一端是学习，保证孩子将来有所依傍。不过，最主要的还是培养孩子自己的时间意识，父母无法为孩子规划一辈子，就算想这么做，孩子也不干。只能养成孩子珍惜时间的习惯，自己安排时间的能力。

1.要让孩子认识时间

孩子没有时间意识，他们眼中的时间，大概就是太阳升起来，可以出去玩了；太阳落山了，该回家了。着急的时候，他们觉得时间不够用，恨不得一天变成48个小时；没事的时候，他们又觉得时间太多，恨不得一下子就到晚饭时间。

生命应该有节奏,时快时慢,但有基本的步调。是时候告诉你的孩子,一天的时间可以划分成很多部分,只要划分得当,你不但可以游戏、可以吃蛋糕,还能学习钢琴,还能踢球,还能听爸爸妈妈讲故事,关键在于你会不会利用时间,懂不懂得划分时间。

2.划分时间的方法

划分时间并不难,首先要让孩子习惯规律的作息,让他们把起床睡觉、何时午睡的习惯固定下来。有些家长因为工作的特殊性,有的上夜班,有的经常连夜加班,导致不能与孩子保证作息一致。这时候不能让自己的混乱作息影响到孩子。

休息之外的时间就全部归孩子所有,要让他给学习分出一定时间,包括去学校和做作业,可能也会有特长教育;其余的时间用来玩耍,玩耍也要有规定,户外运动的时间是一部分,室内活动也要有一部分,这样动静结合,对身体最适宜。还要留下一点儿"机动时间",以防突然有事,耽误到其他安排。如此一来,孩子手里就有一张全面的时间表。

3.让孩子遵守时间表

制定时间表,是为了合理安排,也是为了养成习惯,所以,必须让孩子将自己订好的时间遵守到底,不要找任何借口拖延,也不能发生"侵占"现象,要知道不论因玩耍耽误学习,还是因学习耽误休息,都会导致很多事做不好,有条不紊才是最佳的状态。

有时候会有一些意外,例如,老师突然安排了一项复杂的手工作业,孩子一下子干到深夜,这个时候父母也要体谅,没必要死掐着时间表不放,耽误了孩子的"正事"。但这种意外不宜太多,每个月只能有一两次,多了的话,就要建议孩子重新调整时间,或者放弃一部分玩耍时间,这样做也能提高孩子做事的效率。

第10章
新鲜事物总能吸引他的眼球

好奇心,是一个杰出孩子必备的素质,愿意接触、思考、尝试新鲜事物的孩子思维灵活、性格开朗。但小孩子自制力差,很容易沉迷一种事物不能自拔。家长应尽量提供条件,让孩子有更多选择,接触自然、接触生活、接触各种知识,给孩子不一样的"新鲜"。

防止孩子沉迷于任何一种事物

　　小孩子的好奇心强，对于他们来说，世界上任何一件事都可能吸引他们的注意力。小孩本身就是很容易沉迷于某种事物的群体，而现在的孩子更缺乏大自然的熏陶，玩耍的伙伴又比较少，这就很容易沉浸在单调的事情中，于是许多小孩一到了节假日就把自己关在电视和电脑房里，这仿佛成了他们生活中必不可少的一部分。

　　许多家长认为，孩子专注于某项活动是件好事，总比三天两头地寻找新鲜乐子好。殊不知，对于小孩子来说，这时正是多多接触新鲜事物，多多学习知识、积累经验的时候，如果只把注意力集中在一件事情上，容易限制孩子的思维。而且过度沉迷还容易导致孩子上瘾成性、钻牛角尖，也不利于孩子性格的成长。

　　孩子一旦专注于某项活动不能自拔的话，就会陷入"一意孤行"的地步，连父母老师的说教都不会放在眼里。正所谓"当局者迷"，过于沉迷并不是一件好事，一旦孩子无法自拔，就会辨认不清周围真正的局势，变得是非不分、黑白不明。

　　香港富商李嘉诚在教育孩子方面，尤其注重这一点。李嘉诚是个生意人，他说教育孩子跟做生意没有两样。在他看来，生意就是生意，只是用来赚钱的，该出手的时候就要出手。现在 21 世纪，最昂贵的就是人才，而人才中最昂贵的就是通才和全才。所谓全才，并不是要我们把每个孩子都培养成通天彻地之才，也并不是说让孩子对任何技能都了如指掌，而是指不要让孩子只对一种事物研究透彻。

1990年8月的一天，远在伦敦的和记黄埔的董事兼总经理霍建宁正全神贯注地思考着一个数字：450亿美元。这笔巨额资金代表和记黄埔在内的6家国际财团用来竞投德国第三代移动电话的6份营业执照。这时，霍建宁的手机响了，打来电话的正是李嘉诚。他没有说别的话，只说了两个字：撤退。霍建宁不但退出了拍卖，而且将目前和记黄埔在德国电信中拥有的股份全部售出。

香港媒体都知道，李嘉诚早在一年半之前就已经拟定好了计划，要竞拍德国电信的3G营业执照。这时的放弃，不免让香港媒体揣测，难道超人失去了威力吗？

其实，李嘉诚并不是失去了威力，而是通过冷静地分析，预测到3G业务有可能遭受泡沫经济的毁灭性打击，这才果断放弃了前景尚不明确的3G业务。

面对媒体的咄咄逼人，李嘉诚这样解释："我个人对全球电信业务很有兴趣，而且时刻都在寻找新的发展机遇。我同样坚信，无线数据传输将成为推动未来经济发展的重要驱动力量之一。然而，我们决不能为了获得每一个3G营业执照而无限制地竞标。例如，在德国的执照成本过于高昂，超过了我们的预算，我们别无选择，只有退出。知道何时应该退出，这点非常重要，在管理任何一项业务时都必须牢记这一点。"

果然，在1999年6月，和记黄埔将其在美国无线业务运营商声流公司中23%的股权售给德国电信，获得净利润90亿美元；1999年底，和记黄埔售出在英国无线业务运营公司中49%的股权，获得净利润220亿美元。

李嘉诚料定了没有永远的业务，他断定任何一项业务，当它走过自己的成熟阶段后，必定走向衰亡，如果这时人们以为自己在此身上付出太多而不舍放下的话，就会走向失败。

李嘉诚经常用自己的经历来告诫儿子们，他说一个真正的商人，眼里有的应该只是赢利的业务,而不是永远的业务。李嘉诚在事业成功后,也并不是将自己的业务局限于香港,而是放眼世界,将业务国际化,让业务不只是纵向发展,更能立体发展。用他的话说,放眼整个世界,每一个角落都是一个市场。

对孩子的教育也是一样,不要让孩子一辈子只学会念书,也不要只让孩子学会一种毛笔字。父母只有打开思维,孩子的思维也才能打开,多培养一些兴趣和爱好,就多一种选择、多一条路。杰出的人并不是只在一方面专一。康熙在位 60 年,是一个有作为、有韬略的好皇帝,然而除了一个好皇帝,他还是诗人,是数学家,是西方文化研究者;达·芬奇除了为世人留下著名的《蒙娜丽莎》,还是著名的科学家、寓言家、雕塑家、发明家、哲学家、音乐家、建筑工程师等。

孩子年纪小,对每一件事都有可能抱有新奇和迷恋的态度。如果父母只是因为孩子先对绘画感兴趣,就一门心思地培养他的绘画才能而放弃了让孩子接触其他事物的机会,那就大错特错了。因此,当孩子对一件事情抓住不放,或者对某件事情到了痴迷的地步时,父母要做的不是支持,而是提醒和引导孩子端正态度,正确对待事物的取舍,避免孩子沉迷其中,越陷越深。父母应该教导孩子:

1.不要"恋旧"

孩子习惯做一件事,就会产生惯性,想要一直做下去。但是,有些事,小孩子做是合适的,一旦长大依然去做,就显得不合时宜。比如有些孩子喜欢搭积木,但如果 20 几岁还在搭积木,就会让人觉得"不着调",偶尔玩一下还好,要是天天如此,别人都会当他们是异类。

孩子喜欢旧事物,因为故去的时光总是美的,回忆为过去带来一种温馨而亲切的色彩,他们喜欢做的事,虽然不再有难度,但仍然让他们开心。现实中遭遇挫折的时候,脆弱的孩子也喜欢去做那些自己擅长的事,找回一点儿自信。父母不必过分纠正孩子的行为,但要控制次数,不能让孩子长久沉浸在过去的情绪中而遗忘现实。

2.不要"恋己"

有些孩子喜欢一样东西,沉醉其中,其实不一定是因为那样东西给他们带来了多少欢乐,而是他们很喜欢做这种事情的感觉,或者振奋、或者欣慰、或者喜悦,他们会在做这件事的时候找到一种情绪,并觉得这样的自己是最令人喜爱的。这种情况可以叫做"恋己"。

这样的孩子多半缺乏自信,不太敢尝试新事物。父母需要做的是鼓励他们,让他们看看整个森林的壮观,而不是只抱着一棵树不放。告诉他们每一件事都能给人不同的感觉,勇于尝试的人才能拥有丰富的人生。

3.不要"恋战"

孩子在某一方面做出了成绩,得到了夸奖,就成了孩子引以为傲的成绩。为了巩固这个成绩,他往往继续在这方面加劲,以期得到更多夸奖。但是,一个人在某一方面再好,也有到极限的时候,这个极限不一定是达到"最好",而是说继续下去没有什么意义,既不能给自己带来乐趣,也不能给自己带来好前程,再投入精力,就是白白浪费。

可是,孩子不懂这个道理,他们容易抱着一个东西不撒手,害怕一旦离开,就再也得不到这种"辉煌"。这时候家长要宽慰孩子,给孩子把道理讲清楚,告诉他在某一方面好的人,在相关方面一样能做好,鼓励他去尝试新的东西。在适当的时候收场,能达到"刚刚好"的效果,一味恋战,再多的辉煌也会变为抱残守缺的遗憾。

还有一种沉迷,父母不宜插手,就是感情上的沉迷。不论孩子早恋了,还是遇到了非常要好的知己,他的沉迷都让父母觉得措手不及。父母可能不希望孩子因恋爱耽误学习,也可能不欣赏孩子找到的朋友,但是,把孩子从一段他认为重要的感情中强行抽离,亲子之间也会造成难以挽回的裂痕。

不如顺其自然,提醒孩子"别耽误学习"即可。让孩子在最好的年龄自然地经历生命中那些纯净的东西,就算结果不尽如人意,也好过让他后悔当时没有坚持。

让孩子多接触大自然

在孩子的世界里,一切都是新鲜的,一切看起来都那么的有趣。因此,孩子们总会不厌其烦地盯着这样或那样的新鲜事物看。不要遮住孩子的目光,做父母的要尽可能地打开整个世界,让孩子充分去认识这个世界。

飞飞今年6岁,是小学一年级的学生。飞飞成绩优秀,而且几乎所有老师的评价,都说飞飞是个非常爱思考的孩子,而且他有着极其敏锐的观察力,兴趣也十分广泛。

原来,飞飞的父母在他很小的时候就很注意训练孩子的观察力和想象力,以培养他广泛的兴趣。他们认为指导孩子运用五官去感知世界是他顺利学习知识和进入社会的关键。为了培养孩子,他们在飞飞的房间挂满了各种名画的临摹本,也陈列了许多著名的雕塑仿制品,这种艺术品各式各样,全部来源于大自然。

飞飞从1周岁起,妈妈就开始指导他识别生活中的各种物品,例如桌子、椅子、床、窗子、楼梯灯。等孩子到了两岁,便开始让孩子认识家里的艺术品,一开始,飞飞只能强迫性地记住这些艺术品的名称。随着年龄的增长,再加上妈妈的解说,飞飞逐渐地认识到艺术品中的含义了。

等飞飞再大一点儿之后,妈妈便经常带他去公园观察花草虫鱼,看天上的云朵变化,感受地上的鸟语花香,引导孩子说出各种事物的特点。就这样,等飞飞到了3岁的时候,居然能分辨出不同的花和草,能清楚地叫出各种各样的虫鱼鸟兽的名称了,就连飞飞的父母也为此感到惊讶,他们并没有想到飞飞能成长得这么优秀,只是觉得应该让孩子在自然的熏陶下健康成长。

现在的飞飞不但身体健康,情趣更加广泛,不管什么,在他的眼里似乎都有无穷的魅力。

望子成龙,望女成凤,这是全天下父母的希望。于是,父母在孩子还小的时候就急不可耐地教他认字、读书,就连墙上挂的也都是《三字经》《千字文》,恨不得孩子3岁能作诗,5岁能作赋。殊不知,孩子在书海的世界中忘记了五彩缤纷的大自然,忘记了这世界更多更美的精彩。

飞飞妈的话就很有道理,因此她带孩子游玩时,并不是简简单单地让他东张西望,而是巧妙地利用好奇心,去引导孩子观察、辨识不同的事物。孩子在观察事物特征的过程中,便能在愉快的气氛中陶冶了情操、培养了兴趣。

大自然是一个神奇而美妙的世界,是培养孩子广阔胸襟、开阔视野的地方,可以给孩子带来无穷的知识和乐趣。大自然作为人类最初的孕育之地,不但拥有无穷无尽的奥秘,更蕴涵着丰富深厚的知识。人类的一切活动,都起始于认识、发现、改变大自然,只有从大自然着手,才能将孩子培养成才。

某外国周刊日前载文报道说,一个13岁叫米歇尔的女孩每天下午放学后就仿佛被"钉"在电脑前,沉浸在网络和游戏中。这个女孩从来不肯出去跟伙伴玩耍,也没有兴趣帮妈妈修剪花园,只是独自一个人沉浸在网络世界中,不知所以。

专家称像米歇尔这样的孩子是患了一种叫"自然环境缺乏症"的病。得了这种病的孩子远离大自然,因此感觉器官的使用次数越来越少,注意力也难以集中,这就导致患者很容易患上生理和心理疾病。研究人员卢维在自己的著作《最后一个在森林中的孩子》中,叙述了自己对"自然环境缺乏症"的发现和思考,并揭示说,儿童一旦离开自然环境成长将付出巨大的身心代价。

现今这个社会,到处被电视、游戏、手机和MP3等电子产品充斥,孩子们的业余时间长期被这些东西所占据,反而少了接触大自然的机会。专家称,正是这些用于娱乐的新科技是导致儿童及青少年身心紊乱的主要原因。

随着新科技娱乐产品的增多,自然环境缺乏症的患者也呈增加趋势。专家认为,孩子们越来越远离自然,就会越来越恐惧外界,结果导致他们害怕外界、害怕陌生人、害怕大自然,整天只愿意生活在虚幻世界中,只盯着屏幕获得安慰。

对于正在成长中的儿童和青少年来说,这是一种极大的伤害,对于未来社会来说,这是一种极大的隐患。"自然环境缺乏症"导致孩子们注意力不能集中、上课不认真听讲、不听指挥、不能完成指定任务等,最终还可能导致孩子产生暴力和反社会行为。为了避免以上隐患的发生,父母们最好能在孩子小时候就带他们去外面走走、看看。等孩子再大一些的时候,父母可以指导他们去观察一些自然现象,例如星辰、月亮、风、雨、雷、电等。父母要保证孩子:

1.走出家庭

有些父母认为,在孩子的房间里放上一台配置高的电脑,设置各种各样一流的学习软件,订几个远程教育课件,就可以把孩子培养成同龄人中的精英。但是,对于孩子来说,最好的教育应该是直观的,就像远程教育永远不及学校老师的言传身教那么亲切自然。因为听觉及视觉之外的感受也很重要,孩子对老师的模仿不但是语言上的,还有行为,甚至处世时的感觉。

走出家庭就是对孩子教育的拓展,去周围的花园转转,仔细教他分辨各种植物,告诉他其中的用途等。有些孩子从小热爱大自然,并热衷于深入观察,积累了丰富的素材。不论用来写作,还是绘画、摄影,都能让他在同龄人中脱颖而出。

2.走出城市

城市生活给人们带来很多便利,也限制了人与自然的接触,孩子不知道稻谷怎样生产,不知道小鸟怎样筑巢,他们的自然知识只能依靠媒体传授。有条件的话,在孩子暑假的时候,把他们送到乡下的亲戚家生活,让孩子们享受树林里的一切,新鲜的空气、田里的稻苗、乱叫的蛙声,这些都让他们感到欣喜万分。等他们回来之后,就会一直十分关注大自然。

接触大自然是一种开放的游戏,这与普通的户外运动不同,接触大自然应该不带任何目的,不受任何限制,让孩子在与复杂的自然接触中锻炼自己的想象力和创造力。不但如此,在田野里挖洞、蹚水过河、山后探险、捕捉小动物等活动,都能充分调动孩子的五官感受,让孩子在轻松的状态下集中注意力,开发大脑思维。

3.走出常规环境

孩子习惯了一种环境,就会产生依赖性。例如生活在大城市的孩子,到了乡村就会水土不服,吃不习惯,住不习惯。这并不仅仅因为"娇惯",更重要的原因是孩子缺乏适应能力,从一个环境转到另一个环境,从生理到心理,很难接受改变。这样的孩子难免给人娇生惯养的印象,所以,要让孩子接触更多环境,让他们知道在这些环境中该如何生存与生活。

家长应该给孩子更多的"陌生感",例如,带他去偏远山村,尝一尝泛黄混浊的水,试一试一个月不能洗一次澡;带他去海边坐坐渔船,体会渔民的辛苦;带他去沙漠感受一下沙子刮脸,还有如何节约用水……这些都能丰富孩子的生活经验,让他看到另一种环境、另一种生存状态,如此你会发现,当孩子体验过这些生活,他会变得更坚韧、更惜福。

陪孩子出去走走，拓展他的视野

随着孩子一天天长大，细心的家长发现，他仿佛突然变得不通情理了，他们任性、自私、不懂得分享，不明白什么是博爱。也许家长会为自己的孩子找出一大堆的理由，做出一系列的辩解，但这根本改变不了现实，随着社会的发展，世界之间的联系在逐步缩小，一些孩子的内心也在一点点变窄，再也容纳不下他人。

一个男孩参加一个球赛，对方球队的男孩在赛场上表现出色，然而不知道是故意还是失误，对方男孩将男孩绊了一下。男孩跌倒之后，迅速爬起来，但他不是为了要夺回脚下被抢走的球，而是直奔绊倒他的男孩，并对其拳打脚踢。经过这么一闹，比赛固然再无法进行下去了，而两个孩子同时被取消了比赛资格。

这样的情况时有发生，孩子们总是太在意一些小事而忽视了大局。就像比赛中大打出手的那个孩子一样，许多孩子宁可毁掉一场比赛，也一定要报自己的一脚之仇。身为家长的你，还会为这样的孩子辩解吗？

杰出的孩子不但要有聪明的头脑，更要有宽大的心胸。如果一个人的头脑能装下世界万物，但没有一颗能装下海洋的心胸，也是不能让自己的聪明才智得以发扬光大的。

因为一件小事而误了大目标。事实上，不但是孩子，许多成年人也会犯这样的错误，因为做人不懂得宽容而影响了最终目标的实现。如果父母如此，小孩就更为严重了。比如，有的小孩在各自家中十分受重视，于是就认为在学校，自己也应该受到同样的待遇，可是到了学校中发现自己并不是受到每个老师的喜爱,于是就出于同理心理,讨厌那些不喜欢自己的老师,甚至不好好听老师的课,结果白白耽误了自己的前程。

一位教育专家这样说过:"今天,在大学中,同学或同事由于所谓的'竞争'而成为对手或敌人的事例屡见不鲜。在那些缺乏度量的人眼中,别人身上哪怕很小的优点都会打翻自己心里的'醋坛子';一旦看到别人遭到了挫折,他们就会因为幸灾乐祸而手舞足蹈。有人说'人品'是做人的第一位,但我认为,好的人品其实是开阔的心胸造就的。作为老师,我想学校应该首先教学生做人,然后再教学生做学问。做学问的境界最终取决于做人的境界,而做人的境界就取决于一个人的心胸和器量。"

一个人有再好的学问,如果没有做人的心胸和器量,也是难成气候的。因此,家长在教育孩子的过程中,不但要注意培养孩子有一个杰出的头脑,更要培养孩子有一个宽广的心胸。那么,父母应该如何修正自己的教育以开拓孩子的心胸呢?

1.拓展孩子的视野

不要将孩子当成温室的花朵孤立起来。要知道,视野狭窄,导致"狭隘"。一个人如果封闭、孤独、不善交往,就很容易导致其心胸狭隘,那么这样一来,宽容也便无从谈起了。父母要引导和鼓励孩子从封闭的小天地中走出来,让孩子多多认识小伙伴、小朋友,放手让孩子自己去和朋友们玩耍。除此之外,也要加强孩子的学习,多培养一些兴趣爱好,提高孩子的自身修养,激发他对生活的热情,让孩子心中时刻充满阳光。

2.榜样引导

当孩子出现了偏执、狭隘等性格弱点时,父母不要把责任全都归咎于孩子。父母是孩子的第一任老师,要解决孩子存在的问题,父母首先应该从自身找原因,要考虑是不是自己的教育出现了偏差。

父母可以引导孩子,但不要责骂孩子。首先,做孩子的榜样,要把自己

宽容的一面展示给孩子。其次，多为孩子讲一些美德故事，让孩子自己理解宽容的真谛。再次，要让孩子明白，世上每一个人都是珍贵的，要让孩子从根本上理解"我"与"他人"的含义，从而教会他与人和谐相处的方法。最后，让孩子把眼光放远，明白不苛求别人就是在解放自己。与人相处，难免会有误会或摩擦产生，这时，要有忍耐的胸襟、包容的情怀、体谅的心态，从多方面考虑问题，这才是解决问题的办法。

3.培养孩子的气度

所谓有气度，就是心胸宽广，要想让孩子杰出地成长，一定要培养他大度的胸怀。因此，父母要告诫孩子不要刻意把有可能是伙伴的人变成自己的对手；对别人的小过失、小错误不要无休止地追究下去，得饶人处且饶人；在金钱方面，让孩子也要学会大方；要有牺牲和奉献精神，勇于担当责任；不要排斥别人和他一同分享成果等。

4.父母要远离教育误区

父母对孩子教育的认识误区也是导致孩子心胸狭窄的原因。有的父母家教过严，经常打骂责罚孩子，便会造成孩子心灵上的创伤，正是这种创伤会造成孩子对宽容的冷淡情绪。有的父母则是因为对孩子的期望越来越高，让孩子在竞争中不择手段，不能吃亏。如此一来，也就忽视了对孩子宽容性格的养成。

现代教育不提倡体罚，但是，很少有家长能做到完全不打孩子，气急的时候，想给孩子深刻教训的时候，难免会打他几下。但要记住，体罚可以有，但不能多，像最近火暴网络的"狼爸"、"狼妈"，终究不是家长该模仿的对象。当你对孩子宽容的时候，孩子也在学习如何对待犯错误的人，你越讲道理，他的脾气就会越温和。

第 *11* 章

只要他喜欢做一件事，
就会坚持到底

靡不有初，鲜克有终。半途而废是孩子常犯的错误。从小就要让孩子明白，"将一件事做完"是"将一件事做好"的首要步骤。不妨在培养孩子爱好的同时培养他的耐性和常性，让他懂得要求自我、监督自我，成为一个懂自制的人。

培养孩子一种爱好

　　每个人都有爱好，爱好能够给人带来心理上的满足、生活上的快乐，是每个人生命中不可缺少的存在。一个人的爱好往往能坚持很多年，甚至一辈子，在生命的各个阶段，给人们带来喜悦。培养一种爱好，就是培养一个独立而丰美的灵魂空间。

　　小孩子的爱好比大人要多出很多倍，他们对世界充满好奇，而且考虑得少，敢想敢做，什么都愿意尝试。但是，孩子们的爱好表现出很大的"不确定性"以及"不稳定性"，他们还不懂得什么是真正的爱好。今天，他们看到电视上有人在搞园艺，就说要去种花；明天，他们看到邻居家的小朋友养小鸟，就也张罗着养鸟。

　　这时候，家长的引导与培养显得尤为重要。小孩子喜欢做的事情多，家长必须清楚哪些事，孩子只是玩玩而已，哪些事真的符合他们的个性、能够发挥他们的能力，让他们愿意长久坚持——只有这种事才称得上爱好。

　　嘟嘟9岁的时候，突然对音乐发生了兴趣，以前她并不爱听唱歌，也不爱看跳舞，不知道从什么时候开始，她总是拿着妈妈买的钢琴曲CD听个没完，电视上一放小提琴演奏会，她能不眨眼地看上一个多钟头。嘟嘟对音乐的痴迷让父母惊喜，他们决定尊重孩子的爱好，还要把这项爱好发扬光大，成为孩子的技能。于是，他们为嘟嘟报了一个钢琴班、一个小提琴班，甚至还准备报一个声乐班。

　　于是，嘟嘟的课余时间一下子被占得满满的，她走出学校，就要走向少年宫去弹琴，回到家，每天都要练钢琴和小提琴，直到上床睡觉，脑子里还不停回荡着乱糟糟的弹琴声和拉弦声，渐渐地，她脸上的笑容越来越少。几年后，嘟嘟早就不再学习音乐，每当听到别人弹琴，她都会有一种生理上的厌恶，她觉得自己的音乐爱好完全被父母毁了。

在孩子的爱好上，父母千万不要"自作聪明"，否则只会引起孩子的反感。爱好的可贵之处在于它来自于孩子稚嫩的天性，是孩子对某种事物产生的无法遏制的好奇与热情，这个时候，适当地引导和适量地培养，就能给这株爱好的幼苗以充分的养料，如果一下子将爱好拔高到"事业"的高度，例如，孩子学画画，就想让孩子当毕加索；孩子爱音乐，就幻想孩子是贝多芬；孩子喜欢科学，就强迫他走爱因斯坦的路线，无异于揠苗助长。

对于孩子的爱好，最重要的是引导，而不是制止、训诫、强制规定，以达到水到渠成的效果。发现孩子的爱好，先观察一段时间，参考孩子的意见再决定要不要加以培训，好过一发现苗头就"施肥浇水"，那无异于揠苗助长。那么，如何发现孩子的爱好？正确引导孩子的爱好呢？

1.不要赶潮流

现代社会有各种各样的潮流，"教育孩子"也是其中一种，无数个培训班鼓吹早慧教育和特长教育，引诱家长们将孩子送进去。家长们希望孩子多会一些技能，这种愿望是好的，但是，孩子能否学下去，在于他的才能和爱好，而不是家长的愿望。

所以，不要被那些"钢琴考级通过率多少多少"、"国际级画家亲自讲授"的口号吸引，那些未必适合你的孩子，如果他没有音乐细胞，即使考到钢琴十级也不会成为钢琴家；如果他没有色彩感和空间感，老师再好也不过把他教到一个小学美术老师水平。孩子的爱好，还是要从他的天性上发掘，那才能真正挖掘出潜能，发展为成就。

2.由着他的性子"玩"一阵子

孩子有了爱好，开始自己找相关的书籍，甚至提出要学习某种技能，对家长来说是件大喜事。但是，千万不要慌手慌脚地马上为孩子制订"英才成长计划"，一定要放任孩子自己玩一阵，努力让孩子了解自己的爱好。最重要的是要让他知道，想要持续这个爱好需要花费的精力、时间、毅力，只有孩子在心理上能够接受这些，仍然决定"玩"下去的时候，你才能满足他的进一步要求，在这项爱好上为他铺路搭桥。

3.和孩子一起"玩"

了解孩子的爱好也是父母应该做的事。例如，你发现自己的孩子突然对昆虫产生了莫大的兴趣，这时候，你有必要买几本昆虫图谱，在孩子有不懂的问题的时候为他解答，或者让他自己去查看。你还应该主动带他去野外，让他亲身接触、捕捉那些或灵巧、或笨拙的虫子。

不要单单把这件事看做"陪孩子玩"，既然你从繁忙冗杂的工作中抽出了时间，自然也要让自己从中得到一些欢乐。你会发现孩子们喜欢的东西自有他们的道理，或新鲜有趣、或充满玄机，在与孩子共同"解密"的过程中，你有没有重温到童年的乐趣呢？

4.要与专业挂钩

培养一种爱好不是件小事，因为爱好很可能变为特长，甚至终生的事业。当父母确定孩子的确沉迷于某种活动，而且他也有这方面的天分，这个时候就要考虑更正规的训练方式，还有更全面的教学、更系统的提高。这些事父母无法面面俱到，必须找专业机构或教师。

将爱好变成每日的学习，训练有时候可以自然而然，有时候却需要一个过程，孩子甚至会出现反感情绪，这时候就需要讲究方法，不要一下子给孩子太多的任务，要循序渐进，考虑孩子的承受能力，逐渐增加训练量。还要不断鼓励孩子，让他更有信心。

不是所有业余性质的东西都能成为孩子今后安身立命的资本。就像学画画的人虽然多，能考上美术学院的只有一部分，能成为画家的只有很小一部分,所以,对待孩子的爱好,家长切勿存在好高骛远的心理,应该明白爱好仅仅是生活兴趣的冶炼、能力的培养、快乐的源泉。

试想,当你的孩子长大成人后,也要面对繁重的生活压力,这时候,他仍然保持小时候的某种爱好,这项爱好没有给他带来金钱,却让他在每日的生活中都能获得小小的乐趣,这是多么值得庆幸的事?所以,孩子能够高兴,是爱好的本意。让孩子玩出成果、乐出水平,才是培养其爱好的最高境界。

当他想放弃时,要积极鼓励

一年前,菲菲的班级里流行起"刻橡皮章"的风潮。一小块橡皮、一把刻刀、一张图片,上手不到几天就能刻得像模像样,印在白纸上,那种成就感让一群小学生开心不已。菲菲也买来简单的工具,每天做完作业都研究刻橡皮章,还刻了很多个给爸爸妈妈。

可是没过多久,菲菲就把所有的橡皮塞进了抽屉,再也不肯刻一个。妈妈旁敲侧击,才知道菲菲是所有小朋友里刻得最差的,她觉得很没面子,干脆不玩了。菲菲的妈妈装作不知道这件事,没事就求菲菲给她刻个花、刻个鸟、刻个风景,还带到办公室里给别人看。妈妈的鼓励,让菲菲又重新拿起了刻刀。

一年后的今天,从前和菲菲一起刻橡皮章的小朋友早就有了新的爱好,只有菲菲的橡皮章越刻越好,现在,她已经能够在橡皮上刻出高难度的山水图,每个人看到她这一手"绝活",都忍不住夸奖一番。

孩子大都有一个爱好,而且这个爱好里包含着孩子的某种才能,对于家长来说是件值得庆贺的事,可是,家长们也要面对孩子们的"三分钟热度"。多数孩子都有这个特点,他们无比热情地宣布喜欢上什么事物,然后大张旗鼓地去"热爱"这件事物,没过多久,孩子却缺乏兴趣,这种情况让家长焦急。

对待爱好,每个孩子都会有一个从热情到厌倦的过程。就像没有孩子会反复玩同一个游戏,有时候玩的次数太多,使孩子产生厌倦心理,再也提不起热情;有时候无论怎么做都做不好,让孩子产生强烈的沮丧感和排斥心理,再也不愿意去做这件事。

对于孩子来说,真正的爱好往往能够长久保持,让他们无法保持下去的是挫败感,那种无论怎么做也得不到他人承认、达不到自己想要结果的沮丧,是幼小的心灵最难以承受的,这个时候,父母不要一味地批评孩子"没长性","三天打鱼,两天晒网",一定要找找孩子坚持不下去的原因,及时解决,不然,梦想的萌芽就会被孩子搁置在角落,直到遗忘。

1.不要指责

看什么都好玩、什么都想玩玩是小孩子的天性,家长不应该指责干涉。特别是当他想要放弃一件事时,原因也许不仅仅是"厌倦了"。这个时候家长如果不分青红皂白,先数落孩子一顿,孩子就会把这笔"账"算到他的爱好头上,产生"本来就很讨厌,因为它我还挨说",更加引发厌烦心理。

对待孩子的决定要平心静气,即使是那些你不想接受的部分。此外,不指责并不代表支持,好的家长不能一味地放任孩子的个性,要给予适当的教育,才能在充分保证孩子思想独立的同时纠正他们的不良习惯,帮他们改变那些不恰当的念头。

2.分析孩子想要放弃的原因

好的父母一半是老师,一半是朋友,不要总是站在辅导者的角度,高姿态地查看他。还要站在他的立场,想想他的感受。孩子想要放弃一件事,未必是没长性的表现,也许因为他发现自己并不适合做某件事,也许他发现了更有兴趣的事。果断放弃不适合自己的东西,是孩子有决断的表现,家长应该支持,但是,至少要教导孩子有始有终,把一件事做完,做到了解、小有成果,再去做下一件事。

3.为孩子指出现有的成就

小孩子都是急性子,兴致勃勃地投入一件事,迟迟看不到成果,失败感也来得快,气恼之下就不愿意继续下去。这个时候家长应该为孩子指出现有的成绩,让他们定下心,看到自己的获得。如有些孩子养花,好多天都没有看到发芽,或者几个月都不见开花,家长如果能跟孩子说说植物发芽、开花的原理、需要的时间,并指出孩子种的花"长势良好"、"比其他人种得都精心,一定能开出漂亮的花",小孩子就会很快重燃热情,再次投入。

4.鼓励孩子再坚持一下

有时候,你也知道自己的孩子不适合做某件事,是不是应该立刻就放弃呢?不,你可以教导他学着放弃那些不属于他的事物,但不能让他养成"浅尝辄止"的习惯。即使你知道孩子做一件事没有结果,还是要鼓励孩子坚持一下,直到确定自己的确"不合适"。

如果家长实在看不出有成就的苗头,也不要直接说出实话,那会刺伤孩子的自尊心,降低他的自觉性。如果觉得孩子实在做不好这件事,不妨利用一下小孩子"朝三暮四"的天性,给他找一件新的有趣的事让他尝试,他做得好,自然也就忘了上一件事——其实不是忘了,是他明白自己已经失败,恨不得大家都不再提起,保护自己的面子。孩子的这点小心思,你一定要体谅。

家长培养孩子的爱好,其实是在培养一种心态,要在孩子年幼的时候就形成这样的习惯:喜欢一件事,尽力去学习、去努力,即使结果不那么理想,至少今后想起来不会产生"当时我再努力一点儿多好"的遗憾感。在成年人的人生中,常常充斥着无数个"当时"、"如果",这样的悔恨与无力,千万不要发生在下一代身上,要保证他们走的每一步,即使不成功,也不会后悔。

培养孩子的自制力和自我要求的能力

"妈妈,我想学习游泳!"

"咦,你昨天不是要学网球吗?"

"爸爸!我要去学古筝!"

"什么?你上次不是说想学笛子?我连笛子都买好了!"

类似的对话,似乎每个家庭都发生过,伴随着孩子撒娇的声音和父母无奈或气恼的抱怨。所有的孩子都有"三分钟热度"这一特点,这和好奇心一样,是孩子天性的一种,但是,这种特点是培养孩子爱好的大敌,如果放任,后果将非常严重。

彬彬从小就是一个聪明伶俐、活泼可爱的孩子,不论唱歌还是跳舞,不论写字还是画画,她都会得到老师的夸奖、同学的羡慕。父母视彬彬为掌上明珠,不管彬彬要求什么,他们都会满足她,不论彬彬想学什么,父母立刻就给她买最好的工具。

等到彬彬渐渐长大,父母才发现事情有点儿不对劲。彬彬不论学什么都浅尝辄止。报舞蹈班是她要求的,穿着漂亮的舞裙,她美了一阵,可是没过一个月,她就嫌练基本功太累,非要去学唱歌;唱歌没学多久,又说自己喜欢上一部动画片,要像主角那样下围棋……最后,彬彬做什么都是"会一点儿",在别人看来,这个孩子多才多艺。只有熟人才知道,她其实什么也没学会,什么都没做好。

因为父母的溺爱和骄纵,聪明的彬彬落得"一事无成"。以彬彬的资质,随便学一样东西,坚持下去,都会是一项不错的傍身技术,但父母却没有尽到"监护人"的责任,浪费了孩子难能可贵的才能。

成年人回想自己的童年,会发现其实自己也有不少发展爱好的机会,如果能踏踏实实学习下来,现在也会多一项技艺,说不定还会小有成就。可是,那时候自己的自制力太差,管不住自己,落下了今日的遗憾。同样的遗憾千万不要发生在孩子身上,但是,家长不能一直监管孩子,必须让他懂得自制,对自己有所要求,才能让孩子将自己的爱好"持之以恒":

1.从小事做起

对孩子的培养不要太过重视"专项训练",而要从日常生活渗透,着重培养他的品性。人的性格一旦定下来,就会影响到生活的方方面面。所以,培养孩子的耐性也要从小事做起、从生活着手。家长可以试着从"练字"、"背单词"、"练习讲演"这些孩子必须具备的本领着手。

开始的时候不能操之过急,每天给孩子布置十几分钟的任务,让孩子不会感到压力,也不容易厌倦,等到这些事逐渐成了每日的任务,孩子能在无人监督的情况下主动完成,他也就基本具备了责任感与恒心。做其他事的时候,也会注意日积月累、持之以恒。

2.阶段性目标与奖励

对于小孩子来说,如果你对他说:"练习画画吧,20年以后,你是个出色的画家。"他大概没过几天就"转行"去练习打游戏了。孩子的世界观尚未形成,你跟他谈未来,他听不懂,他关心的是一个月之内的事,甚至只关心明天的事。所以,如果你把目标换成"练习画画吧,3天后你就能画出一只可爱的小猫"。他可能更感兴趣。

目标要与奖励结合,家长经常对孩子允诺,达到一个什么样的目标,就会得到某些物质奖励。这是一种常见的错误做法,会让孩子因为奖励才去做事。不要对孩子许诺奖励,让他们因为爱好、因为责任去做得更好,然后给予奖励,这对于他们来说是额外的收获,能让他们更加努力,也对自己的爱好有更充足的信心和兴趣。

3.要有自我检验能力

近年来,学校的教育越来越注意家长的作用,老师要求家长留意孩子们每一天的功课,所有的作业本都要由家长过目,家长必须了解孩子每天的作业、每个阶段的成绩,然后对孩子提出表扬或批评。殊不知,这种做法恰恰让孩子觉得自己没有地位。是啊,学校有老师制订计划,在家有家长检验成果,孩子除了努力学、拼命学,什么都不需要做。

过量地监督只会变成越俎代庖的干预,必须让孩子学会自我监督、自我检验,不论对待学习还是个人爱好,都要让孩子在每天的任务中检查自己是否完成、完成得是否满意,主动寻找需要改进的地方。每过一个阶段,孩子要懂得学会自己查阅成绩,和身边的同龄人做横向比较,找到差距。只有孩子有了自我鉴定的能力,才能保证他在离开父母身边后表现出相当的自制力,维持他的优秀。

第 *12* 章
喜欢冒险，
尝试用不同方式去做同一件事

小孩子喜欢冒险、敢于尝试，家长却总是担心冒险变成危险，尝试变成惹事。但是，凡事循规蹈矩会导致孩子平庸与怠惰。鼓励孩子勇敢一点儿，活跃一点儿，去尝试那些不敢尝试的事物，人生总有大大小小的冒险，胜利永远属于勇敢者。

鼓励孩子变得勇敢

常言道，初生牛犊不怕虎。多数孩子胆子大，很少有他们不敢尝试的事，他们会为一时的好奇，即使有些事在家长看来太过冒险，但孩子们却觉得新鲜有趣又刺激。还有些家长怕孩子遇到危险，禁止孩子所有的"出格举动"，这实际上是在误导孩子。敢于尝试是好事，最怕孩子从小就胆小，什么都不敢做，什么都等父母帮忙。

但是，也有些孩子生性懦弱，有些孩子性格腼腆内向，这样的孩子常常表现出不爱说话、胆小怕事，什么都不敢尝试。当老师提出一个问题，即使他们知道答案，也不敢举起手。因为这种性格，他们在小孩子的圈子里成为有名的"胆小鬼"，经常受到嘲笑，他们也经常在家长面前大哭，或背着人偷偷哭泣。

这样的孩子还有一个特点，就是严重依赖父母，几乎要到寸步不离的程度。父母一离开，他们就不知如何是好。不论遇到什么事，他们唯一的念头就是去找爸爸妈妈。对于他们来说，爸爸妈妈是保护者，会帮自己做任何一件事，让自己不必面对危险和未知。这种想法其实没有错，爸爸妈妈的确是孩子的保护伞。但是，伞是下雨的时候才撑的，外面如果是大晴天，还撑着一把伞，像话吗？

生活中就是这样，没有勇敢品质的孩子通常会对父母产生严重的依赖，这就使得他们很难真正独立。当父母不在身边的时候，他们很难自信地照顾好自己，也不可能有勇气面对纷繁复杂的社会和形形色色的人。当他们有避风港的时候，他们有地方躲、有人安慰，当有一天"港口"不在了，他们会觉得心理防线轰然坍塌，甚至没有自己站起来的勇气。

《哆啦A梦》是一代又一代的孩子都爱看的漫画，漫画的主角野比是个胆小懦弱的男孩，每当他受了委屈，就会去找一直在他身边的机器猫哆啦A梦，希望哆啦A梦拿出未来世界制造的神奇工具，帮他解决困难，"收拾"那些欺负他的人。

网络上，《哆啦A梦》有一个结局：哆啦A梦即将回到未来世界，不能再陪伴野比，他很担心野比今后的生活。为了让哆啦A梦安心，野比开始学着努力学习，面对别人欺负的时候不再逃跑，勇敢地和对方对抗，哆啦A梦看到后，明白野比终于长大了。

小孩子总要长大，不能永远依靠别人的保护，保留童真没有错，性格单纯也不是问题，但一定要有直面困难的意识，当困难降临的时候，要敢于迎战，而不是像小时候一样喊着爸爸妈妈。家长也应该鼓励孩子，没有什么事值得害怕，要直接告诉他："我希望你更勇敢。"

为了培养孩子的勇敢，人们也想到了很多办法。例如，美国很多孩子在婴儿时期就独居一室，孩子长到三四岁，有了害怕的心理，家长就买一种很小很暗的灯，彻夜亮着，以驱逐孩子对黑夜的恐惧。晚上睡觉前，父母会到孩子房间给孩子一个吻，说句："孩子，我爱你，晚安。"然后回自己的卧室睡觉，孩子抱着布娃娃、狗熊之类的玩具安然入梦。那么如何在生活中教育孩子，让孩子变得更勇敢、敢于冒险？

1.直面困难

胆小的孩子最突出的特点就是不敢面对困难，当难题摆在他们眼前，他们的反应永远是："我不行"、"我不会做"。其实他们并不是不会做，只是害怕失败、害怕出丑、害怕被责备。家长的责任是告诉孩子这些后果"没什么"。

失败算什么？失败是成功之母。出丑算什么？别人也都出过丑，比你还多。责备算什么？不过是几句话，谁没听过批评呢？何况忠言逆耳利于行，批评也是有好处的。面对困难，要让孩子做到忘记结果，只需奋力尝试解决。还要告诉他，即使失败，爸爸妈妈也依然为他骄傲，因为他的勇敢、他的努力，都注定他今后会是一个成功的人。

2.鼓励他尝试不敢做的事

胆小的孩子不敢做的事很多，例如，他听说中药是苦的，就坚决不喝中药；知道打针很疼，就不想打针；听说游乐园的过山车很惊险，说什么也不坐上去。总之，他愿意做的事太少太少，你想让他尝试的却太多太多。

父母可以用蛊惑的语气对他说："试试吧，很好玩的。"也可以利诱他："你做了就给你买那本你一直想要的漫画书。"孩子毕竟是孩子，好奇心能够战胜胆怯，最后他会乖乖尝试。至于他喜欢不喜欢，就不在你的掌控范围了。父母要遵循这样一个原则：不必勉强他喜欢，但至少要保证他做过、他敢做。还可以让孩子在冒险中培养勇敢的品质，当然并不是指鲁莽的冒险，而是在有安全保障的前提下鼓励孩子做一些带有冒险成分的事情，比如荡秋千、骑自行车、滑板、游泳等。

3.适当地刺激

当你察觉孩子特别害怕某一样事物，就要用心理学上的方法帮他克服胆怯。例如，有些孩子最怕一个人待在黑暗里，晚上睡觉都要开着灯。这时候父母应该对他展开一系列的训练，以刺激他的感官，让他习惯害怕的事物。

这种"刺激疗法"最忌冒进，要从最微小的地方开始。可以先带着孩子走夜路，让他习惯黑夜的氛围，知道黑夜里有灯火、有其他人，其实并不可怕。然后慢慢让他一个人睡，并关上灯，习惯一段时间后，孩子的惧怕就会缓解，渐渐适应。

4.为他树立一个榜样

不管是电视上还是书本上，最不缺乏的就是勇敢的形象。孩子们最喜欢的就是那些铲奸除恶、一往无前的小英雄。不妨用孩子最喜欢的人物鼓励他,告诉他:"你也可以像他一样勇敢。"榜样的力量是无穷的,孩子们最愿意与自己的偶像靠近,如果你夸他:"真棒,就像×××一样。"他会更加努力,即使害怕的时候,也会鼓起勇气,不给自己的偶像丢脸。

冒险但不要冒进,有胆子也要有脑子

阿力从小就是个"怪胎",6岁的时候,趁着父母出去办事,他拿着螺丝刀拆了家里的电视,研究一番之后又安了回去。父母回家后发现电视怎么打都打不开,还以为质量出了问题。此后,阿力的爱好一发不可收拾,家里所有的电器都被他开壳"验货"过,有些他能装回原样,有些装回原样会出问题,有些干脆没办法装回去。为此,父母经常批评他,阿力却乐此不疲,晚上继续偷偷拆父母新买的手机。

一天,阿力拆一个电器的时候差点儿触电,父母终于警醒过来。以前他们只觉得小孩子的好奇心应该培养,没准长大后能当个科学家,现在,父亲不得不严肃地找阿力谈话,父子俩达成共识:今后,父母不干涉阿力的"探索",阿力保证自己会注意安全,在"实验"前切断所有电源,接触有电物质时主动戴上橡胶手套。

只要有正确的安全意识,孩子勇于尝试就是件好事,像故事中的阿力,今后也许是个小小发明家,但如果他不注意安全问题,在成为发明家之前,就有可能一命呜呼,"英年早逝"。有勇气是一件好事,敢于探索也应该鼓励,但要是没有计划性、没有安全常识,不但达不到预计的效果,还可能给自己带来危险,让事情走向失败,这就是有勇无谋。

　　能够把事情做好的勇敢才是真正的勇敢,否则很可能会添乱。有勇无谋将导致严重的后果,勇敢只是一时的事,但如果不能达到良好的效果,白费力气,那勇敢也只能是一时的意气。例如,当看到有人掉入河里,直接跳下去救援未必是最好的方法:你会游泳吗?你能保证自己的力气托得起对方吗?还不如马上喊人,让更适合救人的人跳下去。

　　小孩子的勇敢有时候会产生莽撞,例如冬天的时候,你会看到一群小孩一起在外面吃冰,吃得最多的就是"最勇敢",让别的孩子佩服不已。这种"勇敢",你如果不赶快纠正,过不了多久,别人就会说你家孩子"缺心眼"。勇敢必须和聪明的头脑相结合,这就需要孩子的处世智慧。家长应该如何培养孩子的智慧,让他小小年纪就有谋略?

1.用事实让孩子明白有勇无谋的后果

　　整天跟孩子灌输"有勇有谋"是没用的,孩子未必能听懂,你说得多了,他们还会觉得你轻视他们,遇事更爱逞强。所以,当你发现自己的孩子做事有胆子却没脑子的时候,要挑最恰当的时机给他指出来。

　　讲故事也是一个好办法,说那些因为谋略不当而失败的故事,让孩子分析"这么勇敢的人,为什么会失败"?悲惨的故事结局会给孩子留下深刻印象,让他们在惋惜之余重新思考"勇气与谋略"这个命题。

2.指导孩子三思而后行

　　孩子常常会对自己的失败原因百思不得其解:自己肯定是有勇气的,而且有别人不具备的想法和勇气。也不能说是头脑发热,做事之前也有想过。孩子迷茫,家长就该出场了,要告诉孩子,做事前转转眼珠,想几分钟未必叫做"想","想"要全面、要有目的。

　　三思而后行才是最佳的做事态度。三思,就是指做事情之前多想几次,多思考一些。想想什么样的方法是最好的、什么样的结果是能够接受的、怎样才能避开最多的困难、节省最多的时间……如果孩子在行事之前首先考虑这些方面,并订下计划,就能给自己的勇气套上一层"盔甲",保护他的决心能够顺利进行。

3.多经历一些挫折

智慧不是别人讲出来的,父母总想把自己的经验全都教导给孩子,但是,一来,你的经验不一定适用于孩子的情况;二来,人与人个性不同,孩子有自己的想法、自己的处世方式。让他多经历一些挫折,能够加速他的成长。

当你的孩子一次次鼓起勇气,又一次次遭遇失败时,你可以帮他分析错在哪里、如何才能做得更好。在打击面前,孩子很容易听懂、接受,在做事的时候,他会自己提醒自己不要那么急切,凡事要有计划,要仔细,而不是凭借勇气一个劲儿向前冲,没准前方就是死胡同。

另外,要让孩子明白勇气的真正含义,有些孩子看上去懦弱,但在关键时刻却能像个大人一样,有担当、有勇气。勇气应该用在最关键的地方,而不是血气方刚地逞强。还要鼓励他多试几种方法,哪怕是听上去根本没有道理的方法,另辟蹊径,有时也能带来不一样的成就。

让孩子敢爱敢恨、爱憎分明

在生活中,很多人都厌烦这样一种人:他们说不上有多坏,也没做过坏事,但他们没有原则,别人说什么他们都附和,不论是好是坏,也不敢发表一句言论,就怕说错话得罪人。他们时而在别人的矛盾中和稀泥,充当和事老;时而左顾右盼,两边观望,做根墙头草。他们的一生都在懦弱与观望中,小心翼翼地看别人的脸色行事。

假如自己的孩子长大后也成了一个老好人,在人际的夹缝中憋屈地生活,你是不是觉得无法忍受?再仔细观察一下自己的孩子,他有没有这方面的征兆?在父母责备他的时候,他是不是明明委屈,也不敢顶嘴?在和小朋友吵架的时候,他是不是不敢说出自己的看法,就怕别人生气?

　　有很多父母希望自己的孩子也能够乖乖地听话,不去招惹是非,听话的孩子很受家长的欢迎。但这其实是一种错误的教育方式,因为孩子还小,独立完善的性格还没有养成,从小就教育孩子要听话、不要惹是生非,会淡化孩子明辨是非的能力,这样的孩子即使在将来长大后往往会对事情缺乏主见,人云亦云,很容易受到别人观念的影响,性格也会留下缺陷。

　　而敢爱敢恨、爱憎分明的孩子也许会给家人带来一定的麻烦,但孩子能够在这些麻烦中快速成长,甚至找到自己人生的方向。培养孩子敢爱敢恨、爱憎分明的性格特点,则会使孩子在成长的道路上分辨方向,养成独立思考的习惯。人的一生要学会爱恨分明、敢爱敢恨,做一个棱角鲜明的人,这样才能完善人的性格,而不是人云亦云的一个"傀儡"。

　　丘吉尔是一个混血儿,也是后来英国颇受争议的首相,因为丘吉尔的性格过于鲜明,敢爱敢恨,后来就是在这种性格的带领下,丘吉尔引导英国走出困境。丘吉尔的父亲鲁道夫·丘吉尔是英国著名的政治家,也是一个性格爱恨分明的人,他不惧怕嘲笑自己的对手,也敢于口吐狂言,他曾经说过要在最短的时间内当上英国的首相,被人们戏称为"伟大的急于求成的年轻人"。丘吉尔敢爱敢恨的性格就是在父亲的影响下形成的。

　　生活中,有些父母出于爱惜孩子,不舍得孩子受伤或者受别人的影响,而一再教导孩子做一个"好好学生",天长日久,这些孩子也就慢慢地失去了其鲜明的性格,成为"没主见"的人,甚至见到一些让人愤怒的事情,孩子的脸上还是面无表情。错误的教育方式扭曲了孩子的天性,使孩子的性格留下了缺陷。因此,为了孩子着想,每位父母都应该培养孩子敢爱敢恨、爱憎分明,对社会发生的事情,孩子能够提出自己的观点,有着自己的爱恨,这样,孩子才能不断地汲取知识和增长明辨是非的能力,对孩子的成长是有好处的。

现在的孩子大多是独生子女,生活在众星捧月的环境里,被父母层层保护起来,性格当中缺乏一些品质,如勇敢、坚强、冒险精神等。随着孩子慢慢成长,孩子性格里的胆小和懦弱慢慢暴露出来,比如怯弱、腼腆、不爱说话,在幼儿园中和小朋友在一起也比较孤僻,不大合群,甚至上课连举手回答问题都不敢,遇到困难只会哭哭啼啼的,当父母意识到这些危害的时候,再去培养孩子坚强的性格就要付出更多的努力和精力,多数时候为时已晚。

所以,在孩子的成长过程中,父母不要全面保护孩子,甚至禁止孩子伸出正义之手,父母在平时应该给孩子灌输一些勇敢的理念,让孩子知道,很多恶势力并不可怕,很多时候都是自己在吓自己,鼓励孩子不管其他孩子是在学习中遇到困难,还是在生活中遇到需要帮助的人,都要积极地伸张正义,鼓励孩子有一定的冒险精神、有克服胆怯的勇气,如此会给孩子将来的人生发展带来很大的益处。那么,如何培养孩子敢爱敢恨的性格?

1.说出自己的感想

有些孩子从小就显露出温暾的一面,当别人招惹他们,明明别人不对,他们基于"不想惹事"、"害怕"等想法,不去制止别人,这就让别人觉得他们可欺;还有在谈论问题的时候,他们不敢说出自己的想法,因为害怕会与上一个人不同,被人觉得是在唱反调,这就让人觉得他们软弱毫无主见……这样的事越来越多,孩子渐渐习惯了缩头。

想要孩子敢爱敢恨,先要孩子大声说出自己的想法。要让他明白,只要有礼有节,直白并不会伤害别人,即使会伤害别人,也不能因此放弃自己表达意愿的权利。喜欢、讨厌、坚持、反对,在某些情况下,可以放在心里,在多数时候,不妨坦白地说出来,这样别人才会了解你,意识到你的存在,知道下一次应该听你的声音。

2.要有正义感

多数孩子都有一种朴素的正义感,虽然胆子小,却总能在关键时刻伸张正义。但是,由于过分担心危险,当孩子想冒险时,有些家长会大声地训斥道:"掉下来就没命了!""你想找死啊!"这很容易扼杀孩子的冒险精神,也就剥夺了培养孩子勇敢品质的机会。

在遇到不公平的事情的时候,家长不应该阻拦孩子,但一定要对危险成分做一个客观的估计,保证孩子的安全。有正义感的孩子常常成为孩子们的"领袖",因为正义感让孩子更有责任感、更有原则,并让他们更加严格地要求自己,不会做出格的事。

3.明白自己的实力

佛里察说:"小心就是勇敢的一个重要部分。"培养孩子爱憎分明,也要让他学会估量自己的力量,不要鸡蛋碰石头。例如,看不惯一种行为,说出来固然是一种方法,如果说出来不能改变情况,或者只能使情况变得更糟,还不如不说,等到自己有实力的时候亲自改变。在敢爱敢恨的基础上,如果加上智慧,孩子就拥有了健全的人格。

做人也是如此,不论什么时候,有自知之明的人总是能拥有更多的成功机会。因为他们不会冒进,不会贬低自己,他们在做事之前就能把事情的结果预料到十之八九,这样的人也会冒险,但这种冒险是有胜算的,而不是像一个赌徒,等待未知的命运。你的孩子现在也许不懂这个道理,但是,让他知道自己有多少知识、多少力气、多少能量,可以大大减少他闯祸的次数,在他"见义勇为"的时候,也能增加他的成功率。

第 *13* 章
你从来不教他，
他却能将东西很好地分门别类

有人做事有条不紊，有人做事杂乱无章，这反映了思维的不同状况。一个人的思维能力需要不断培养、练习，才能明晰、透彻，要在孩子的学习过程中反复引导他们透过表象琢磨本质。万事万物都有规律，学习，就是为了掌握这些规律，为己所用。

让孩子自主学习和总结

孩子年幼的时候，生活可以用"一团糟"来形容，他们不会整理自己的物品，永远把玩具、书籍、衣物到处乱扔，每一天家里都像战场，让父母怀疑孩子是否以捣乱为乐，不然他们怎么会以最快的速度把干净整洁的屋子变得乱七八糟？

在学习上也是如此，孩子们的记忆力说好真好，说乱也真乱。他们经常把东西记得颠三倒四、毫无逻辑。但是，如果你问他 3 加 7 等于多少，他知道等于 10，问他 7 加 3 等于多少，他反应茫然时，相信你也会瞠目结舌，恨不得摇晃他们大叫："不就是倒过来吗！你怎么就不知道等于几！"然后看着他们委屈的眼神，又觉得吓到了孩子。

其实，这些事并不代表孩子笨，只是代表他们脑子里没有条理和章法，也没有总结学习的能力。不要以为那些把什么事都分门别类，料理得清清楚楚的孩子天生有这种能力，他们的这种能力其实是被父母熏陶、训练出来的。

就拿生活中的整理而言，如果父母二人都有"一个东西用完就放回原处"的习惯，每天言传身教，孩子听得多了、看得多了，自然也会学着把东西放回原位，房间看上去就会整洁如初。其实这并不是因为孩子有多高的"清洁"觉悟，只是他的模仿天性使然。

与之类似，头脑的明晰也可以通过训练得到。小孩子的思维呈现混沌状态，他们对很多事半懂不懂，也有一些萌芽状态的新奇想法，想到这个就忘了那个，还经常被新事物吸走注意力。打个简单的比喻，成年人的思维是一条又一条的线，每件事情都有一定的轨迹，在这个轨迹上，不会发生混乱；小孩子的思维就是一个又一个的点，他们没有把点连成线的意识，所有事情毫无头绪地堆积在脑子里，这就造成了他们做事杂乱无章。

周女士是个自主创业的小老板，家境虽然富裕，但她和老公都是初中文化水平。有了孩子后，一直担心孩子的教育问题，她觉得自己见识有限，也许教育不好的孩子，每周3次，她带着3岁的孩子去附近小区的"爱尔"幼儿培训园地。

在培训的时候，孩子们在老师的带领下学习各种东西，家长们就在一旁观看。周女士觉得自己根本不理解老师们的用意，甚至怀疑这个培训机构徒有其名。例如今天，老师拿出几筐各种颜色的塑料小球，要求孩子们按照颜色把小球装进不同的筐。周女士实在不明白这种游戏有什么意思。

好在，周女士是生意人，什么时候都客客气气，上完课，她话家常似地跟老师询问，老师说："小孩子没有分类能力，他们看着不同的东西，却说不出，也不明白到底哪里不同，不要小看这种训练，它能强化孩子的分辨能力，让孩子们学会如何合理地将东西分类。下一次课，我们要让孩子分辨不同的图形。"周女士这才恍然大悟。

对于还没形成认识的幼儿，培训班的训练方式无疑是有效的。如果孩子再大一点儿，不再适合去培训班，就要依靠父母在家里帮他们计划训练项目，教导他们如何让自己更有条理。那么，该如何"整理"孩子的头脑，让他们从杂乱到有条不紊？

1.让孩子养成归纳总结的习惯

及时对学到的知识进行总结，做对的，加深印象；做错的，分析原因，今后改正。拿平日的作业为例，如果孩子能够把自己做错的题全部誊写在一个本子上，附上正确的解题方法，没事翻看一下，那么他就会大大减少犯错误的机会。如果他还能主动寻找学习中存在的问题，那无疑能让他的归纳总结能力更上一层楼。

2."WHW"的总结方式

在生活的很多问题上,可以用"WHW"的总结方法训练孩子的逻辑。不论什么事发生,都要问问孩子:"为什么会发生?""怎么发生的?""结果是什么?"这就是"Why"、"How"、"What"总结方式,它让孩子系统地知道事物的起因、经过、结果。

这样一来,在孩子的大脑中,事物不再是一个单纯的现象,而是一个有条有理、前后相继的过程,甚至可以是一个有点有面的直观立体过程。训练得多了,孩子遇到什么事都会好奇地问问原因,细心地等待结果,再也不会出现看到叶子落了却不知秋天来了的迷茫状况。

3.分类很重要

孩子应该学会如何将事物分类。学习分类最重要的是确定一个标准,让孩子联想。比如,按照"方形"的标准,手绢、窗户玻璃、床、桌子、电脑屏幕都可以归到这一类;而按照"材质",手绢和玻璃显然不能归为一类;若按照"家具"的标准,床和桌子仍可以归为一类。按照标准分类,一开始也许会让孩子产生混乱,但却是最简单易学的分类标准。

习惯了实物性的分类,就可以让孩子尝试为概念分类。例如看一个电视剧,孩子很容易就能分辨出"好人"和"坏人"。在他的经历中,也能渐渐分辨什么事让人喜欢、什么事让人不快;什么是成功、什么是失败;什么恰当、什么不稳妥。孩子就在把一类事物和另一类事物分开的过程中获得了分辨能力。

4.标出重点才能明晰

家长有时候会好奇:成绩好的学生和成绩不好的学生区别究竟在哪里?其实这个答案并不难找,翻开这两类孩子的教科书,你就能看到。成绩好的学生,教科书上永远会用显眼颜色的笔画出一些重点、写出一些提示;而成绩不好的学生的书或者完全空白，或者画得很乱。前者的书上重点明确，后者全是重点，或者说毫无重点。

培养孩子找重点的能力，才能让孩子头脑更明晰。为什么有的人看一遍书，就能记下大部分的内容?就是因为他们会找重点。可以用"画地图"这种方法锻炼孩子寻找重点的能力，让孩子按照地图去找一个地方，地图要家长亲自绘制，不要太详细，只需要画出大概路线和几个建筑物，然后让孩子自己去一个地方，要求他把地图画出来。由此反复训练多次，孩子就知道走一条路，一是要有方向感，二是要记住主要地标建筑。把这个方法推而广之，在学习、生活中，他也会开始寻找重点，做事也会更有效率。

5.教孩子学会"举一反三"

家长很怕孩子"笨"，所谓"笨"，不是指智商低，而是他们没有举一反三的能力，什么事都要一遍一遍地教，换个样子，他们就什么也不会。举个简单的例子，让他们给桃子榨汁，他们学会了。等到给苹果榨汁，就觉得苹果太硬，想不到可以用刀多切几块再放入榨汁机。这样的孩子有点儿"死心眼"，不灵活，但通过训练，他们也能变得机灵一些。

举一反三的练习最好在学习上开始，告诉孩子每个科目都有规律，先去找规律。例如做算术题，不管数目怎么变，也不过是加减乘除，掌握基本方法，就能算出任何一道题的结果。可以多让孩子做做应用题，多让他想想一句话的不同说法，活跃他的思维。在生活中也是如此，所谓熟能生巧，既然孩子不开窍，那就让他多做多接触，即使再笨的孩子，把同一件事做上10遍、20遍，也会在熟练中生出技巧和领悟。生活中的事万变不离其宗，只要努力练习、开动脑筋，总能找到解决方法。

有时候，孩子自己也会觉得不如别人灵活，觉得自己蠢，伤心不已。这时候父母要告诉孩子，没有几个人是天才，大家都在不断地学习中变聪明。然后让他举出一件自己做不好的事，帮助他不断练习，让他看到成绩。他的

信心在那一瞬间就会树立,今后不管遇到多少困难,他都不会气馁,而是想到你的鼓励,自己开始尝试改变。

即使很复杂的抽象概念,
他也能有所领悟

　　武先生是一位大学教授,在一所知名大学教授哲学课程。办公室里,同事们经常抱怨和家人缺乏共同语言,每当随口说一个"本体论"、"超我论"、"叔本华和康德",家人就会做出制止的手势,请他们说点儿平常话题。对大多数人来说,哲学太玄奥、太复杂,不适合当做日常的谈资,哲学教授们也只能和同事、学生多说几句。

　　一直以来,武先生也觉得自己学的东西和旁人格格不入,直到有一天,他的儿子津津有味地和他谈起亚里士多德,武先生大惊失色地问:"你不觉得哲学很抽象吗?"儿子说:"不会啊,像亚里士多德谈创造,说的不就是艺术家写作品就像照镜子吗?"武先生这才发现,自己以前太小看小孩子了,即使概念复杂,他们其实也能领悟一二,用最简单形象的语言说出来,这大概是小孩子特有的学习方法吧。

　　有时候,孩子总是抗议家长的"歧视",家长总认为他们小,什么也不懂,但他们自己觉得他们很聪明,只要家长愿意耐心讲讲,他们什么都能听懂。亲子之间,这种矛盾常常出现。我们经常听家长叹着气对孩子说:"这个你现在不懂,等长大了你就明白了。"而孩子愤愤不平地说:"为什么长大了才能明白?我现在就能明白!"

其实，孩子知道的远比你想象的多，他们的理解能力也比你估摸得更高深。特别是现在的孩子普遍早熟早慧，四五岁的孩子一个比一个精明，你完全不必担心他们的理解能力。当他的好奇心上来，问你问题，即使你觉得对于孩子来说太复杂，也要努力给他讲解。很快你就会发现，孩子一点就破，他的领悟力早就超出了你的期待。

但是，孩子再聪明，终究没有知识体系做支撑，他的理解和领悟都是片面的、灵光一现式的，"为聪明而聪明"，这一方面，就要靠家长的智慧来弥补。家长在给孩子讲解某一个知识的同时，一定要注意连贯性；在给他解释复杂的概念时，一定要注意类比方法，这样才能保证孩子得到的知识更全面，留下更深刻的印象。

聪明的家长应该有化繁为简的能力，并且把这种能力教给自己的孩子，如果世界在他们眼中是复杂的，却有一种方法可以解答一切难题，那么他们对世界的探索兴趣就会增加。那么，家长如何培养孩子这种领悟能力呢？

1.耐心为孩子解释每一个概念

幼小的孩子经常问的问题其实可以归纳为一个：那是什么？是的，孩子最初认识世界的时候，最想知道的就是他身边的东西都是什么。他会逐渐认识爸爸妈妈、房子车子、花草树木，然后知道亲情、安全感、美丽，等概念，这些，都要靠家长的解释。

在认识世界的过程中，家长必须做到有问必答，而不是"自己去找答案"。家长的工作是让孩子对世界有一个正确的认识，告诉他们万物究竟是什么样子、社会又是什么样子，在这个基础上，才能要求孩子开动脑筋，去找一些问题的答案。

2.对于抽象概念，父母应结合实际进行解释

如果你教孩子什么是水、什么是山、什么是花，只需要用手指一指，孩子就能将实物与名称对应起来，记下来。但是，你如何给孩子指出什么是

美、什么是艺术、什么是青春?这些抽象的东西,虽然也勉强能找到对应的形象,但那显然不完全。

对于抽象的概念,笼统的解释不能满足孩子的求知欲,家长应该提前做做功课。例如,想要解释"美"这个概念,不应该只指一个美人给孩子看,还应该让他翻看一些美景图片、窗外小鸟停在绿树上、马路上的小学生拾起别人扔掉的垃圾扔进垃圾桶、母狗舔着小狗的毛,凡是能够引起灵魂上愉悦的东西,都可以称之为"美",解释到这个程度,孩子才能全面了解,不会产生误会,也会立刻知道如何分辨美丑。

3.钻研拼块、迷宫和数字游戏

游戏最能激发孩子的能力,不要小看拼块、迷宫之类"小孩子的玩意儿",那可是教育学家、数学家费了不少脑子设计的,在游戏的过程中,学习如何解谜、找规律,形成完成的思维,才能将游戏玩好,就算父母要玩,也需要动一番脑筋。玩这些游戏,孩子会有一种深刻的体会:那些看着复杂的事物,只要"会",就很简单。这不就是你最想让孩子知道的吗?

此外就是,想要用游戏来培养孩子对数字等事物的敏感,一定让孩子自己选择他愿意玩的东西,例如拼图,有些父母喜欢包办孩子的一切,也会用自己的思维左右孩子。在选择拼图玩具的时候,他们甚至会对孩子说:"这个块数太多,你拼不完。""这个色彩鲜艳的比较好看,买这个。"等等,是你要玩游戏,还是孩子要玩游戏?如果连主体都没搞清楚,也难怪孩子们嘟着嘴把你买的拼图拿回家,拼两下就扔在一边儿,再也想不起来。

4.培养孩子对数字的敏感力

有些家长"重文轻理",发现孩子对文艺类东西感兴趣,就大胆地忽略了理科教育,其实,理科知识对孩子必不可少,例如孩子要做一个作家,不懂逻辑,读者读得懂他写的书吗?不懂化学物理,很多现象他不能写透;不懂数学,恐怕他连版税都算不清楚。

培养理科思维，数学是基础，从数数开始，随时让孩子数一数外面有多少棵树、小区有多少栋高楼，然后逐步加深，假设30棵树上会有一个鸟巢，整个公园会有多少小鸟？一栋楼有十几户住户，整个小区大约有多少人？任何简单的问题都能衍生出复杂的学问，但它们的本质仍然是简单的、易懂的，只要你的教导方法得当，孩子就能运用自如。

让孩子能从现象认识到本质

父母不在孩子身边的时候，最担心的事是什么？担心孩子被骗。小孩子相信自己的眼睛，认为什么事都"眼见为实"，可是眼睛看到的并不是最全面的，所谓知人知面不知心，自然中、社会中，不知道有多少事物潜藏着与外表截然不同的一面，如果孩子只相信眼睛看到的，他就很容易被误导，形成错误的认识。

举个简单的例子，孩子阳台上的花枯萎了，如果只看表面，没有虫子也不缺水，根本看不出枯萎的原因。真实的原因是他在午后将花暴晒在阳光下，导致了花的死亡——这些事表面上如何看得出来？由表及里、从现象认识本质，听上去是一句简单的话，但成人做起来尚且有难度，何况半大的孩子？

孩子没有透视眼，也没有丰富的经验作为参考。想要他们透过现象看穿本质，要依靠父母不断地教诲。而且，看透事物的本质只是一种方法，最关键的是要学会抓住事物的关节，解决困难，让自己的目的能够达成。

我们都知道司马光砸缸的故事。司马光是宋朝的名人，《资治通鉴》的作者，小时候，他就是一个神童。有一次，他和附近的小朋友一起玩捉迷藏，有个小朋友看到一口巨大的水缸,心想这是一个不错的藏身地点。等他费劲爬了上去,才发现这是一口装满水的水缸,他一下子掉了进去,大声呼救。

孩子们慌了手脚,急得大哭大叫,有的孩子连忙跑去叫家长,只有司马光走上前搬起一块大石头,使劲砸烂那口水缸。等家长急匆匆赶来,落水的小孩已经得救。

学习从现象看本质,为的是最大限度节省判断时间,不被枝节迷惑,司马光为什么能救小孩?因为他一眼就看到了事情的根本原因:小孩会溺水,不是因为没人救,而是因为缸里的水。这样的话,把缸里的水放出来不就得了?怎么放?砸掉。这个思维过程并不复杂,多数孩子却会本末倒置,根本看不到这一层面。那么,家长如何培养孩子掌握事物的能力?

1.全面观察事物

我们已经知道如何培养孩子的观察力,在这里还要再强调一点,就是观察事物一定要全面、再全面,不论看什么都不能只看一眼就想当然,如看到一个女人穿得花枝招展,就认为她轻浮,这就是典型的想当然,也许这个女人只是不会打扮。

看问题全面,考虑问题才能全面,看到的都是可以考虑的因素,要把事物的方方面面都看到,甚至关联的部位也要看一看。例如指导孩子观察一条小河,不能光看颜色,也要看看河里有什么样的鱼、河边长什么样的草、什么时候水位高、什么时候冰封。只有到这个程度,才能称得上"了解",观察,就是为了了解。

2.考虑事物背后的原因

因果关系是最重要的关系,每一件事都不是偶然的,至少有一个直接原因,数个间接原因,孩子能把一件事的原因想得越全面,他的认识本质的能力也就越高。想要练就"透视眼",就要多跟孩子一起分析事物。

比如,在自然科学领域,你可以问孩子:"我们为什么会有苹果吃?"孩子回答："因为苹果树长了苹果。" 然后你就可以继续追问："苹果树为什么会长苹果?"这个问题可以一直继续。如果孩子回答："有苹果吃是因为超市有苹果卖?"你也可以换一条思路,说说超市的购货流程。这些都能增长孩子的知识。孩子的知识越多,越懂得综合分析。

3.对于十分复杂的事,要看出规律

有些事看上去很复杂,但是万事万物都有规律可循。就像一张三维立体图,找到一个点,就能顺藤摸瓜,看到整个图像。要培养孩子寻找"关键点"的能力。仍拿数学做例子,给孩子一组数字:"1,3,5,7……"这样的规律很明显,但"1,3,7,15……"这种规律就要想一阵子,这种训练需要循序渐进。

找规律的关键在于分析。在生活中,很多事需要先分析,才能去做,而不是不经过大脑,靠直觉去做。孩子应该学会对一类事有一类事的基本处理方法,对一类人有一类人的具体对待方法,把这些事搞清楚,复杂的事就会变得明晰简单。

4.培养孩子的推理能力

推理,看上去似乎是一个高深的概念,只有侦探们才具备这种能力。其实在日常生活中,推理无处不在,举个最简单的例了,当你看到一个邻居面色抑郁,他十有八九心情不好,你再仔细一看,发现他平常牵的狗不在身边,你就会猜测是不是狗丢了,这就是一个最简单的推理过程。平时,我们习惯看原因猜结果,推理则是反其道而行之——看到结果去猜原因。

这种逆向思维对孩子的头脑大有好处,可以让他们有更清楚的分析辨别能力,对事物的深层原因有更深的把握。此外,一定要防止孩子的错误推理。例如你在太阳落山的时候关上窗户,孩子可能以为是你关窗户这个动作导致了太阳落山,他自己也会去关窗户,企图"控制太阳",这时候一定要给他讲清楚哪个是前提、哪个是后果,不能混淆前后。

经过训练,孩子能正确地将各种事和人进行分类,理解各种复杂的概念,而且开始学会抓事物的本质,这时候可以给他讲一些更深奥的学问、更深刻的人生道理作为辅助,有了底子,再加上你的添加,孩子的认识将会出现一个飞跃。

第14章

你从来不知道他的小脑袋瓜里
有那么多的常识

没常识的人必然没见识,没常识的孩子常常闹笑话。懂得教育的父母从不忽略常识教育,不论阅读量还是生活经验,一面刺激孩子的好奇心,一面增加孩子的知识储备。小孩子记忆力强、模仿力强、思维活跃,不知不觉,他已经成了一个"小小万事通"。

别充当孩子的工具书

"爸爸!这个字念什么?"

"妈妈!为什么家里的鸡蛋孵不出小鸡!"

每一天,父母都要面对孩子各种各样的问题。从鼓励孩子好奇心、求知欲的角度,家长应该对孩子的疑问不厌其烦地回答。但是,那些明显该自己寻找答案的问题,孩子可能因为懒惰、因为依赖而不去动手,把家长当成现成的百度和 Google,也让家长们头疼。对于这样的问题,家长要学着拒绝回答,让孩子自己去找答案。而且,你的孩子已经不小了,他应该自己学会使用工具书,具备自己思考、研究、发现答案的能力。

小静的妈妈最近很头疼,女儿读三年级,老师布置她每周都要写 3 篇周记,提高作文水平。每当小静开始写作文,妈妈就要面对小静不停的"检索"。

"妈妈,我想用一个成语说明一个人长得很有精神!"

"妈妈,鲤鱼的鲤字怎么写?"

"妈妈,你帮我看看这个句子要用什么形容词!"

妈妈一次次回答小静提出的问题,经常怀疑究竟是她在写作文,还是小静在写。更让她头疼的是,一到考试,小静的作文肯定出问题,不是找不到合适的词,就是写错字,很显然,这是因为在考场上,她没有"妈妈字典"。

终于,妈妈决定再也不能惯着孩子,她给孩子买了几本《优秀作文选》,又买了几本《作文词典》,一股脑儿扔给小静,让她自己研究,写作文再也不要问妈妈。

不只写作文不能问妈妈,其他时候也应该"自己动手",才能把基础知识变成自己的。不会的字,查一查字典,自然会记住;觉得自己词汇不够丰富,经常读书,自然能扩充。孩子必须有自我提高的能力,才能应付将来更难的学习任务。

在这个过程中,工具书必不可少,作为基础知识库,它们是孩子一生都要接触、运用的书。在你的家中,除了孩子喜欢的故事书,你还应该建立一个"图书角",培养孩子阅读工具书的习惯。你需要为孩子准备如下的工具书:

1.字典、词典

一本《新华字典》和一本《现代汉语词典》是必备的,这可以让你的孩子自己查阅需要的字、词、句。一本中英双语的词典也要和它们放在一起,让孩子能够随时中英对照,巩固他的英文知识。工具书的意义不只是"工具"那么简单。如果你能给孩子定下任务,每天看几页字典和词典、每天学几个新的单词,不但不会增加孩子的负担,孩子的成绩却会有质的飞跃。也许半年,也许一年,你会发现你的孩子简直成了一本活字典,他认识的字比同龄的孩子多得多,会用的修辞也经常得到老师的表扬。

2.百科全书

百科全书也是孩子的必备工具书之一。百科全书最大的特点是包罗万象,孩子可以从中学到各种各样的知识,对某些东西表现极大的兴趣。

选择百科全书时一定要注意配合孩子的年龄。有些百科全书,如《大不列颠百科全书》以权威和全面著称,但是,太过严肃和专业的书籍,孩子未必看得下去。契合儿童口味的、带有彩色插图的百科全书才是孩子们的最爱,像《十万个为什么》之类的科普读物,其实也是百科全书的一种,你可以多买几本回来,供孩子们选择。还可以每天抽出 10 分钟,和他们一起翻看、一起研究,自己也能找回那些遗忘了的有趣常识。

3.各种画册、图鉴

画册是孩子们的最爱,没有什么东西比一张形象的图画更能教育孩子,你应该在家里放置一些画册和图鉴,例如,各种各样的动物、植物图鉴、一本装满自然美景的摄影集子,这些都能激发孩子对美的热爱,熏陶孩子的品性。

使用图鉴的时候,为了不让你的孩子"按图索骥",你要经常带孩子去有实物的地方走走。例如,当你的孩子在研究一本植物图鉴,带他去野外亲自采摘那些野草、捕捉蝴蝶和蜻蜓,都能让他的记忆更牢固,这就是学以致用。

4.简单的逻辑类书籍

中国教育很忽略逻辑这一项,这是西方教育的专长,所以,西方人的著作中更加有思辨色彩,而中国人总喜欢"以情动人",其实经常犯逻辑错误。

因此,家长应该注意这个问题,重视逻辑教育。逻辑,能让孩子做事更有条理,也能提高他认识事物的水平,还能帮助他的学习。学习逻辑的最大好处是"避免糊涂"。如果你也愿意翻一翻,会发现西方人注重逻辑并不是没有道理,运用逻辑学,能让你做事更周密、生活更轻松。

让孩子学会自己积累

孩子一天天长大,你欣喜地发现,他从只会数"1、2、3",到会做加减乘除,再到解答复杂的方程式;从"a、o、e"开始发音,到能够写出流畅的文章。这些能力不是一朝一夕练就的,靠的是你一天一天地教育、老师一点一滴地教授,孩子自身坚持不懈地努力,所有的学识、能力、性格,无一不来自积累。

积累能够带来更多的知识、想法、运气。就像哲学上说的,量变能够引起质变,什么事做得多了,自然熟能生巧,成为技术;书看得多了、记得多了,每个人都能写文章;单词背得多了,把词典上的词逐条看过去,会发现自己能够无障碍地阅读英文报纸。积累需要时间、需要毅力,当你把一种行为视为平常,坚持不懈地做下去,终有一天,你会发现它给你带来惊喜,让你焕然一新,这就是积累的好处。

积累也是一种能力。能不能把看到的、学到的东西记下来,在有用处的时候想到、用到,有赖于平日是否有这个基础。孩子的能力就像用沙子盖高塔,一层一层才能有高度,所以,不能忽略每一粒"沙子"。不要把孩子的思想教得太复杂,但也不能让他太简单。父母的责任就是在保持孩子天性的基础上,为他的人生增加更多的筹码。

安先生是某公司销售总监,10年前,他还是一个最底层的推销员,过着朝不保夕的生活,他曾经向一位前辈"取经",问前辈如何成为一个优秀的推销员,前辈告诉他,每次失败之后,一定要把失败的原因记在笔记本上,认真总结经验:究竟是语气不对?还是没摸准客人的脾气?还是对产品的描述不准确?经验总结得多了,自然就能摸出顾客的心理。

安先生按照这种做法去做,每天晚上都要忍住劳累写"总结笔记",等他的失败经验记录了三大厚本,他终于开始崭露头角,被上级重视。安先生认为,那些关于失败的记录是他成功的关键。现在,安先生有了儿子,他准备让儿子从小就养成"记录失败"的习惯,这是对未来的最好积累。

安先生教导的"记录失败"只是积累的一种,是人生经验的记录与总结。想要孩子更加重视积累,必须让他对人生、对学习有一个全面的认识。想要让他学会积累,更要做出一个全方位的规划,不能遗漏,也不能因为"孩子太小",就暂时不去做。要知道幼儿、少年时代的积累往往能够决定一个人一生的命运,那么,家长应该在哪些方面促进孩子的积累意识,让他们在生活这个银行里提早拥有自己的账户和资产?

1.学识上的积累

古人教导我们："书中自有黄金屋。"每一本书都有它的独特价值，可以转化为知识和技能。所以，多多阅读，在任何时候都是学识积累的不二法门。

不要小看学校教育，要让孩子认真对待自己的功课，即使早熟的他们已经开始抱怨功课的无聊，跟你讲"学这些没什么用"。一定要让他们知道，世界上没有什么学问是没用的，觉得"没用"，是因为他"不会用"。学的东西越多，就越渊博，综合素质也越高。

2.人脉上的积累

成年后，相信你有这样的感觉：怀念小时候一起玩泥巴、骑自行车的小伙伴，认为那段感情纯洁美好。对自己的儿时伙伴，因为知根知底，比别人多一层信任和亲近感。可是，小孩子之间的友谊纯洁无垢，却很容易失去联系，变成回忆。

要让你的孩子从小就重视情谊，不要切断和小伙伴们的联系，提醒他们打几个电话、寄几张卡片，在对方生日的时候送上祝福。很小的一件事，却可能为他保留几个一生的知己，保持多个今后的事业助力。

3.经验上的积累

做过一件事，不论结果是成功还是失败，只要知道了完成事情的方法、避免错误的方法，这就是经验。失败有什么关系？就像故事里的安先生，把一次次失败总结成"失败大百科"，进而获得成功。经验是宝贵的东西，来自失败的经验更是可贵。

经验不止来自于失败，只要做事，就会有经验，不管是学习上的、生活上的、人际上的，让孩子重视自己每一个行为，确定这些行为的对错，看看这些行为的结果，就成了经验。今后再遇到类似的事，他知道该怎么做，也知道怎样才能做到更好。

第 15 章
一件事情他会不厌其烦地从头来过，直到尽善尽美

很多父母怕孩子死心眼，但是，有完美意识的孩子往往比同龄者更加优秀，因为他们对自己有高标准、严要求。孩子偶尔钻一钻牛角尖并不是坏事，不妨做一个协助者，让他将一件事做得更完美，这会为孩子积累更多自信，让他们对未来充满挑战意识。

让孩子保留一点儿完美意识

　　每个孩子都希望自己是完美的,在他们的幻想中,自己有出色的外貌、人人喜欢的性格、所有人都会羡慕的成绩。即使现实和幻想有差别,他们也会悄悄用努力来弥补。每当自己有进步,他们会窃喜不已,认为自己离预定目标又近了一步。不过,这些想法是孩子的小秘密,即使是最好的朋友,他们也不愿意分享,甚至会在表面上做出不在意的样子,让家长着急。

　　所以,孩子的成绩也许没能达到你想要的标准,不要以为孩子没有努力过,也许他比你想得更加努力,其实他比你还想取得更好的成绩。当他遭遇挫折的时候,自己才是最沮丧、最迷茫的。这个时候你不应该再去刺激他、贬低他,而应该拿出家长知心体谅的一面,让孩子察觉到自己虽然没能达到理想的目标,却依然有很多可取之处,不完美之中,依然有完美的成分。

　　就拿考试粗心大意做例子,孩子明明能打 100 分,却因为粗心得了个 98 分,这时候你如果能给他一些鼓励,并且告诉他:"相信你有实力,如果能改掉粗心的毛病,下一次一定能考 100 分。"要比"我跟你说过多少遍了!你怎么这么不听话"好得多。

　　学校刚刚举行过一场跳绳比赛,每个班级选出 10 个选手去参加,平平就是其中一个参赛选手,可是,她因为一点儿失误,导致 1 分钟只跳了 176 下,比平时训练时低了十几下,不但让自己的成绩垫了底,还拉低了班级的成绩,同学们都对她很有意见。

　　平平回家后大哭了一场,从此以后每天练习跳绳。爸爸妈妈对此很无奈:跳绳比赛已经结束了,继续练下去有什么意义呢?总是沉浸在过去的失败里，不会影响到现在的心情吗？因为太过担心，妈妈给班主任打了电话。

班主任劝孩子的父母不要干涉孩子，因为在孩子的潜意识里，都希望自己把事情做到十全十美，一次失败给平平的打击很大，她需要在不断地练习、不断地刷新自己的成绩时，才能找回当初那种完美的感觉。这是一个自我治愈的过程，父母不需要在意。

果然，平平并没有因跳绳比赛而消沉，她仍然每天练习跳绳，后来她跟妈妈说，练习跳绳是在提醒自己，不管做什么都要小心仔细，做到最好。

对于父母来说，最欣慰的事就是看到孩子对待成败有一个良好的心态、对值得努力的事持之以恒。也许父母还不明白，这正是孩子追求完美的一种方式。就像故事中的平平，每练习一次，她就觉得离理想中的自己更近一步。

也许你不能理解孩子的心态，但不要打消孩子的热情，让孩子保留对自己的完美意识，千万不要说"别试了，根本没戏"这一类让孩子丧气的话，作为父母，应该是孩子力量的来源，而不是时时打击他们，让他们觉得自己一无是处。那么，要如何面对孩子的完美感？

1.鼓励孩子严格要求自己

孩子自我要求严格是件好事，要及时给予鼓励和支持。可以做他们的"助手"，帮他们制订计划、检查结果、为成就庆祝，还要提醒他们身体要紧，来日方长，不要急于一时。

有些孩子本身就会要求自己完美，有些孩子却需要你刺激他们的自尊心。当你发现孩子对自己要求并不严格时，可以选择鼓励法，也可以选择激将法，这要看孩子的个性如何——对那些敏感的孩子，不能激，只能柔着点；对那些有个性的，不妨说句："你能不能做到××××？"刺激他的荣誉感。

2.不要揭孩子的伤疤

父母总是想要提醒孩子不要犯从前犯过的错误，所以不断提起"你上次考不及格"、"你上次为什么被老师批评"这一类的事情。在家长看来,这些都是小考试,仅仅代表孩子的一次不小心,对自尊心极强的孩子来说,却代表着他们过去的"耻辱",他们努力的目标之一,就是洗刷这一"耻辱"。偏偏父母总是提起来刺激他们,他们能不急吗?

事情过去了就是过去了,当时,你已经进行了一番深入教育,并且被孩子接受,此后就不需要重新提起。如果孩子再犯,你可以再一次就事论事地教育,并且提醒"这已经是第二次了吧?"这样的教育才是一种良性循环,让孩子不必整天活在过去的错误中。

3.锻炼孩子的"自愈"能力

真正的完美并不是把一件事做得尽善尽美,事实上,人们很难达到这个标准,孩子也是一样。做事的最高境界应该是"岂能尽如人意,但求无愧我心",让自己满意,让自己觉得投入与收获成正比,而不是要求他人的夸奖。真正的评价应该来自自己的内心,问问自己是否用尽全力、是否在能力范围内做到最好,这才是最重要的。

孩子年纪小,难免在乎别人的看法,所以他们的心灵始终在"我觉得不错"和"别人认为不好",或者"我觉得不好"和"大家说不错"之间摇摆,如果孩子始终觉得自己做得不够好,就要锻炼他的自我痊愈能力,让他在之后的努力中一点一点弥补从前的遗憾,亡羊补牢,好过什么都不做,只是追悔自己的错误。

什么样的孩子最完美?不是像工艺品一样每个细节都经过打磨、每个步骤都经过调整,达到所谓的黄金比例,而是他对要做的事有决心,对要承受的东西有承受力,在这个基础上,他依然认为自己很优秀,对自己有信心,富有热情和干劲,对一个孩子来说,还有什么比这一点更重要、更完美?

不要阻止孩子对一件事情的执著

很多家长认为"执著"是成人的事，有判断力、有能力的人，才称得上执著。后来他们发现，小孩子执著起来，也能叫人跌破眼镜。家长甚至觉得不认识自己的孩子：他什么时候变得这么倔，又这么有毅力？孩子的完美意识常常让父母觉得可爱，又觉得无奈，因为当他们执著起来的时候，就再也没有"听话"的意识，甚至常常跟你对着干。

更让家长受不了的是，孩子们执著的东西十有八九不是学校的名次、科目的成绩，而是"一定要在树下挖到蚂蚁洞！""一定要把这个泥娃娃上色到不脱色！""一定要把这个故事讲到别人听哭！"家长在这个时候总是忍不住犯嘀咕："学习上怎么没见你有这劲头。" 小孩子的执著充满了童真色彩和意气用事的孩子气，他们一旦下定某个主意，九头牛也拉不回来，你若强行阻止，他们还会视你为"阻碍"，跟你耍点儿小心机。

小孩子的执著对于你来说，也许是"没有意义"、"毫无价值"，但对于小孩子来说，那是天大的一件事，你就算看不惯，也不要去阻止他们，只要他们不去放火、不去聚众打架，一些孩子气的小事，你何必管太多？

邢先生就是这样一个"看孩子笑话"的父亲，每当孩子想冒险去做什么事，邢先生永远会对孩子说："去试试吧，爸爸支持你！"为此邢太太没少和他吵架。有一次孩子说要爬花园里最高的一棵树，邢先生仍然鼓励，孩子摔得鼻青脸肿，邢太太气得想和先生离婚。

这天晚上，邢太太忧心忡忡地对邢先生说，儿子不知道在搞什么名堂，一直和几个朋友打电话，压低声音说话，她听了半天，才知道儿子准备趁明天星期天，带着几个朋友去××路的建筑工地"枪战"，然后还要到附近的"鬼屋"探险。邢太太说："虽然玩具子弹不大，但打人也疼，万一打到眼睛怎么办？"邢先生却认为孩子既然想做，就让他去做。

第二天晚上，儿子带着一脸擦伤，兴冲冲地跑回家，和爸爸妈妈分享自己的"胜利经验"：他们一群人把建筑工地当"战场"，拿着玩具枪"对战"，儿子这一队大获全胜。然后还一起去传说中的鬼屋，发现里边只有一堆垃圾，还有几个乞丐，根本没有鬼。邢先生听得津津有味，鼓励道："很好！男孩子就要这么勇敢！"儿子骄傲地昂首挺胸，摆了个英雄Pose。

在这个故事中，我们看到了一种没有隔阂、充满欢笑的亲子之爱。很多父母怕孩子吃亏、怕孩子受伤，孩子有一丁点儿"出格"的举动，他们就如临大敌，一定要想办法阻止。事实上，孩子想干什么，总有办法瞒过父母的耳目，除非你24小时不间断跟着他。与其让孩子提防你、背着你，不如一开始就做孩子的"盟友"，帮他出谋划策，做他的后盾，反倒更能掌握他的心思和行动。

孩子的人生是自己的，有时候，就算知道他会出错、会遭遇挫折，也不要过于干涉，更不要去阻止他的执著。从来不犯错的人生看似完美，但也因为对风险的回避，少了许多获得经验的机会、战胜挫折的回忆。当孩子回忆童年，发现自己一直待在父母筑好的安乐巢里，他会觉得那段时光寡淡至极，完全没有回味的价值。那么，当孩子执著于一件事时，父母最应该做的是什么，才能真正帮助孩子？

1.告诉孩子要理智

当孩子想要做一件事，父母不需要阻止，但一定要帮孩子分析这件事。例如，有何利弊、会导致什么样的结果，让孩子心里有数。你不需要说："我建议你不要这么做"、"我建议你马上去做"，这些是你的孩子应该考虑的。

当孩子明白父母只是关心，不是干涉，他会更愿意与你分享自己的喜好和计划，进而习惯不论什么事，都和你商量一下。为了达到这种和谐的关系，在一开始的时候，父母一定要"忍住"不干涉，你越是尊重孩子，孩子就越是依赖你、信任你。

2.执著也要有头脑

当孩子真心喜欢一件事、想做好一件事的时候，就要提供智力上的援助，让他不致"犯傻"。提醒孩子既然喜欢就要做好，要有计划和步骤，达到既定的成果，而不是靠着一时的热情傻干，最后一无所得。也许孩子会反对这种"目的论"，认为"我做喜欢的事很高兴就好"，这时你可以提醒孩子："既然都做了，为什么不做到最好？你不是喜欢吗？"即使不情不愿，孩子也无法反驳，进而接受你的建议。

3.防止偏执

孩子追求完美是件好事，但凡事过犹不及。有这样一个故事：珠宝匠发现一颗全世界最大的珍珠，可惜上面有一小块黑斑，为了让珍珠更完美，珠宝匠开始磨那块黑斑，没想到珍珠越来越小，黑斑还是没掉，最后宝珠成了一颗不起眼的珠子。有时候，孩子的完美意识就像磨珍珠的珠宝匠，已经处于偏执状态，根本不知道这样下去得到的不是完美。

要告诉孩子，世界上没有十全十美的事物，而且因为人与人价值不同，他认为完美的，在别人眼里也未必没有缺陷。可以带孩子去逛逛美术馆，看看古时候那些画，它们或者已经脱漆，或者已经残缺，有的只剩下一个残片，但是，谁又能说它们没有价值？最重要的是做一件事时的全心全意，没有什么事比努力的过程更完美。

父母也要学会旁观，有时候看着孩子犯犯傻、看着他们煞有介事地谋划，过程中的辛苦和烦恼、收获时的喜悦与兴奋，或者失败时的泪水与自责——为人父母的乐趣，不只在于看着孩子一天天长大，还应该欣赏孩子每一次尝试，体会孩子完整的生命。

第 16 章
对于弱者,他会表现出
极大的同情心

美德是为人的根本,善良的孩子对世界有本能的热情与爱护、对丑恶有强烈的憎恶,这都是他们人格的支柱。维护、培养孩子的同情心,让他们远离狭隘与自私,才能与他人、与环境和谐共处,他们的人生才能入高天阔地、俯仰自如。

保护孩子对弱小者的同情心

父母有时候会主动去打听别人如何评价自己的孩子。当听到"懂事"、"机灵"、"漂亮"、"有才"这样的评语时,会喜笑颜开、与有荣焉;当听到"粗心"、"小淘气"、"孤僻"这样的评语时,会无奈地苦笑。总的来说,多数家长能够理智地对待他人对孩子的评价,只有一种评价,会让家长顿时慌了手脚,觉得问题严重。

这句评语就是:"这个孩子非常自私。"

自私的小孩不可爱,他们什么事都只想到自己,认为其他人和自己毫无关系,如果其他人给他们添了麻烦,他们会毫不犹豫地恶语相向。自私并不是"自我为中心"那么简单,它是个人品质上的毒瘤,自我为中心的孩子,虽然总是想着个人利益,却不会伤害他人;而自私的孩子,会为了一己之欲损害他人的利益,自私的孩子贪婪、吝啬、缺乏公德心、对人对事冷漠,简言之,他们没有小孩子应有的爱心。

虽然人们常把小孩子形容为纯洁的天使,但孩子的爱心并不是与生俱来的,孩子的爱心需要父母的培养和引导,孩子的自私也能在父母的教育下得到改正。父母应该利用榜样的力量正确地指导孩子去感受这个世界、关心身边的人和事、学会尊重老人、爱护小朋友和流浪的小动物,让孩子的行为充满爱心和善的光辉。

芝芝是小学三年级的学生,她有个小她两岁的妹妹,芝芝一直不明白,她比妹妹漂亮、比妹妹学习好,为什么亲戚们都更喜欢妹妹呢?难道是因为她年纪小?对此,芝芝一直不服气。爸爸妈妈总是尽量"一碗水端平"对待两姐妹,但是,有时候他们不得不承认,在芝芝和妹妹之间,还是小女儿更招人喜欢,因为小女儿非常善良,芝芝却有点儿自私。

例如,芝芝和妹妹上同一所小学,有一次学校组织对贫困山区捐款,鼓励大家拿出自己的零花钱。芝芝回到家就对爸爸妈妈说:"学校要捐款,你们快给我钱。"妹妹则是跑进房间打开储蓄罐,拿出平日积攒的所有零钱。

再例如,妈妈是个医生,经常上夜班,爸爸负责为姐妹俩做早餐。每次吃完饭,芝芝背起书包就去上学,妹妹却要亲自把爸爸弄的豆浆或牛奶放在保温杯里,还要把馒头或者油条包好保鲜膜,让"妈妈一回家就能吃早饭,然后休息"。有一次,芝芝和爸爸妈妈吵架,说他们和别人一样只喜欢妹妹,妈妈忍不住说:"你也该学学你妹妹,她比你小,却比你懂事、懂得关心人,你却只想着自己,这样做怎么能要求别人喜欢你呢?"

许多孩子不理解自己为什么不被他人接受和喜爱,甚至产生偏激的想法。故事中的芝芝忌妒自己的妹妹,却丝毫没有考虑到她们之间究竟存在什么样的差距,只在乎父母和他人的注意力都在妹妹身上,从来不从自己身上找问题,把所有的错误推给他人,这也是自私者的特征之一,如果不能改掉这个毛病,芝芝只会更让人厌烦。

其实,小孩子要让别人喜欢,再简单不过。试想,谁会讨厌一个善良的人?特别是一个善良的孩子?善良是什么?用最简单的话来说,就是在与他人的关系上不执著于个人的利益、懂得理解他人的感受、愿意善待周围的一切。想要孩子告别自私,就要培养他的同情心与善良,让他明白,用自己的力量帮助比自己弱小的人,是一种美德,也是一种责任。父母应该这样培养孩子"与人为善"的意识:

1.让他们了解他人的不易

小孩子没有形成正确的世界观之前,他们的意识只有一条线,即所有的人都和自己一样,自己能享受到的东西,别人也同样在享受。必须让孩子们知道幸福来得不是那么容易,这个世界上有孤儿,没有父母的宠爱;有残疾人,没有灵活的手脚,生活在黑暗中;有的小朋友家庭贫困,买不起漂亮的衣服鞋子……一定要把事实摆在他们眼前,让他们在震惊中接受这个真相:世界上有很多人遭遇着不幸,你是个幸运者。

2.让他们考虑他人的心情

当你的孩子明白生活不易之后,你可以教育孩子如何理解、体谅他人的心情,例如,不要对家庭贫困的同学炫耀自己的玩具,只需要带他们一起玩;不要嫌别人口吃,说话说不清楚,而要帮助他们练习绕口令;不要嘲笑别人没有得到好成绩,可以在他们烦恼时提供自己的学习经验……当你的孩子懂得体谅他人的心情,不再表现自我,而把这种表现转化为对他人的帮助时,他已经是一个善良而优秀的人,今后必然会有更多优良的表现。

3.换位思考

小孩子的思维较为简单,有时候他们懂得帮助别人,但未必能体会别人的心情,这个时候,就要教导他们学会"换位思考"。例如,当看到有人大哭的时候,告诉他们那个人为什么哭,让他们想象"如果你遇到相同的情况",孩子们也就懂得了什么叫"感同身受"。如果他自己遇到了什么麻烦或悲伤,也要趁机告诉他,当别人和他一样难过的时候,记得安慰他们——"就像爸爸妈妈安慰你一样。"

4.有条件的话,可以养一只宠物

外国的教育专家们经常提倡有孩子的家庭需要一只宠物。宠物既能和孩子一起长大,在你不在家的时候陪伴他们,也因为宠物们的幼小,激起孩子的怜惜与保护欲。孩子愿意对宠物付出爱心与精力,他们可以耐心地为小动物洗澡、喂食、处理粪便,你甚至不敢相信他们能做好这些事——他们连自己的事都还做不好呢。

但是,事实就是如此,孩子们对小动物的爱心让他们变得"万能"。多数孩子都会要求父母为他们购买宠物,宠物最好是猫、狗这样生命长、容易养,又要付出精力的动物,买之前要和孩子约法三章,要求孩子必须照顾好宠物,而不是依赖父母照顾它们。如果家里没有养宠物的空间,也可以买鱼、鸟之类的小型宠物,这同样能培养孩子的爱心。

5.提醒他们骗子的存在

有些小孩子天真善良,他们有时候好心好意去帮助别人,最后却发现自己被人利用,损失了时间精力与金钱,这个时候,孩子都会伤心失望,甚至想道:"以后我再也不管闲事了!"孩子的遭遇固然让人同情,但父母不能因为孩子一时的难受,就鼓励他不要再去行善。

善良,也要有脑子。教导孩子懂得分辨人与人的不同,懂得分析什么人最需要帮助、需要什么样的帮助。一般来说,真正需要帮助的人很少自己向人求助,需要慢慢发掘,而且提供帮助的时候还要照顾对方的自尊心;而那些自己找上门求助,一上来就狮子大开口的人,十有八九是骗子,孩子可以不予理会。善良应该被褒奖,而不是被利用。

孩子善良是一件好事,但也要让孩子明白,每个人都有自己的生活,凭借自己的善良与一己之力,并不能从根本上改善他人的境遇,最重要的还是靠他人自己的努力,这样一来,你的孩子才知道帮助人有一定的"限度",不会为自己的无能为力而过分苛责自己。还要告诉孩子善良也要量力而行,他不是超人,即使想要帮助别人,也要考虑自己是否有这份精力。善良可以是一种行为,也可以只是一种心意。

对孩子的一点点爱心也要进行表扬

作为家长，都希望自家的孩子有爱心，对人对事充满仁慈。这样的孩子对他人、对父母都是一种赏心悦目的存在。不过，孩子的爱心常常是零星的、突发的，而没有体系、没有理由。在他们简单的是非观里，甚至不明白哪些是好、哪些是坏。所以，父母要抓紧时机，即时对孩子进行爱心教育，让他们分辨什么是善、什么是恶。

对孩子的教育，点点滴滴地渗透好过高屋建瓴的大道理。想要孩子懂得仁慈，也要从小事抓起，即使孩子的一丁点儿善意念头，也不能放过，要随时给予鼓励甚至奖励，让他们知道善良的重要，知道善良能够给自己带来好的名声、好的人缘，还有好的心境。

放学的路上，奕奕看到一只翅膀受伤的小鸟从树上掉了下来，她连忙捧着小鸟带回家，找妈妈帮小鸟包扎伤口。妈妈没在家，奶奶看到了，慌张地说："怎么把这么脏的东西拿回家里？而且野鸟身上有细菌，你生病了怎么办？赶快把它扔了！"奕奕急得哭了起来。

这时，妈妈回来了，看到新换的床单上沾了几点血，连地毯上也有，她并没有生气，而是拿塑料火柴棍做成小支架，给小鸟疗伤。还给小鸟找了个纸盒子，当暂时的窝。奕奕破涕而笑，天天给小鸟换水喂食，希望它早日康复。妈妈私下里对奶奶说："奕奕有爱心是好事，我们做家长的应该鼓励才对。"

英国教育家斯宾塞说："野蛮产生野蛮，仁爱产生仁爱。"并不是所有的孩子都有与生俱来的爱心，自我保护才是人的本性。仁爱的概念，要靠成长中父母、老师一点一滴的灌输。什么是爱心？爱心就是懂得为他人着想、懂得谦让他人、帮助有困难的人、同情弱者、关心身边每一个人。一个有爱心的孩子会让人想到初升的朝阳，温暖、有活力，给人以细微。你的孩子也应该做这样的"小太阳"。

想要孩子持续他的爱心奉献，也要讲究策略。系统的品德教育与点滴的爱心讲座都是重要的。但是，太多的大道理有时候也会引起孩子的反感，甚至会让孩子把"爱心"当做一种任务，为了你的表扬主动找事情证明自己有爱心，这就歪曲了仁爱的本义——爱心应该是发自内心的，而不应该有目的。所以，父母还是应该在孩子自发帮助别人时趁热打铁对他进行教育：

1.立刻表扬

当孩子表现出对他人的同情与爱心时，你一定要立刻表扬他，如果不方便在人前称赞，至少也要给他一个赞叹的眼神，让他知道自己的行为让父母骄傲。回家后，还要把这件事当做重点提出来，表扬一番，巩固他的公德意识。

孩子的爱心最初都在萌芽状态，可能只是一个微小的念头。例如他们会说："邻居的奶奶真可怜，总是一个人掉眼泪。"这时候，如果你说："这关你什么事？小孩子家不要管别人的闲事。"孩子就会认为自己在"管闲事"，今后再遇到这种情况，一律不闻不问。但是，如果你说："是啊，她的儿子在国外，你有时间的话可以去陪陪她。"这时你就成功地把孩子的一个简单的善念变成了一堂爱心教育课，告诉了孩子应该怎样对待孤独的老人。

2.从小事做起

勿以善小而不为，勿以恶小而为之。想要培养孩子的爱心，就不要小看每一件小事，在马路上把未熄灭的烟蒂踩灭、把捡到的钱还给失主、手中的垃圾一定要扔进垃圾桶，这类事情都是公德心的一部分，一定要让孩子养成好习惯，这不是"做好事"，而是"必须做的事"。

至于扶老人过马路、公交车上给老人让座、帮残疾人指路这类经常在小学生作文选上看到的事,你也不要小看,在你的小学时代,它们不时伴随着你,你曾经因此得到过感谢和表扬。这些事依然在伴随着你的孩子,而且,你要加大力度鼓励他们继续这么做。

3.以身作则

父母是孩子最好的老师,孩子 70%以上的行为都来自对父母的模仿。如果父母没有爱心,对需要帮助的人表现出自私、冷漠,孩子也会有样学样,根本不会想到帮助其他人。即使你教育他,他也会振振有词地问:"那你为什么不这么做?"这个时候你怎么说?难道说"我可以不做,你必须做"?这说服不了孩子。所以,我们又要重复那句老话:你想要孩子做什么,自己先要做到什么,不然你拿什么说服孩子?

同时,你会担心,一味地要求孩子奉献爱心,会不会让孩子吃亏?这种担心同样有道理。但是,父母的教育只是给孩子打一个地基,要盖什么样的房子,取决于他的经历、他的智慧。你只需要在他幼小的心灵中种下爱心的种子,不让他成为一个冷漠的人,让他远离唯利是图、损人利己的行为,保证他长成为一个正直的人。其余的事,在漫长的成长期、在与他人的相处中,他自己会作出判断,作出合乎本心的选择。

第17章
有时候,他的刻苦让你肃然起敬

刻苦是成就事业的基础,是一种难能可贵的品质。维护孩子对生活的好奇、对学习的热情,就是在培养他们将来对生活的热情、对事业的投入,让他在任何时候都有突破困境的毅力。

推广孩子的"热情度"

有一个家喻户晓的故事。

大诗人李白小的时候不爱读书,先生教他识字,他却总想着出去玩耍,根本不认真学习。这一天,他又偷偷溜出去玩耍。在路边,他看到一个老太太坐在一块大石头旁,正在磨一个铁杵。李白好奇地问:"老奶奶,你在做什么?"老奶奶说:"我要把这根铁杵磨成一根绣花针,用来缝衣服。"李白更加好奇:"这么粗的铁杵,怎么可能磨成针呢?"

"为什么不能呢?"老奶奶说,"日复一日地磨,总有一天能够磨成绣花针。"这时,李白突然领悟了一个道理:做什么事都需要下苦工,才能得到想要的成绩。

小孩子天性喜欢玩耍,恨不得一天24小时都在外面疯跑,睡觉时才依依不舍地回家,这的确是他们的天性。不过,小孩子还有另一种天性,那就是刻苦。当他们下定决心去做这件事,也会像玩游戏一样,恨不得不吃饭、不睡觉将这件事做好。比如,有些孩子喜欢折纸,他们能拿着一本《折纸大全》,一样一样地折过去,将桌子上、床上摆满动物、桌子、椅子、衣服、帽子、房子……丝毫不知疲惫。

其实这并不奇怪,喜爱与热情,给孩子们带来了刻苦与专注,忘记了时间的流逝。在本质上,这仍然是小孩子的一种游戏。也许孩子的热情不一定用在你想要引导的方面,但热情是件好事,很多习惯就在这份热情中养成,很多灵感就在热情中激发。当你察觉到孩子在某方面具备热情,不妨当个打铁的工匠,让孩子将这件事做得更细致、更全面、更完美。

特别是当你发现孩子的热情与学习有关时，更要打起精神，抓住他这个热情的劲头，努力将他推入"好学生"的行列。在学校，一个孩子一旦成了好学生，在老师的期待、同学的羡慕、家长的欣慰中，他会觉得自豪、觉得骄傲，觉得自己必须保持自己的"位置"。这个时候他不允许自己落后，会一直争取当个好学生，所以家长一定要把握这关键的"第一步"：

1.分析孩子刻苦的原因

孩子突然间开始刻苦，不是一时心血来潮，背后往往有原因。孩子刻苦的原因通常有 3 个：

第一个，是突然发现了某件事的乐趣，希望深入挖掘。这个时候父母应该尽量提供条件，尽量指导，加深孩子的兴趣。

第二个，是突然意识到自己和他人的差距，自尊心和上进心同时发力，让他想要用功。这种决心通常来得快，去得也快，建议家长马上抓住这个机会，全程监督，订下合理计划，让孩子形成学习习惯。

第三个，孩子听到别人说他不好，想要"争一口气"，这往往来自小伙伴的刺激或者长辈的激将法，这时候家长一定要跟着"推波助澜"，让孩子一鼓作气，加倍用功。只要取得了成绩，他就会再接再厉。

2.夸奖是基础，督促能加温

前面说过，在孩子刻苦的时候，家长应该做个加温塑型的铁匠。小孩子用功就怕没常性，无论学什么都是头几天挑灯夜战，恨不得一夜成才，过几天觉得累了，说声"明天再学"，然后一直拖延，直到忘记这件事。所以，家长要不断在旁边提醒孩子："怎么，才 3 天就放弃啊？"才能使孩子咬着牙坚持下去。还要不时地买点儿礼物，做顿好菜，奖励他的刻苦，让他觉得"超值"，更有动力做"苦工"。

3.脑筋要活，走走捷径

孩子刻苦是一件好事，但家长也要提醒孩子，苦干加巧干，才更容易出

成绩。这个"巧"不是投机取巧，而是让自己的脑筋活一点儿，掌握学习方法。例如，上课前预习，下课后马上复习，可以保证70%以上的记忆率，而不预习不复习，全靠做题的孩子，只能保持30%到50%。

就拿背单词来说，有些孩子背单词的方法就是拿着字典一遍一遍地看，但用"词根记忆法"，却可以通过一个词根衍生出几十个单词，无疑更有效率，而且记得更扎实。如果孩子不注意方法，家长可以帮忙留意。

还有一种孩子天性认真，甚至有点儿死板，他们认知中的学习就是死学、再学。即使你给他们高效率的方法，他们也不会用、用不好。对这样的孩子，只能顺其自然，不需要太勉强。一个孩子有一个孩子的个性，每个孩子刻苦的方法都不同，只有适合他的才是最好的。

劳逸结合才是好办法

孩子分为3种，第一种是自己知道学习，第二种是需要别人监督才学习，第3种是根本不想学习。家里有个勤奋刻苦的孩子是件好事，不用你管，他就懂得自律，懂得把功课当做生活重心，这样的孩子让父母省心。

省心的孩子也有让人担心的地方。这样的孩子的脑子里有个"死念头"，认为肯学习就是好事，不停地学习就能得到夸奖。于是问题随之而来，主要表现在他们不会安排自己的时间，不懂得劳逸结合的道理，当他们把所有的时间用来学习，过早地沾染一身学究气，他们便离自己的年龄越来越远。

好的家长不应该过早地让孩子承担繁重的学习任务，相反，要从小教育他们如何休息、如何玩，如何做到正事与闲事兼顾。不然，让他们一直学下去，早晚他们会产生强烈的厌学心理，再也不想看书、念书，或者一辈子都这么学下去，长大后觉得自己的人生少了很多东西，似乎只做过一件事。

两个老邻居在街边遇到，说起各自的孩子，一个母亲抱怨自己的孩子每天都抱着篮球不撒手，一做完作业就再也看不到人影，玩到天黑才回家，怎么说都不听，更让她气愤的是自己的先生不但不管，还鼓励孩子多多运动，难道今后真能当篮球运动员？

另外一个母亲不无自豪地夸自己的孩子，说这个孩子特别爱学习，每天都要看很多书，还要做额外的习题，有时候父母觉得他太劳累，都劝他歇歇，他却觉得不能浪费时间，连吃饭的时候手里都拿着书。孩子今年才小学三年级，却在奥数比赛中取得了非常出色的成绩。

说得第一位母亲羡慕不已，回到家和自己的老公唠叨，先生却说："她家的孩子我见过，小小年纪就戴着副近视镜，脸上没什么血色，再这么学下去，身体恐怕都不行了，还说什么成绩？咱们家的孩子虽然贪玩，好在不耽误正事，身体也健康。"

先生的说法，太太不以为然。没想到几年后，自己的孩子考上了重点初中，那个品学兼优的学生却因为身体问题考试失利，而且不得不休学一年在家养身休，这时太太才承认先生的高明之处。

家长一直在夸自家的孩子勤奋，但是勤奋过了头，反倒不如那些懂得学也懂得玩的孩子。相信你也不止一次看到过这种情况，所以千万不要再在自己孩子身上重复只重视学习的"悲剧"。成才的道路何止百千条？不要只把孩子拴在书本上。

而且，从发展的角度来说，全面发展的孩子不论是心胸还是眼界，还有未来的前途，往往比那些只知读书的人更开阔。孩子要会学、会玩、会休息，才称得上全面发展。特别是在成人之后，工作沉重、心理压力大，如果还不会放松自己，早晚会被压垮。所以，父母要提早告诉孩子劳逸结合的道理：

1.放松与休息

一张一弛，文武之道。要让孩子懂得休息的重要，可以用弹簧打个比喻：一个弹簧总是松着，或者总是压着，都会失去弹性，只有工作一阵、休息一阵，才能延长使用寿命。人的肉体和心理都有一个承受极限，懒惰固然导致各个器官的退化，但世界上没有压不坏的铁人，过于劳累也会出问题。

不论孩子做什么事，时间久了就要提醒他走几步，活动活动四肢，还要看看远处的绿色植物，让眼睛也得到休息。特别是在学校课间的时候，不要窝在自己的座位用功，让自己的神经绷得紧紧的，哪怕和朋友聊聊天，也是一种放松。

2.培养业余爱好

孩子如果只知道学习，对其他事提不起兴致，你就要为他找一个业余爱好，分散一下他的注意力，让他别那么紧迫。可以让他尝试其他小朋友都在玩的游戏，或者带他去少年宫，看他对什么事感兴趣。

孩子的业余爱好培养得好，有时是一件一本万利的事。有些孩子在学业上天赋有限，就算再努力，也没有考名牌大学的潜质，但他可以发展艺术特长，或者从小学习小语种，这些都能让他的前途多一份保证。

3.多出去走动

现在，网络已经成了孩子们最常接触的交际工具，休息的时候，孩子们不是躲在房间玩电脑，就是拿着自己的手机上网。舒舒服服地窝在家里，吃着零食吹着空调，也不耽误交朋友和娱乐，哪个孩子还愿意跑出去玩？这时候，家长就该出动了。

不能让孩子小小年纪就养成"宅"的习惯，不要让他们一到休息时间就对着电脑打网游或聊QQ，要把他们从家里"赶"出去，让他们去和其他小朋友玩耍、运动、闲逛，让他们去接触人群、接触自然，才能在学习之余真正得到放松与充电。

4.健身不可少

好的身体是革命的本钱，好的身体对孩子的将来至关重要。现在的孩子都犯懒，没有几个愿意主动去健身，所以这一关要由家长把好。

陪孩子健身是两全其美的主意，给孩子买一双轮滑鞋，再给自己买一双慢跑鞋，在清晨时和孩子一起享受阳光或新鲜空气；一家三口划个场地打羽毛球；周末一起去游泳馆游泳。这些事既增进亲子感情，又增强孩子的体质，也能让渐渐上了年纪的你从现在开始制订自己的保健计划，防止衰老和疾病的侵袭，可谓一举数得。

有时候，即使你的孩子很刻苦，每天都在努力，你看着都心疼。可是，也许是因为方法不对头，也许因为天生不是学习的料，他的努力换不来相应的回报，他的成绩总是排在班级的最后几名。家长要明白，并不是所有的孩子都能有好成绩，也要让孩子明白，学校的学习并不是未来的唯一出路。鼓励孩子发展特长、发展爱好、发展个性，让他具备高人一等的综合素质，他的未来同样值得期待。

第18章

你永远不知道,
在老人面前他是多么乖巧可爱

百善孝为先,不论家长还是孩子,都要尊重、爱护老人。让孩子多多接触老人,既能安慰老人寂寞的晚年生活,又能潜移默化地培养孩子的孝心。而且老人经过一生的努力和拼搏,往往对社会和事情有着独特而成熟的看法,值得孩子们学习。

多让孩子陪在老人身边

你也许已经发现,我国正在进入老龄化阶段。可是,因为生活的忙碌,我们陪在老人身边的时间越来越少。而对于退休的老人而言,由于子女长期不在身边,孤独的感觉也越来越深,如果常常让未成年的孩子陪在老人的身边,既免除了老人孤独寂寞的感觉,也使孩子的父母减少对孩子的担心,更加专注于工作。

前文已经说过,孩子的学习首先是从模仿开始的,孩子之所以在某些方面与父母是相似的,就是耳濡目染、潜移默化的作用。孩子在成长过程中受到了父母言谈举止的影响,在不知不觉中有了和父母一致的处世观念和生活习性。让孩子多陪在老人身边,模仿老人们经过一生的奋斗磨炼出的思想和行为,这对孩子是有好处的。

李先生和李太太结婚后,一直恩爱无比,但是,最近却因为孩子的教育问题发生了口角。李先生坚持让5岁的孩子多多待在老人身边,建议让自己的爸爸妈妈帮忙带孩子。李太太却认为老人们的观念太落伍,而且有溺爱孩子的可能,她说为了孩子的将来,应该自己带在身边才能放心。夫妻俩争执不下,最后决定将孩子送到老人身边待一段时间,看看成效如何。

孩子在爷爷奶奶身边待了3个月,李太太发现,孩子似乎懂事了不少,特别知道心疼爸爸妈妈,打电话的时候也会用细弱的声音嘱咐爸爸妈妈注意身体。每次回家,还会把爷爷交给他做的木工活带回来,给父母当礼物。说起话来也像个小大人,头头是道。

李先生说:"怎么样,我就说我父母虽然不是教授,但一辈子的经验,怎么会不懂教育孩子?"李太太也收起了自己的疑心,安心地将孩子寄放在老人那里,专心打拼事业。

俗话说:"姜是老的辣。"存蓄时间越久的酒,打开时其味道就越醇香。老人就是这样的一桶酒,在多年的社会历练和职场生涯中,老人在时间的流逝中渐渐掌握了一些世事发展的规律,形成了自身独特的为人处世方式,这些方式都是经过了时间的考验,是成熟有效的方式。

所以,待在老人身边有利于孩子模仿老人的为人处世方式,并从老人丰富的社会经验中汲取营养,在老人的影响下培养自身健全的性格和思维方式,为孩子的成长打下良好的基础。而且,老年人往往有经验、有能力去帮助孩子摆脱身上的缺点,让孩子朝着幸福完美的方向进步。孩子在老人身边的时候,父母应着重教育以下几点:

1.尊敬老人

不要光想着享受爷爷奶奶、外公外婆对自己的宠爱,时不时帮老人做点儿力所能及的家务、多让他们讲讲自己的过去、记得给他们买一些小礼物,这些事都能让老人笑逐颜开。

小孩了喜欢撒娇,喜欢缠着老人,有时候会叫老人"老头"、"老太太",在孩子看来,这是一种亲热的叫法,不过,父母必须马上纠正他们:亲热可以,但要在礼貌的范围内亲热。不然外人听上去,还以为这个孩子多没教养、这家的老人多受气。

2.听老人讲过去的事情

孩子的记忆往往会随着年龄加深。相信你也有这样的经历:别人说起几十年前的事,你会跟着说得起劲,还会补充不少细节、加入不少见解,细细回味才知道,这些都是小时候爷爷奶奶讲给自己的,原本以为忘记的事,原来就沉睡在潜意识当中,受到一点刺激,它们全都苏醒过来,成为你的知识。

老人的回忆就是一部历史,多让孩子听听老人们经历过的事,这些东西比历史书上讲述得更加和蔼可亲,更加可信。孩子就算当时不理解,也会牢牢记在心里,随着年龄的增长,不断有新的认识和发现。而且,老人讲过去的往事,常常结合自己的人生感悟,这也从另一个侧面让这些过去富有哲理性,给孩子更深刻的熏陶教育。

3.不要嫌弃老人的唠叨

孩子们稍微长大一点儿,就会觉得老人们太喜欢唠叨,管的事情太多、太细。这个时候,你需要给孩子补一节课,要让孩子知道唠叨是老人的特性,所有老人都会唠叨,作为小辈,不应该在老人唠叨时大喊大叫,表示自己不耐烦。

还要告诉孩子,每个人都会老,每个人都会变唠叨,如果不想将来被自己的孩子嫌弃,就要在现在学着有耐性。至少,要让孩子做到不去当面顶撞老人,不和老人对着干。可以教导孩子一些"阳奉阴违"的技巧,既让老人开心,又让孩子高兴。

4.警惕溺爱

隔代最亲,老人对孙儿辈的孩子有难以控制的保护欲和喜爱,最显著的体现是在孩子与其他小朋友发生争执的时候,老人们永远不会觉得自己家的孩子有错,明明哭的是别的小朋友,他们还是会认为自己的孩子受了委屈。不分青红皂白地溺爱,刺激了孩子飞扬跋扈的心理。

更可怕的是,孩子们会因为爷爷奶奶的宠爱,开始不听父母的话,父母批评他们,他们就去老人们面前诉苦,让老人们"做主",让你哭笑不得。记住,绝对不可以助长这个风气,要让他们知道父母的权威,做错事就要被批评受罚,即使老人们出面干预,也不要手软留情面。如果他们去老人面前告状,你要处罚得更严厉。几次之后,孩子们再也不敢跟你打"老人牌"。如果因此得罪了老人们,你也要做好挨说的准备,谁让你动了他们的心肝宝贝呢?

5.纠正常识

有时候，老人的教育会让你无比头疼。他们会把50年前的常识灌输给孩子，你会觉得你与孩子本身就隔了20几年的代沟，现在，你的父母再给这个代沟增加一倍的时间。

对于老人的错误，要技巧性地跟孩子说明，要告诉孩子在"爷爷奶奶的时代"，生活是什么样子，在"爸爸妈妈的时代"，生活又是什么样子，而现在是"你的时代"，你应该探索自己最应该做的是什么，而不是盲目地听别人的教导。

父母做出好榜样，要懂得尊重老人

有这样一个笑话：

一个恶媳妇总是敲诈自己的公公婆婆，不但从他们那儿要东要西，还动辄责骂他们不干活、老不死。不过，这个恶媳妇对自己的儿子倒是好得不得了，有什么吃的穿的都先给孩子，所有的钱都想给孩子留着，她觉得自己是世界上最好的妈妈。

有一天，这个女人问自己的儿子："妈妈对你这么好，长大了，你怎么报答妈妈？"儿子顺口说："当然是让你住在最小的屋子，给你吃剩饭，还要每天骂你。"女人勃然大怒，训斥孩子，孩子哭闹道："你不就是这样对待爷爷奶奶的吗！"

从此，恶媳妇再也不敢随便欺负公公婆婆，她突然明白，自己的一举一动，孩子都看在眼里，都是孩子效仿的对象。

虽然是个笑话，却折射了一部分人的心态：人们不重视老人的时候，却总是希望孩子孝顺自己。其实孩子不懂得尊重老人，虽然其自身性格因素也是影响的一部分，但重要的还是来自父母的教育，如父母太过于溺爱孩子，让孩子在很小的时候就只会接受爱，而不懂得给予别人爱，不少父母自己本身就缺乏爱心，在这种环境中长大的孩子当然就不会有爱心了。现在的孩子都是独生子女，由于其生活环境相对封闭，在孤独中长大，造成了性格上的缺陷。所以要想孩子尊重老人，首先就需要父母做出好的榜样。

孝顺，是我们民族的传统美德，自古以来，人们提倡孝道，提倡人伦，提倡父慈子孝。外国人经常诧异于中国人浓烈的亲情意识，那斩不断的血脉纽带维系着人们的关系，让人与人之间始终温情脉脉，而西方人过于强调独立和自由，父母与孩子之间权利、义务明晰，互不相涉，很难说清哪一种亲情关系更理想，但东方人更习惯享受温情，希望自己是孩子的避风港，也希望自己能够"老有所养"，把孩子当做将来的依靠。

从小就教给孩子"孝顺"的观念，要从两个方面着手：一是要让孩子懂得父母的不易，孝顺父母；二是要让孩子尊重上一辈的老人，给他们更多的关怀和爱心。懂得教育的父母要求孩子尊重老人，甚至在表面上来看，孩子对老人的孝顺比对父母都多。

孩子的习惯来自父母，今天，你如何对待自己的父母，明天，他们就会如何对待你。如果母亲是个孝顺的女儿和媳妇，即使家里生活困难的时候，她也不会忽略对双方老人的礼数，会专门攒钱为老人们购置换季的衣物、生日礼物，表达自己的心意。那么孩子也会效仿她的做法，今后也会以同样的方式对待父母。有些传统，就是一代传给一代，有什么样的上梁，才有什么样的下梁。那么，如何教导孩子孝顺老人？

1.无论什么事都先想着老人

供养和孝顺父母是儿女的责任，在孩子小的时候，就要给他灌输"孝道"。例如，孩子与老人住得近，家里不论做什么好吃的，都要对孩子说："别吃，先给爷爷奶奶送去！"用不了多久，只要有什么好吃的，孩子第一个念头都是："先给爷爷奶奶！"而且不要小看小孩子举一反三的能力，给了爷爷奶奶，他们也会想到爸爸妈妈。当老人们看到自己的孙子孙女有什么事都想着自己，心中的欣慰可想而知。

2.帮老人做事

老人家年纪大了，难免有个头疼脑热，手脚不方便，做家务也不那么利索。如果在同一个城市，子女应该定期带着孩子去老人家，帮老人大扫除、帮老人买菜、帮老人做一顿喜欢吃的饭菜。孩子耳濡目染，自然就知道有小辈在的时候，不应该让老人动手。

有的老人疼孩子，一看到孩子来自己家，什么都舍不得让孩子做，这时候你就要劝父母："孩子虽然小，也应该让他学着点儿，何况孝敬爸爸妈妈是天经地义的。"绝大多数老人都不会反对"被孝顺"，自然也就由着你，还会在心里夸赞你。

3.无论什么事都先和老人商量

为人儿女已经成人，很多事根本不需要和父母商量，但是，如果做事之前先参考一下父母的意见，也许能得到很多有益的提示。就算父母说的没什么用处，你提前问一声，也是尊重了他们的意见，让他们感觉到自己的价值，大慰老怀。

父母无论做什么事都先和老人商量，也会影响到孩子，他们有事也会先问问爷爷奶奶、爸爸妈妈，这在无形中增加了亲子间的贴心程度，而且，人多智慧多，多一个人商量，想到的主意也许更实用、更有效。

4.照顾好自己

老人操劳了一辈子，很大程度都是为了子女，子女有稳定的前程、幸福的生活，就是他们最大的心愿。想让老人放心，就要学会照顾好自己，对待孩子也要同样要求。尽量在老人面前表现出他们成熟、稳重、聪明的一面，会让老人不操那么多的心，这就是最大的孝顺。

　　榜样的力量是无穷的，想要有孝顺的儿女，首先就当孝顺的儿女，想要孩子今后怎么对待自己，现在就怎样对待家里的老人。孩子就像一面镜子，照出父母的优点与缺点，作为父母，在孩子面前要尽量"表现"得好一些，你今天的表现，就是他明天的表现。

第19章
他的幽默感经常惹得
大人捧腹大笑

在人群中,你的孩子是能给人带来快乐的开心果?还是谁都不能碰一下的小哭包?适当的幽默感能给生活带来情趣,保持孩子的乐观心理。不是所有人生来就具备幽默细胞,家长应该尽量营造一个轻松愉快的家庭氛围,让孩子懂得幽默,接受调侃,变得更达观。

让孩子变得幽默一点

超超今年 9 岁,刚上小学三年级。在家里有一个习惯,就是父亲的茶都由超超来倒。有一次由于急于上学,超超倒完水后就直接端起杯子,完全忘记了水的温度,只听他"哎呀"一声,他被烫得叫出声来,杯子落在了地上,茶水到处流动。超超十分害怕,因为父亲对他很严格,这次摔坏了杯子,不知道父亲会怎么对待他。他小心翼翼地向前走去,等靠近父亲了,超超开口说:"爸,我为你倒了 5 年的茶水,打坏了一只杯子……"

父亲被超超的话逗笑了,非但没有生气,反而很和蔼地说:"那你就再为我倒 5 年的茶水作为补偿吧。"见父亲没有生气,超超悬着的一颗心总算平静下来。

如果你的孩子有幽默感,没事就跟你开个玩笑,那么恭喜你,这个孩子有超级良好的心态,他的人生不论成功与否,都会是快乐的。比起那些动不动就愁眉苦脸的孩子,会做鬼脸、会开玩笑、会逗人开心的孩子真是太可爱了。就像故事中的超超,以自己的聪明幽默化解了可能到来的责备,真是个小机灵鬼!当然,父母的配合也很重要,试想超超的父亲如果板起脸说:"做错事竟然还要贫嘴!"超超恐怕再也不敢卖弄他的幽默细胞了。

但是,不是所有人都懂幽默,不是所有的孩子都会幽默。有些孩子总是愁眉苦脸,小小年纪就开始伤春悲秋,让你不禁郁闷:"这么点大的孩子,能有多大的愁事?真是没事闲的!"俗话说:"积极的人像太阳,走到哪里哪里亮;消极的人像月亮,初一十五不一样。"想要引导孩子具有幽默感,首先父母就要有笑对一切的能力,爱笑的父母能够让孩子看到其中轻松快乐的一面,培养孩子乐观、开朗的心态,并在平时的生活中注意引导孩子向幽默的方向发展。

日本著名的作家大江健三郎就是在父母的影响下养成了幽默感,他在文章中提到:在他很小的时候,他非常惧怕死亡。有一次因为生病住院,他哭闹不休,不让家人离开。无奈,母亲只好对他说:"放心吧,如果你真的死了,我会把你再生出来。"于是,他有点儿安心,他甚至跟母亲说:"假如将来的我出生后,我会叫他好好学习现在的我。"那次病后,他就十分注重自己的言辞举动,为将来的"自己"做个好榜样。母亲这样智慧地教导孩子,最终使孩子摆脱了害怕死亡的阴影,而且培养了孩子的幽默。一句话,孩子的幽默还是要靠父母来培养。家长应该争取做好下面的工作:

1.创造轻松的家庭氛围

创造一个幽默的家庭氛围,首先要从父母做起,父母常常面带微笑,对孩子的失误善意地调侃,而不是严肃地批评,既不伤害孩子的自尊心,也让孩子意识到自己的缺点,是件两全其美的事。有些人天生没有幽默细胞,不必勉强自己去讲一些半生不熟的笑话,只要保证家庭里人与人之间和谐、理解、轻松,就是滋生幽默的土壤。

2.喜剧教育

现在的父母喜欢危言耸听,动不动就吓唬孩子:"你现在不好好学习,将来只能去扫大马路。"这就是一种失败的教育方式,生命如果总是被压得紧紧的,连喘口气都不行,这样的孩子从小就会有一种强迫感,虽然会对自己要求高,但也容易心理失衡,经不起失败。

最好的教育应该让孩子懂得生命的本质:不论是拼搏还是漫步,无论成功失败,都是生命必不可少的一部分,都可以是一种享受。而面对生命中的苦难,则需要乐观向上的精神。在孩子失败的时候,告诉他们这没什么,人生的乐趣就在于一次次重新开始,何况"有的人还做不到你这种程度"、"你只是没走稳摔了跟头,不是不会走路",让孩子的内心永远是光明的、勇敢的,这就是"喜剧教育"。

3.收集幽默素材

想要学习真正的幽默并不容易,要有丰富的知识和见闻,幽默起来才能让人接受、让人愉快。平日就要注意收集幽默素材,觉得好笑的句子、好玩的事,都可以让孩子记下来,还可以经常看看笑话书、幽默大全之类的书籍,让自己的思维更活跃。没有人能一开始就达到妙语连珠的效果,需要长久的收集和积累。

4.学习自嘲

自嘲,就是自己跟自己开玩笑。在人群中,懂得自嘲的人一般人缘都特别好,一来,他们能够正视自己的缺点、不足、失败,并用幽默的方式与人分享,让人觉得开心之余又很舒心;二来,嘲笑自己总比嘲笑别人好,特别是当别人倒霉的时候,用自己的倒霉事冲淡一下气氛,逗别人破涕为笑,这样的人怎么会不受欢迎?

小孩子想要学习自嘲,必须由大人在旁边示范、指导。因为自嘲者需要一个平和的心态,否则就会变成抱怨。自嘲者在本质上是自信、积极的,他们以一种幽默的心态化解生活上的各种烦恼,当孩子面对烦恼时,你可以不断对他灌输"也不是很糟糕嘛"之类的观念,让他自己也学会开解自己。

5.幽默要有分寸

幽默如果失去分寸,就成了刻薄。特别是打趣别人时,如果没有掌握好尺度,很可能让别人难堪、恼怒。小孩子说话最容易没轻没重,看到一个胖子,也许会说一句"不知道能不能把门塞住",还自以为这是幽默。一定要给孩子规定幽默的范围:不要拿别人的缺陷、缺点打趣,更不能开低级玩笑。

当孩子练习幽默的时候,难免也会遇到冷场,或者不合时宜,比如别人正在烦恼,他说几句自以为幽默的话,让别人更闹心。这个时候最好告诉他别人的不悦,这样他才能知道怎样达到幽默的效果、怎样说话会有反效果。

读懂孩子的冷笑话

"一块三分熟的牛排去逛街,碰到一块五分熟的牛排,为什么它们不打招呼?"

"因为它们都'不熟'嘛!"

近年来,冷笑话成了潮流,不论是生活上还是网络上,很多人热衷讲冷笑话、挖掘冷笑话。冷笑话的本质类似于十几年前风靡大街小巷的"脑筋急转弯",在独特的思维回路上透露了讲笑话人的幽默和狡黠。

也许你不是一个赶潮流的人,根本不知道冷笑话的"笑点"在哪里,当大家都在笑的时候,你只觉得莫名其妙:"这到底有什么好笑的?"但你的孩子可不这么想,他们会津津有味地互相"冰"着"冻"着,说:"好冷啊!"笑成一团。他们还会把从别人那儿听到的冷笑话带回家,讲给你,这个时候,你千万不要以为孩子在犯神经,他们是在逗你呢!

强强的父母都是工薪族,平时上班工作很劳累,常常会忽略孩子的需求。有一次,强强的父亲下班后,坐在沙发上,强强欢喜地坐在父亲的旁边,他说:"爸,我学了一个冷笑话,讲给你听吧。"

父亲简单地应了声。强强说:"面包超人走在路上,走着走着,面包超人就没了,为什么呢?"父亲没有回答,强强追问:"为什么呢?"

父亲还是没有回答。强强有些失望地说:"因为面包超人觉得太饿了,就把面包吃了。"父亲还是没有笑。父亲说:"强强乖,自己玩积木去。"

直到孩子上学后,和班级里的其他孩子相比,强强显得木讷,不敢与同学之间互开玩笑,强强的父亲才开始着急起来。

看,因为听不懂孩子的冷笑话,不能及时回应,或者家长认为没必要培养孩子耍嘴皮子的功夫,只要孩子把话清楚地说出来,别人能听懂就行了。但是孩子往往是以父母为榜样的,一旦其冷笑话得不到父母的赞赏,孩子就会觉得索然无味,家长的反应往往会影响孩子沟通、交往甚至思维的能力。所以在平时一定注意聆听孩子的冷笑话,并作出回应。

也许在你传统的印象里,"冷笑话"与"幽默"并不搭边,甚至称不上真正的幽默,只算得上耍贫嘴。其实,谁也没有规定幽默的内涵、定义,何况,世界闻名的幽默大师卓别林,不也会耍贫嘴?我国代代相传的相声艺术,本质上不也是口头上的智慧?当你的孩子追赶潮流,试图让自己更幽默时,千万不要泼他的冷水。那么,如何听懂孩子的冷笑话?

1.主动了解

每一种潮流都有它的含义,既然大家都在赶,你也不必做"举世皆浊我独清"之状,主动去了解一下,翻翻网上的冷笑话集子,下一个《冷笑话大全》在手机里,坐车的时候翻上几条,很快你就能明白什么是冷笑话。而且,冷笑话的本质是一种幽默,好的冷笑话能带给人愉悦的心情,用它们调节一下你枯燥繁忙的生活,让自己笑一下,何乐而不为?

2.主动询问

当孩子讲了一个冷笑话,你根本不知道哪里好笑,又不想打击孩子的积极性时,傻笑并不是最好的选择,那更会让孩子意识到"自己讲得一点也不好笑"。你可以自嘲地说:"哎呀,我跟不上时代。"然后请孩子讲一讲这个笑话究竟怎么回事。孩子都愿意当"大人的老师",他们会热情地给你讲解,并笑个不停。这时候,你就配合着笑吧,准没错。

3.给孩子提个醒

如果孩子追潮流追过了头,一说话就想讲个冷笑话逗人笑,这时候你要予以制止。冷笑话虽然重要,但正经说话更是要紧事,孩子年幼,脑子如果整天被这些东西占据,他也许会抛弃常识,整天都在研究如何让人"发冷"。你可以善意地说一句:"太冷了,温度受不了了!"提醒他适可而止。有时候笑话内容太过荒谬无稽,你也要将正确的告诉他,不要让他被误导。

总之,培养孩子的幽默感,是在为孩子的未来营造一个温馨、轻松的心态,在这种心态下,他们能够接受自己与他人的差距,愿意正视成功与失败。要把握其中的分寸,不要让孩子幽默过了头,变成讨人厌的贫嘴贫舌。当他非要跟你耍嘴皮子的时候,也要斥责一声:"干点正事!"不然,孩子会把你的沉默当做鼓励,更起劲儿地卖弄他的幽默,让你欲哭无泪。

第 20 章
即使是小事，
他也要做到言而有信

孟子说："言必信，行必果。"现代社会，信用是无价的财富。家长要让孩子明白信用的价值，明白每一句话都代表信用，每一个行为都代表责任，从小就鼓励他做一个言而有信的君子，累积自己的信用度，把守诚信当做习惯。

失信可不是一件小事

客厅里，妈妈正在训斥 7 岁的儿子，时钟已经指向了晚上 11 点，儿子竟然还不睡觉，拿着剪刀和胶水做飞机模型。妈妈劝孩子赶紧睡觉，儿子却说："不行，我答应冲冲明天带给他！一定要做完！"

"明天再做也一样，快去睡觉！"

"不行！"

母子的争吵惊动了书房的父亲，他问明原委，原来，孩子答应帮邻居家的冲冲做手工作业，明天一早，就要把这个飞机模型交给老师。

"那你更不应该帮他做，自己的事应该自己完成，马上去睡觉。"妈妈说。

"让他做吧，"父亲说，"答应别人的事一定要做到。不过，下一次，你不能再帮别人做作业，要让他自己完成，知道吗？"

儿子点头答应，又做了一个小时才把模型完成。妈妈心疼睡眼惺忪的儿子，父亲却说："咱们家孩子这么小就知道守信用，这是一件值得鼓励的事！"

小孩子的信用是什么？很简单，把说出的话做到。他们不需要白纸黑字，最多拉钩上吊，就完成一次"约定"。也许就是因为太过简单，小孩子经常忘记他们说过的话，所以莎士比亚才会不无感慨地说："谁要是相信小孩子的誓言，那就是疯子。"

小孩子不是不愿意讲信用，他们只是还缺少两种认识：一种是对信用的认识，另一种是对责任的认识。信用的本质是责任，答应过的事，即使艰难，也成了人的义务，需要无条件去做，并争取做得好，做得令人满意。不论多小的事，答应了就要做到，否则就是失约。如果你发现你的孩子常常"失约"，明明答应你的事，到了时间耍赖找借口，就是不愿意做，你应该着手对他进行一番"信用教育"。

而且，在进行教育的时候，需要防止孩子"阳奉阴违"，他表面上答应了，做到了，实际上却不以为然，你不监督他，他就得过且过，这说明"信用"并没有深入他的脑子里。必须保证信用概念渗透到孩子的骨髓，让孩子有千金一诺的自觉。

信用，不仅仅指答应别人的事要做到，还代表一种诚信，即对自己说的话能够负责，也就是诚实。诚实是一个人最基本的品德，每个孩子都不是完美的，他可能会有这样或那样的缺点，甚至孤僻得不那么可爱，怪异得让你头疼，但是，不论他的个性如何，绝不可以欺骗他人。一旦发现孩子不诚实，必须严厉责罚，直到他改掉毛病。可以从下面几方面训练孩子：

1.要让孩子为自己承诺的事负责

有时候孩子会随口答应一件事，然后转头就忘。例如，晚饭后，你明明听到他和朋友打电话，说明天一起去滑旱冰，第二天他却拿起羽毛球拍，兴冲冲地要去操场玩。这个时候，你要提醒他昨天的"承诺"，告诉他必须守信。

小孩了不明白说出一句话，就意味着一种责任，那么这个工作就要由家长来做。哪怕孩子随口说："晚上我要吃两个苹果。"你也要监督他将这两个苹果吃完。在训练期，你千万不要"变通"，说一是一，说二是二，让孩子实践每一个许诺，才能让他重视自己的言行，今后说话前都会掂量分量，这也能让孩子形成谨慎的性格。

2.孩子吹牛的时候，不要帮他圆谎

有时候孩子会在人前说大话，例如，看到别人买了新上市的彩色铅笔，他会说："这算什么，我就有好几盒！"别人不信，孩子就会说："我明天就拿来给你看！"你要让他明白：小孩子总要为他的吹牛付出一些代价。

当你的孩子因为吹牛说出大话来求助于你，让你帮忙"圆谎"，你可以帮助他一次,让他在小朋友面前保留面子。但要记住,谎只能圆一次,如果他不能汲取教训,继续说大话还要"讲信用",那么别理他,让他自己去圆场,受一次嘲笑,下次他再也不敢这么做了。不是你不疼爱孩子,而是孩子没有受过打击,永远不知道什么是"教训"。

3.督促孩子做个守信的人

如果你发现你的孩子对人承诺了什么,一定要提醒他,即使他犯懒不想去做,也要动用家长的权威让他完成。不论守信还是失信,小孩子都会形成习惯。守信的孩子守信一次,下一次就会督促自己维持信用度。而失信的孩子却会想"反正不差这一回",继续维持负信用值。所以,从一开始就不要让孩子给人"不讲信用"的印象。

4.信用,从守时开始

"千金一诺"这个概念对小孩子来说虽不难理解,却很难做到,所以最好从小事开始教育。在生活中,守时是最简单的守信,也是每天都会接触到的。不论是上课是否迟到、作业是否按时完成,到起床睡觉是否准时,再到和人定下约会是否准时,我们每分每秒都要接触时间,尊重自己和他人的时间,就是守信的开始。

不管自己的孩子有没有信用意识,家长一定要注意以身作则,做守信的人。不管答应孩子什么事,都要尽量做到,你做到答应孩子的事,孩子就不好意思做不到答应你的事,孩子的信用就是这样建立起来的,在信用的环境中长大的孩子,本身就有强烈的信义意识,一旦失信就会有强烈的负罪感,所以,想要孩子守信,家长先要做到守信。

和孩子订下“君子协定”

家长都希望孩子诚实守信，但孩子忘性太大，就算他们想要讲信用，也会因为自制力差、因为忘性大、因为诱惑大、因为各种各样的理由而忘记答应你的事。你为这件事责备他，他下次也不一定记住；你责备过了头，他觉得你小题大做。所以，想要小孩子守信，需要某种约束、某种有正式感的“签署”。

8岁的昭昭有个坏习惯，他喜欢说脏话，动不动就骂别的小朋友，经常把班上的女生骂哭。为此，老师数次请家长到学校，要求家长好好教育昭昭。

家长并非不教育，打、骂、讲道理，轮番上阵，但就是起不到效果，最多让昭昭在两三天之内憋住不说脏话。爸爸妈妈束手无策，昭昭的爷爷却想到了一个好办法。他和昭昭约好，如果昭昭一周不说脏话，他就在周日带昭昭去野外拍照。

昭昭从小就喜欢摄影，但他经常把相机弄坏，爸爸妈妈严格控制他碰相机的次数。听爷爷答应要带他出去拍照，他乐坏了，一周之内，果然“非礼勿言”，想要骂人的时候，迅速闭上嘴。一周表现良好，爷爷也如约带他去郊外。

第二周，爷爷又想到了新花样，只要昭昭不说脏话，就送他一本精美的摄影集。昭昭又一次被吸引，又一次做了一个礼拜的乖学生……第三周、第四周……半年后，昭昭得到了爷爷送的一台数码相机，这时候他早就忘记脏话要怎么说了。

对小孩子进行教育必须动脑子，分析他的个性、摸准他的喜好，才能制订最适用的教育方针。信用教育也是如此，想要孩子从小就养成重信用的性格,首先要让他在心理上形成"信用第一"的概念。这种概念通过一系列训练就能获得。不时地与你的孩子订下一些"君子协定",在他自己愿意的情况下,规定他在一定时期内做出某些成绩。因为有协定在,孩子会自己约束自己的行为,监督自己的完成情况。

1.正式性

虽说是"君子协定",可不要只在口头上说一句话。在开始与孩子订约定时,最好把它写在纸上,不容抵赖。可以像签合同一样规定甲方、乙方,写好条款、"签字画押"、写上公证人。这样的协定对孩子来说新鲜有趣,他会觉得自己是个大人,责任感油然而生。等到白纸协定执行过几次,确定孩子基本理解了"信用"的含义,可以改为口头约定,让孩子更有被信任的感觉。

2.加大监督力度

虽说订下协定,但小孩子的自制力毕竟太差,经常耍点儿小聪明,或者懒劲一犯,耍赖不干,这就需要你定期监督他、检查他,发现他偷懒时,要提醒他"说话算数"。

小孩子其实最注重荣誉,只要你不打不骂,不激发他的逆反心理,他一定希望自己成为一个说话算话的人。几句提醒,他就会乖乖按照协定行事。

3.规定违约处罚

在你和孩子的"合同"上,要写明违规后的处罚,这是为了对孩子造成一种"威慑",让他明白失去信用的后果。不要认为这样做是把事情弄得复杂,给孩子过大的压力,要知道人的信用是品德的基础,不能轻忽,现在给他压力,让他明白责任的重要,才能让他真正认识责任、担负责任,不虚夸、不诳语,对自己说的每一句话做到心里有数、言而有信。

违约处罚一旦规定,就要不折不扣地执行,一次都不能姑息。不要理会你的孩子哀求的眼神、撒娇的口吻,如果你对他心软一次,下一次他就会变本加厉。在教育问题上,有时候要"怀柔",有时候必须"心狠手辣",让他们知道父母是严厉的人,不会纵容他任何一种错误行为,还要告诉他"失约"是一件大事:孩子失约,父母非常失望。让他留下深刻印象。

4.双向"合约"

对于孩子来说,最具吸引力的其实并不是执行约定后的奖励,有一种合约方法更让他开心,那就是你陪他一起做一件事。例如,他要改掉写字粗心的毛病,而你则要减少抽烟的次数,这样的"合同",让孩子觉得"公平",也会让他更认真。

家长千万不要以为小孩子可以糊弄,他会时时刻刻盯着你,甚至会留心翻看你的烟灰缸、你烟盒里的香烟数量,害怕被你"欺骗"。想让孩子诚信,家长要做榜样,答应孩子的事,一定要做到,不然他会说:"你自己做不到,怎么能管我!"所以,一旦和孩子订下双向约定,不管多困难,也要保证言而有信,这样才能做孩子的榜样。

第21章
有时候他的表现真的像个小大人

有的孩子无时无刻不在撒娇耍赖，有些孩子却像个小大人，总是抢着做力所能及的事。每个人都有面对生活的一天，让孩子及早学习生活技巧、处世技巧，会让他更懂得为人的责任。让孩子多当几回小大人，他才能顺利成长。

适当做回"懒"父母

9月，大学新生入学的月份，丁丁怀着兴奋与激动，走入她向往已久的重点大学大门。校园里的湖光白塔让她着迷，在宿舍里，她兴奋地和父母唧唧喳喳个不停，父亲在给她钉钉子、挂书架，母亲为她铺床套、枕套，一件件衣服叠得整整齐齐放在衣箱里，每种药品写了如何吃、吃几粒，放在一个塑料盒里，他们把丁丁的一切打理好，这才依依不舍地离开学校。

军训一开始，丁丁发现自己简直是个生活白痴，她总是丢三落四，别人花10分钟整理内务，她要做半个钟头，最简单的叠被子她都叠得七扭八歪，也是，平日在家里，她不但不叠被子，连袜子都没洗过一双，父母为了她能专心学习，包办了她的一切事。当丁丁在旁人异样的眼光中学习如何洗衣服、如何将碗筷刷干净时，她不禁抱怨为什么父母不肯懒一点儿，让她早一点儿学会做这些再简单不过的小事。

如何让孩子独立，是每个父母必须面对，也经常为之头疼的问题。父母疼爱孩子，恨不得把所有事都替孩子做了，尽自己所能为孩子铺设未来的道路，不求孩子能风风光光，但求一辈子平安幸福。可是，过多的溺爱带来了孩子的不成熟，使他们即使上了大学、步入社会，还是那个遇事就想爸爸妈妈的幼童，就像故事中的丁丁。

进一步考虑，你可以为他营建一个避风港，但不能让他一辈子躲在避风港里；你可以为他搭建一个安乐窝，但他不愿意一直缩在窝里。当孩子逐渐长大，你应该做的是尽快让他学会生活中的各种本领，让他有能力应付将来的风浪，而不是像母鸟一样张开羽翼，护着他躲开所有危险———旦有一天你不在了,他怎么办?

想要培养孩子的独立意识和独立本领,必须从小抓起。首先要让他学会自理。将孩子所有零活都包干的爸爸妈妈不是好父母,好父母要懂得偷懒,指挥孩子打理他自己的内务,让他在很小的年龄就把自己收拾得干干净净。那么,如何培养孩子的自理能力?

1.克服孩子的依赖心理

有些孩子习惯了"饭来张口,衣来伸手"的小皇帝生活,想吃什么只需要叫一声:"妈妈!"衣服脏了只要脱掉随手扔进洗衣机。对于这样的孩子,首先要打消他的"皇帝念头",让他知道珍惜尊重别人的付出,更要自己动手做一些力所能及的事。

在他想吃什么的时候给他零钱,让他帮你去超市买食材;规定他需要自己清洗内衣、袜子等小件衣物;如果帮父母干更多的活,还可以给予额外奖励。这些事都能逐渐纠正他理所当然的索取心理,明白"有付出才有回报"。

2.逐步让他习惯"独立"

孩子的"独立"应该从父母身边就已经开始,而不是等到外出求学之后再一点点学起来。最初的独立教育是教导孩子打理内务,让他自己洗衣物、床单等物品,保证自己的形象干净整洁。此外,打扫房间之类的活计也应该成为他日常生活的内容。

让孩子经常出去走走,一个人拿着地图去找某个地方、向路人问路、自己制定行车路线,这也是对孩子的锻炼,要保证他一个人外出时知道如何保护自己、如何寻求帮助、如何到达目的地。

3.适当援手

培养孩子独立,可不是放着孩子不管,什么都让他自己做。孩子毕竟年幼,对于有很多事,他的力气、头脑、精力都达不到大人的水准,做不好的事

越多，越会增加他的挫败感，还会让他觉得自己是没有父母疼爱的小孩：为什么别人家的父母事事关心，自己家的父母根本不关心自己？要让孩子知道你的苦心，就要保证当他出现困难的时候，你能够在他身边施以援手，不会不管他。这样孩子才能既感受到父母的爱心，又能尽最大可能发挥能力。

4.禁止溺爱

想要孩子长大，家长首先要杜绝溺爱现象。为什么有些孩子习惯饭来张口、衣来伸手？因为总有"不懂事"的家长，明明孩子自己会吃饭、会穿衣服，还要凑上去亲自喂、亲自穿。这样教育出来的孩子谈得上什么独立？他们只会对父母撒娇。

而且，溺爱的家长，让孩子习惯享受被爱的权利，从来不尽义务。根本不知道义务为何物，这样的孩子长大后会视别人的付出为理所当然，这样的人不会有特别好的朋友，也不会有好的人际，因为没有人愿意忍受他们的脾气，也没有人有义务总为他们付出。为了孩子的将来，一定要让自己"懒"一点儿，就算你的孩子撅着嘴跟你抱怨"人家的爸爸妈妈怎样怎样"，你也要用"那是因为人家家里没有你这么好的孩子呀"回复他，让他骄傲之余，拿你无可奈何。

不要打断孩子的指手画脚

在方太太家里有这样一个传统：每周周六，是方家的"家长日"，在这一天，孩子小璐要当"妈妈"，负责做家务、检查父母一周的"任务完成情况"、对父母提出改进意见，还要负责安排一天的饮食，决定一家人玩什么、做什么。

这个"传统"起源于小璐的一次抱怨，有一阵子，小璐抱怨爸爸妈妈总是妨碍自己，没事也要多管闲事。而妈妈则说小璐不了解父母的苦心，等她自己当了妈妈，就知道妈妈的不易。这时爸爸在旁边说："不如你来当一天家长吧！"

结果，小璐真的当了一天家长，她突然发现自己有许多要做的家务，根本做不完。她还要关心爸爸妈妈的工作，询问他们有什么困难，煞有介事地出谋划策……一天下来，小璐累得直不起腰，终于明白了父母的不易。没想到的是，爸爸竟然规定每周都要抽出一天让她当家长。随着"家长"经验的增多，小璐不但变得更加体贴，有更多的责任感，还具备了很多生活上的常识，脑子也越来越成熟、聪明。

你的孩子有了"当父母"的兴趣，他们会观察你的举动、挑你的毛病，煞有介事地告诉你"这件事你要这样做"。这个时候，做父母的应该怎么回应呢？板起脸告诉他们"老子吃的盐比你吃的米多"？这不但会让孩子的自尊心受挫，还会影响亲子之间友好的沟通氛围，特别是你本来就有错，千万别因为爱面子而粗暴地批评孩子，这会让他觉得你们之间严重不平等，还会激起"那你也别管我"这一类的逆反心理。

即使孩子说的话都是些没有建树的指手画脚，你也应该鼓励这种"主人翁精神"，要知道，他会主动"指导"你，一定是因为他刚刚学到了什么知识，急于付诸实践；或者经过观察发现你的错误，给你提意见。拿出你大人的宽容吧，让孩子多说几句，不会影响你的权威，如果说得狠了，最多安慰自己一句"童言无忌"。

不过，千万不要让他养成凡事指手画脚的习惯，你可以听他说，但不要让他形成"爸爸妈妈什么事都听我的"、"我的意见最正确"这样的错误认识。特别是有外人在场的时候，孩子总是指指点点，次数多了，旁人不会觉得这个孩子有多聪明，只会觉得父母太无能。那么，在生活中，如何应付孩子的"莅临指导"？

1.承认他的正确

当孩子批评你的时候,你的确错了,就赶快诚恳地承认,并且谢谢孩子的建议,这会让孩子在心理上得到十足的满足感,认为自己做了一件了不起的事。而且,你拿平等的眼光看待他,也会让他产生"我是大人"的成长感,在这个时候,你对他提出更高的要求,他会十分乐意接受,并觉得自己有义务马上去做,必须做好。

2.指出他的错误

孩子们的生活阅历有限,他们对你的指责,多半都是错的,这时候你也不能纵容他,而要及时拒绝,让他们知道自己的错误。小孩子都会闹点儿小别扭,你说了他的错误,他多半要反驳几句,这时候不要板起脸,而是要细心对他解释,并鼓励他下次继续"挑错"。

有些孩子喜欢"认死理",明明自己错了,偏要你承认他是对的。这个时候,父母难免心浮气躁,恨不得打孩子一顿,让他知道究竟什么是对的。千万不要这样做,你打他一顿、骂他一顿,只能让他暂时闭上嘴巴,但心里却不服气。不如暂时不要做声,等到事实摆在眼前,让他自己看看、自己想想。多数孩子在这个时候都会知错,极少数孩子还在嘴硬,死不悔改,这已经有了偏执症的前兆,建议父母要留心观察。

3.让他们注意父母的面子

有些孩子"人来疯",在别人面前特别喜欢显摆自己,人一多,他们就要刻意显出自己的优秀。在旁人面前指正父母的错误,更让他们产生"我是一家之主"的优越感。殊不知,这会让父母觉得很没面子——谁喜欢在大庭广众之下被指责呢?

可以让孩子换位思考一下:"如果爸爸妈妈在别人面前说你连自己的袜子都不会洗,你会不会高兴?"然后告诉他们:"爸爸妈妈的错误如果被外人知道,也会不开心。"这时候孩子当然会选择"宽宏大量",从此"关上门"

"批评"你。

孩子的心理向往成熟,你越是尊重他,他就越有责任感,如果你非要告诉他:"别装大人了,你还嫩呢!"他就会对孩子的身份心安理得,你再也别想让他"当大人"。何况,当他板起脸,严肃地和你谈事情的时候,不是很可爱吗?

责任是自己的,那就勇敢扛起来

"哗啦"一声,窗子的玻璃应声而碎。从小明开始学网球,已经不知打碎了多少块邻居的玻璃。一看到这场景,小明收起球拍,赶快和小伙伴们跑掉。到了晚上,邻居拿着球来敲门,父母低声下气地赔罪、赔偿损失,这件事才算结束。

这一天,邻居的老人实在看不下去,对小明的父母说:"你们这样护着孩子,他永远不会注意到自己的错误,这一次,让他自己来跟我道歉。"父母敲小明的房门,小明死活不肯出来,怎么叫都不道歉。一个小时后,老人离开,父母开始反省自己是不是太娇惯孩子,以致他连基本责任感都没有,遇事只会躲在父母身后。

孩子犯错误,父母代替他去认错,这会让孩子形成"父母会给我善后"的不负责心理。故事中的小明一遇到事情就逃跑,让父母替他"擦屁股",这样的孩子长大了也不会懂得"责任",只会把自己的错误推给别人。更可怕的是,他是真的不知道自己需要承担责任,从小到大,责任都是别人的,和自己有什么关系?

孩子形成这样的观点,90%以上都是父母惯出来的。一开始,父母认为小孩子难免会犯错,而且小孩子能力有限,想要弥补也力不从心,所以,他们主动地为孩子承担错误。渐渐地,父母和孩子都养成了习惯,孩子犯错,永远会在"被父母说一顿"和"主动认错"中选择前者。不论是出于自尊心,还是出于责任感缺失,他们认为这是最好的办法。

但是,人们不会因为父母的认错而原谅孩子,孩子没有受到相应的责罚,也不把错误当一回事,下次他还会继续犯,说不定变本加厉。父母应该让孩子明白,一个人应该有担当,做错事就要负起责任,就算今天有人替你扛下来,没有人为你扛一辈子。想让孩子认识到错误,什么方法最恰当?

1.认错

孩子有了错误,必须亲自认错,不能由任何人代替他做这件事。认错可以是口头上的"对不起",也可以是书面上的"检讨书"。你可以帮他分析错在哪里、怎么做才是对的,试着让他理解错误的后果。但道歉这个步骤,必须由他亲力亲为,谁也不能代替。

多数孩子都要面子,觉得道歉是件丢脸的事,其实这是一种扭曲的思维,道歉并不丢脸,知错能改是一种光荣、一种修养,家长务必要摆正孩子的价值观,让他明白道歉的意义所在,让他敢于承认自己的错误,敢于担负自己的责任。

2.惩罚要适度

如果所有错误都能用一句"对不起"来打发,那人生未免也太容易。比如,孩子将邻居的花拔出来,仅仅说一句"我错了",真的有用吗?你必须让他明白不是所有错误都能挽回,都能重新开始。惩罚是为了让孩子记住教训。我们不能提倡体罚,最好的办法是"劳其心志",让他去做一些家务、帮你解决一些难题,或者多抄抄唐诗、背背宋词,都能"寓教于罚"。

3.告诉孩子正确的做法

不论是认错还是惩罚,为的都是让孩子知道什么是对、什么是错。

比如,孩子和同学出去玩,既不打电话回来,还一直玩到近深夜,让你担心不已。这个时候,说教、处罚大概都不会少,但最重要的是你要说清:"下一次出去玩的时候,打个电话回来,告诉爸爸妈妈你在哪里,这样爸爸妈妈才不会担心。"孩子才知道下次遇到同样的事应该做什么,避免犯同一个错误。

4.让他自己思考弥补的方法

孩子做错事的直接后果是造成他人经济上或情感上的损失,这时候,父母最好不要直接告诉他应该如何补偿,而是抓住机会引导他思考。

比如,孩子打碎了邻居家的玻璃,父母可以问:"如果你房间的玻璃被人打碎,你希望得到什么样的补偿?"孩子也许会说"我希望换一块新的"、"我想要一块蛋糕",等等,这时候,你再帮他分析哪一种更合理,这也是开拓他的思考能力、让他懂得人情世故的好办法。

不要害怕孩子犯错误,知错能改,善莫大焉。孩子的成长是一个不断减少自己的错误、不断自我完善的过程。现在,他像个"小大人",只有不断给他知识上的积累、生活上的经验,他才能成为真正的大人。

第 22 章
好奇心经常让他打破沙锅问到底

聪明的孩子总在提问,愚钝的孩子只听回答;聪明的孩子因思维活跃而更聪明,愚钝的孩子因习惯偷懒而更愚钝。不要厌烦孩子喋喋不休的问题,维护孩子的好奇心,让他对世界始终保持热情,激发他的探索精神,也许,你的孩子就是明日的科学家。

回答孩子的每一次提问

在某些父母心目中，小孩子可以和"十万个为什么"画上等号，他们不明白小孩子为什么有那么多的问题需要解答，坐在公车上，他们的问题从"鸟为什么会飞"到"那个叔叔为什么拎着女用包"，包罗万象。只有你想不到的，没有他们问不到的，有时候你真希望他们能安静几分钟，可是他们偏不，他们会问："为什么要安静？"

孩子的问题很多，有时候会让父母不知道该怎么答。例如，多数孩子都会问父母："我是从哪里来的？"有些父母尽量回避谈这个问题，用"长大了你就知道了"搪塞；有些父母认为不应该让小孩子知道太多，就编出"你是被鸟叼来的"、"你是从垃圾箱捡来的"这类谎话；还有的父母很细致，他们会用可爱的漫画画出精子和卵子的结合过程，既回避了小孩子不应该过早地了解的性爱问题，又满足了孩子的好奇心。

当孩子提问的时候，回避是最糟的回答，不论是粗暴的"不要问东问西"，还是含蓄的"这个问题你以后就会明白"，都让孩子的心里产生这样一种想法：父母不会告诉他答案。有的时候甚至会产生轻视："切，你们也不知道吧。"所以，不论回答还是不回答，父母都要聪明地应对，例如下面这个例子。

"爸爸，我看到一本书，上面说月亮上没有空气，人上去根本不能生活。昨天电视上，宇航员穿着宇航服才能站到上面。为什么妈妈讲的嫦娥、吴刚还有月兔不用穿宇航服？"

晚饭的时候，孩子突然问到这个问题，父亲想了一想才开始回答，他首先让孩子复述了书上看到的内容，如月球上的空气情况、重力情况、月球上的环形山还有听不到的声音。然后才开始回答："你说得很对，月球上没有嫦娥，但是你知道为什么古代的人相信月球上有嫦娥吗？"孩子把头摇了又摇。

"因为古代人没有宇航飞船，但他们很想知道月亮上有什么，所以杜撰了嫦娥这个人物，让她去探月。"父亲说，"后来，随着科技的发展，人们能够通过卫星拍摄月球的表面，能够通过宇航船亲自去月亮上。但是，你知道为什么人们依然讲嫦娥的故事吗？"

"因为没有嫦娥的话，月亮会寂寞！"孩子说。父亲点点头："没错，有这么美的故事，再荒凉的月球，也会激发人们的向往。也许有一天，人们会搬到月球上去。"

"在月球上怎么生活呢？"孩子的兴趣越来越大，父亲就给孩子讲了宇航空间站的知识，讲人们在太空生活的常识，还说起了太空蔬菜……

第二天，孩子编了个故事——《嫦娥的月球生活》，把父亲讲给他的太空知识和神话结合起来，写得有声有色，这个故事被老师当做范文在班上朗读，不少人一直追问什么时候继续写，这让孩子和爸爸都很自豪。

孩子的提问，常常让家长觉得纵然几百个脑袋都不够用。不过，家长是孩子的第一任老师，如果你都不用心回答，怎么保证他继续他的探索？又怎么能希望他遇到的都是好老师？千万不要应付孩子，要想一些孩子的年龄能够接受，又能让他记住知识点的答案。

为了孩子，家长应该进行"二次学习"，平时多看看书、多充充电，以应付家里的小问号，对自己来说也是种乐趣。家长也许并不擅长回答问题，但至少要有"和孩子一起找答案"的意识，不能用一句"去问别人"打发孩子——他最信任的人是你，你让他问别人，他问谁？

还有，回答孩子的问题也需要区分问题的难易程度，太简单的问题，你应该告诉他："这么简单的问题，××书上就有，不要偷懒哦。"让他自己去查书。其他问题也要经过分类再回答。父母的目的只有一个：让孩子懂更多的东西、让孩子更爱思考。

1.需要详细解答的问题

当孩子提出问题，等待答案的时候，他会表现出最大的耐心，也会发挥出最高的记忆水平。所以，这是一个难得的教育机会和科普机会。如果孩子问的问题刚好关涉自然科学、人文历史等方面，你可以详细地给他讲明来龙去脉。一来，你满足了他的好奇心，让他心中的疑问得以明白；二来，你激发了他的探索欲，让他知道每一个问题之后都有丰富的学问；第三，你又一次让他领教了万事都不简单，丰富了他的知识储备。

2.需要引导解答的问题

有问必答，不代表每个问题都要详细解答，这样会减少孩子思考的乐趣，让他们养成依赖的思维习惯，久而久之，出了问题，他们不找解决办法，而是随手拿起电话问爸爸妈妈。

有些问题，如果你确定以孩子的年龄能够找到答案，你需要对孩子说："这件事，你先自己想。"然后为他提供思维的方法或路径，给他基本参考书，让他上网找资料，锻炼他主动思考的能力。等到他的能力无法得出答案时，再告诉他结果。

3.没有答案的问题

孩子提出的很多问题没有答案，例如"先有蛋还是先有鸡"；有些问题不知道答案，例如"我和××能永远做好朋友吗？"有些问题你无法作出专业的回答，例如"一加一为什么等于二"……这些问题，都可以归为没有答案的问题。

如果你的确不知道答案，不妨坦然承认，然后带着孩子一起去问别人，或者上网查一查，两个人一起解开问题，不但不影响你在孩子心目中的形象，还会让他觉得你什么时候都能想到解决问题的办法，是最可靠的人。

打破孩子的思维定式

爸爸经常问孩子一些问题,启发他的思考能力,这一天,爸爸问:"有一个人要进城,遇到了困难,因为他拿着一根长 10 米的竹竿,城门却只有 8 米高、7 米宽,你说这个人该怎么处理这根竹竿?"

"把竹竿从中间切断?"孩子说。

"不对,再想。"

"斜着拿,看能不能挤进去?"

"不对,继续想。"

看到孩子实在想不出答案,爸爸说:"傻孩子,为什么一定要竖着拿竹竿呢?只需要把它轻轻松松横着提在手里,就能进去!"

又一次,爸爸问孩子:"今天来考你一个算数题。"

"好!"

"一辆公共汽车上有 45 人,第一站下了 32 人,上了 21 人;第二站又下了 12 人,上来 15 人;然后上来 8 人,下去 9 人;又上来 11 人,下去 19 人;再上来 1 人,下去 3 人;上来 8 人,下去 7 人,现在提问。"

"车上还剩 24 人!"孩子飞快地回答。

"我的问题是:汽车一共停了多少站。"

孩子又一次傻了。

人的思维有一定的局限性,他们往往根据常识、根据以往的经验、根据学过的知识,得出一个自认为最妥帖、最正确的答案。但是,难题的难处在于你不能按常规思维理解,必须让思路广阔一些、思维跃脱一些,才有可能得到最佳答案。不是说前一个答案不对,而是说当大多数人都遵循着一个答案,你却能另辟蹊径,这就是创新,而创新,必然带来领先。

孩子的思维能力是单向的、贫瘠的,他们没有那么多的人生经验做支撑,没有那么多知识供他们判断对错,他们的思维只是一条直线,很少能想到旁边的东西,如果没有人引导,也想不到举一反三,他们很可能因此形成一种"偏见",认为做一件事只有一种方法,不可能再有其他的。所以,他们找不到捷径,也找不到事情最关键的部分。这样的孩子不灵活,让你不禁担心他今后是否会变成一个平庸的大人。

如果你的孩子总是亦步亦趋地跟着老师的步伐,对于老师说的每一句话,他都当做圣旨,如果你提出异议,他会大嚷"老师是这么教的"!相信你会为孩子的前途担忧。孩子要有自己的主意,要能在常规事物中发现创新点,要能在思维惯性中转弯。想要孩子"灵"一些,就要帮助孩子打破思维定式,开发他的创造力。也许你会说:"我可没有这样的脑子,如果有的话,我也成精英了。"这也许是事实,不过却不能成为你逃避责任的借口,你至少要在教育孩子时做到以下几点,帮孩子拓宽他想问题的高度、广度、深度:

1.当孩子对你提出质疑时,表扬他

世界上没有永远"全对"的人和事,敢于质疑权威,是打破思想禁锢的第一步。如果孩子指着书对你说:"我觉得这句话有问题。"就算那句话没问题,你也要鼓励孩子说:"说说看,哪里有问题。"然后听他讲道理,一一驳斥他,等他发现自己才是"有问题"那个,兴许还不太服气,不过,这样反驳他几次,他下次再质疑,就会找更多的资料支持他的论点,以期驳倒你,这就是好学的开始。

2.鼓励孩子问"为什么"

好奇心是探索的第一步,因为好奇,因为问"为什么",孩子的思维已经被充分调动,正想着无数种可能,而你的回答一定要抓到重点,抓住最特别、最有效的解谜思路,让孩子一下子就知道:"哦!还可以这么想!"

也可以对孩子提出一些问题,鼓励他们思考。例如冬天到来了,问他们知不知道冰是怎么形成的,如果能自己找到答案,就给予奖励。小孩子的心思需要家长调动,他爱不爱学习,其实和你的策略有直接的关系,千万不要"渎职"。

3.鼓励孩子想更多答案

如果你提出的问题,孩子的回答总是缺乏新意,就要试着引导他想到更多可能。即使那些荒诞不经的想法,也不妨让他提出来。比如有人问他:"云彩会变成什么?"他只回答:"云彩在春天变成雨,冬天变成雪"就太机械。如果能想想"云彩来自小溪,最后会变成小溪"这样的答案,无疑会让他的思维更开阔。

4.引导孩子和好学生做朋友

从原则上来说,家长不应该帮孩子选择朋友,但是,小孩子交友眼光有限,未必能与那些真正促进自己的人交往,这个时候家长就应该善意提醒,让孩子多多接近那些好学生,和这样的人做朋友,一定能提高自己。

所谓好学生,成绩高并不一定是唯一的标准,那些没事就搞搞小发明,动手能力强的孩子;那些总喜欢搞活动,组织能力强的孩子,即使学习不好,和他们在一起,也会大大感染他们的灵活,自己的思路也会跟着拓宽一些,看到以往不曾注意的事,想到以往不曾想过的方法。

第 23 章

他务实而有理想,很有"主心骨"

关于未来,每个孩子都有朦胧的梦想;关于现在,每个孩子都有自己的主张。家长不能替孩子决定未来的道路,也不该为孩子规划现在的思想。培养孩子的主见,让他具备强烈的自我意识,为自己负责,从小就学着务实,他才能一步一个脚印,走属于自己的人生之路。

要壮志凌云，也要脚踏实地

小男孩立立正在书房写作文，作文的题目是《我的理想》，爸爸妈妈饶有兴味地帮他检查错别字，最后又让立立自己将文章朗诵一遍，当立立说完"我将来一定要做一个医生，救死扶伤，把所有病人都治好"，他们相视一笑。

他们想起自己读小学的时候也写过这个题目，当时，爸爸的理想是当宇航员，妈妈的理想是当空姐，现在，爸爸在大学当老师，妈妈在当公务员。理想和现实之间，总像一个在空中，一个在地面，不知他们的孩子今后会不会重复这个过程。

每个孩子都有自己的理想，在孩子们心中，理想有一层神圣的色彩，他们愿意为此奉献时间和精力，即使投入与产出严重不成正比，他们也不以为意，依然坚持。大人们被现实生活消磨，大多遗忘了从前的理想，他们更愿意孩子踏实一点儿，不要那么不切实际。从小就要为将来的职业、生计打算，才能保证一生的平安顺畅，于是，家长对孩子有各种各样的规定，孩子想学什么，他们会说："学这种东西没用，别去浪费时间"，或者"这个挺有用，好好学。"

帮孩子规划人生的父母用心良苦，却不一定得到满意的结果。我们看到很多父母从小就送孩子去各种学习班，出国接受教育，甚至选定了孩子未来的专业，但是，这样却会引起孩子的反感——为什么父母不让自己做喜欢做的事？为什么一口咬定自己做的事"没用"？

孩子像小树，但他们毕竟没有属性，不能按照你的意思，想要苹果就结苹果，想要鸭梨就结鸭梨，更多的时候，你以为你种下了一棵柠檬树，他却长满了火龙果，让你完全不明白究竟哪个环节出了差错。可是，你又不能说火龙果不好，甚至还会后悔，早知道，就按照火龙果的肥料施肥了！

所以，父母不宜过早地帮孩子确定人生目标，那应该是他自己在成长过程中逐步接触各种学问、各种人，综合自己的能力作出的选择。

但是，要记住孩子有理想却是一件好事，胸怀大志的人，往往比其他人更有意志力，也更愿意努力。试想你的孩子如果什么都不想做，每天就想着："将来爸爸妈妈会给我找一份工作"、"爸爸妈妈已经存钱给我买房子了"，你觉得这样的孩子会有出息吗？孩子有理想不但不能斥责，还要鼓励他们坚持理想，为理想努力。那么，面对孩子的理想，家长应该怎样做，才能呵护孩子？

1.要知道你的孩子的理想

亲子之间不应该有太多隔阂，特别是对待人生问题，必须对孩子的未来道路有个把握。试着让你的孩子说出他的理想，不管多么大而无当，也不要笑话他，要对他说："这么说来，你的性格还真适合做这件事。"

有些家长比较严厉，有些孩子比较拘谨，这些都会让孩子有所顾忌，不愿意把自己的理想告诉父母。这时候父母应该"主动出击"，主动和孩子谈谈自己的理想，说说自己小的时候想要做什么。孩子受到你的影响，自然也会说出自己的想法。

2.区分理想和幻想

小孩子总幻想自己当公主、当皇帝、当无所不能的英雄，不要立刻泼他冷水，说那是不可能的，那会让他情绪激动，甚至让他伤心。当他说着一些怪诞不经的幻想时，要带着温柔的笑容和他一起畅想，随着他的成长，他自己就会把"幻想"剔除，留在心中当一个童年的美梦，而那时候陪他一起畅想的父母，也会是他童年的温馨回忆。

3.帮孩子接近梦想

小孩子易受影响，例如，今天他看了动画片《名侦探柯南》，他会对你说:"我长大要当一个侦探!"明天他看了世界杯足球赛,他会对你说:"我以后要踢足球!"尽管你知道刑侦这项工作十分艰难,知道中国足球很难获胜,也不应该立即说:"你连根铅笔丢了都找不到,还想当侦探?"或者"想要踢足球成功?孩子你快死心吧!"

梦想不一定是理想,但只要与现实能够挂钩,你就没有理由小看。在名人的传记上,不是经常看到父母带着孩子看了一场芭蕾表演,结果孩子成为一个芭蕾舞演员?偶尔带孩子去了一趟化学实验室,后来孩子以当化学家为毕生目标?当孩子跟你说了他的理想,只要有可能、有条件,都要带孩子实地看一下,尽量详细地了解一下。一来,可以让孩子真正明白喜欢的事物不是那么简单;二来,满足了孩子的好奇心,让他的理想不再"空",多了很多实际内容。

4.鼓励孩子向理想迈进

如果你觉得孩子的理想切合实际,虽有难度,却有实现的可能,就要趁热打铁,鼓励孩子去实现。可以对孩子说:"既然有这种想法,从现在开始努力,才有可能实现,那么我们现在就来做计划吧。"如果孩子兴致勃勃地和你一起计划如何学习、如何训练,说明他真的有志于此;如果他说:"那是长大以后的事吧!"说明他身上有惰性,你要督促他;如果他做了几天,对"理想"再也没有兴趣,说明他只是心血来潮,这个理想就可以宣布放弃了。

有时候孩子的理想完全没有实现的可能,例如,他想当个威风的飞行员,可是他的眼睛近视,听力也因总戴着 MP3 听歌而有损耗,他已经完全失去了当飞行员的机会。这个时候,千万不要心软说善意的谎言,也不要为了鼓励孩子学习就撒谎骗他"好好学,将来一定能当飞行员"。长痛不如短痛,如实把实情告诉他,让他哭上几场,及早放弃。人生有很多遗憾,很多事不能一一完成,好在放弃之后,总会有新的选择,更适合自己,更让自己快乐。

让孩子为自己的事做主

不知道从哪一天开始，不知道为什么，一向乖巧的孩子突然开始变得"不听话"，总是跟父母闹别扭，父母说向东，他偏要往西；父母让他穿运动服，他偏要穿牛仔裤；父母让他吃面包当早餐，他非要换成蛋糕，问他为什么，他会说："我想这么做！"

孩子迫切地想做一件事，而且这件事与父母安排的不一样，这说明你的孩子已经产生了"自我意识"，他希望自己是自己的主人，按照喜好做事，而不是听父母、老师"摆布"。父母要及时察觉孩子的需要，做出调整，才不会产生亲子矛盾。

苗苗从小就喜欢画画，为了鼓励她的爱好，父母为她报了一个又一个的美术学习班，让她从最基础的素描学习美术，但是，不知道为什么，苗苗的学习效果总是不理想，动不动就出现厌学情绪，父母百思不得其解，也正经地和苗苗谈过几次，让苗苗不要任性。

谈话没有多少效果，苗苗越来越不愿意去绘画班，但她对画画的兴趣却有增无减。她常对父母说，她最喜欢幼儿园的张老师，张老师的画画课，她每节都爱上。

父母一打听，才发现这个张老师并不是专门教画画的，那为什么她能让苗苗喜欢画画？原来，在张老师的课堂上，苗苗不需要完全按照张老师的"模版"画画，她可以随意发挥自己的想象力，老师教他们画汽车，苗苗可能会在汽车后面加上火车车厢，但张老师从不责备苗苗，反而饶有兴味地让苗苗在车厢里填上乘客、货物，并尽量画得"像"。

父母恍然大悟，为苗苗换了个循循善诱又尊重个性的美术老师，这一次，苗苗果然没闹别扭，学得开开心心，画技一直都在提高。

好的教育者是学习的促进者，而不是监工。故事中的张老师并不是学美术的，她只是一个启蒙者，教孩子们画一些简单的物品。但是，她却是一个了不起的教师，她开发了孩子的自主性，充分激发孩子们对绘画的兴趣，这是其他老师比不上的。

孩子虽然年纪小，但他们已经需要有"自主权利"。特别是现在的孩子比上一辈的人早熟，从小就喜欢强调个性，他们已经开始想要为自己服务；已经能做出自己的判断，即使别人说了也不会更改；有些已经能够为自己的行为负责，做错一件事，他会主动要求负责，直到做好为止。相应地，他们会要求父母提供"自主环境"，包括采纳他们的意见、考虑他们的喜好、让他们按自己的意愿做事，在他们看来，这都是他们的"权利"。

让孩子学会自主，会给他的人格带来最积极的影响，自主的另一层含义就是自我要求，父母可以同意孩子的"自我权利"，同时也要规定他的"自我义务"。为了维护自己的权利，孩子们会加倍努力克服困难和缺点，小孩子常犯的毛病：自私、懒惰、懦弱、依赖，都能在"自主学习"中得到淡化甚至矫正。家长可以在下面这些方面鼓励孩子"自主"：

1.让孩子大胆表现心中的想法

说出心中的想法表达自我，是自主学习的第一个步骤。要鼓励孩子多说话、敢说话，即使他说出的话引人发笑，或者荒诞不经，也不要斥责他"胡说八道"，孩子能够说出心中的想法，证明他已经具备了初步的自我意识。

不是所有的孩子都爱说话，当你发现他对某个事物感兴趣，就要主动和他交谈，启发他说出对事物的看法，这个时候，讨论是最好的方式，能引起孩子最多的思考和表达。对于他想法中的不恰当之处，不要直白地说明，而要委婉地提醒。对于孩子的疑问，更要耐心解答，这样孩子才更愿意对你表达心中的想法,进而形成表达的习惯。

2.鼓励孩子做自己想做的事

不少成年人都体验过某种遗憾:想要去看的电影,没在最适合的年龄看,以后再看,就再也没有那种感觉;想玩的游戏,因为太忙没有时间去玩,过后再也找不回那种童真……想做的事,就要马上去做,这是很多成年人对人生的感悟。

把这种感悟告诉你的孩子,让他从小就能牢牢把握自己的生活。不论他想做的是什么,只要力所能及,都要鼓励他尽快尝试,这会让他养成想到就做的习惯,摆脱延迟症,而且这样的孩子往往不喜欢拖拉,有超前意识,他们最知道在什么时间该做什么。

3.对待错误,技巧地教授处理方法

让孩子主动改正错误,也是培养自主性的一个重要部分。例如,当你发现孩子偷了别人家的东西,直接打骂固然有效,但如果给他多讲几个关于诚实的故事,告诉他:"拿了人家的东西记得放回原位。"他自己就会偷偷摸摸把东西放回原处,既达到目的,又不会伤害他的自尊心。父母要明白,让孩子自己学会发现错误、改正错误,好过随时在他身边监督、提醒、强迫他改正。

4.锻炼意志

有志者事竟成。想要为自己做主,就要有锲而不舍、不达目的誓不罢休的决心。否则,自主就是一种空想。教导孩子不要受别人的影响,也不要被他人干扰。

意志力的本质是一种"自我管理",是目标与决心的结合,中间过程则要注重计划性和统筹性。要从小事上锻炼孩子的意志,定下一个相对有难度的目标,然后制订计划,克服中途的惰性和困难,按时完成,在这个过程中,孩子已经理解了意志的重要。

父母还要注意,当有些事你确定孩子不能做,孩子又偏要去做的时候,不要粗暴地喝令他,而要用讲道理的方法告诉他为什么不适合做这件事。例如,五六岁的孩子想要试着做家务,你可以让他扫扫地、擦擦桌子,如果他非要去倒开水,你就需要告诉他:"你的力气太小,手劲不够,也许会把壶打翻,烫到自己。再过一年,你长高一点儿,就可以做这件事了!"最重要的是让孩子知道,为自己做主,是要量力而行,而不是逞能。

不要剪掉孩子梦想的翅膀

有这样一个故事:一个孩子在院子里玩耍,妈妈在屋里做饭。等饭熟了,妈妈大声呼唤孩子回来吃饭,孩子对着月亮信口回答,说我要去月亮上玩。妈妈听了认真回答:去吧,我的孩子,可是别忘了回来吃晚饭。

这个小男孩后来真的上了月球,他就是苏联的宇航员加加林。

每个孩子都是爱做梦的,有的梦亦幻亦真,有的梦天马行空,有的梦奇思妙想……对于这些千奇百怪的梦,大人也许认为他们很幼稚,但在孩子眼中,它们个个如珍宝。做父母的任务,就是要保护好孩子的梦,也许他们的梦会随着年龄的增长,发生这样或那样的变化,但是只要一个孩子始终有梦存在,就是值得保护和珍惜的。

孩子只有有了梦想的翅膀,才能展翅高飞。著名诗人纪伯伦说:"我宁可做人类中有梦想和有完成梦想愿望的、最渺小的人,而不愿做一个最伟大的无梦想、无愿望的人。"面对孩子的梦想,很多父母不但不加以鼓励,反而说那是不切实际的"好高骛远",殊不知这些父母忽视了一个道理,即人们正是有了梦想,不切实际才有可能变为实际。

一个退休多年的老教师一日整理陈年旧物时，发现了一叠50多年前幼儿园31位孩子的作文，题目名为《未来的我是……》。老教师随手翻了起来，很快他想起了当年的事，甚至仿佛记起了一张张充满稚气的小脸蛋，他被孩子们千奇百怪的设想迷住了：

一个叫彼得的孩子说，未来他是一个国防大臣，日夜保卫着祖国的安全；一个孩子说他自己将来是英国首相；他似乎看见一个生下来没有右手的孩子，正信誓旦旦地说自己将来一定会进入英国内阁，因为当时英国的内阁还没有一位残疾人进入……老教师数了数，一共有31个孩子在作文中描述了自己的未来，那真是五花八门，应有尽有。

老教师立刻萌生了一个想法，他要把这些梦想重新发到同学们的手中，让他们看看现在的自己是否实现了50年前的梦想。为此，当地一家报纸帮他发了一则启事。没想到，几天不到，书信便纷至沓来。其中，有富甲一方的商人，有名气颇盛的学者，有政绩颇深的政府官员，更有许多是平民百姓，他们都表示想知道当年儿时的梦想。于是，老教师按照地址将作文一一寄了出去。

一段时间后，老教师居然收到内阁大臣的信，信中说，那个当年右手残疾的人正是他，他一日也没有忘记自己的梦想，直到今天，他还记得本子上清清楚楚的字迹。今天他要回他的梦想，而且要告诉那30位同学和所有人，只要不让年轻时美丽的梦想随岁月飘逝，成功总有一天会出现在你的面前。

这个案例告诉我们，别小看任何一个梦想，假如你不把3岁时的梦想当做一个笑谈，恐怕这时的你已经是国家元首了。

我们不可否认，许多父母都听不得孩子过于荒谬和低级的梦想。有的孩子会临场发挥，说自己长大要卖包子，将来做好多好多的包子给妈妈吃。面对这么有爱心的梦想，妈妈却嫌孩子没出息，说要做就做大企业家，挣大钱。还有的孩子说将来要去火星,父母却打断孩子的设想,说火星根本不可能去。其实,谁又能保证,将来某一天,人类不会登上火星呢?

梦想是孩子对自己未来的美好设想,也许他只是一时兴起,也许他都还不了解这个世界究竟是怎么一回事,但这是孩子一颗赤诚之心所散发出的想象力。殊不知,家长随随便便回答孩子,不只是在破灭孩子的梦想,还是在毁灭孩子的想象力和未来。

有一位母亲带着她5岁的儿子去见一位著名的化学家,想让孩子从小接触大人物,还想通过对这位大人物的了解来教育孩子。于是,他们见到了化学家,想让对方将自己的奋斗经历和成才经验讲一讲。

结果,化学家二话不说,只是要求他们随他一起去实验室。来到实验室后,化学家将一瓶黄色的溶液放在孩子面前,孩子十分好奇地看着它,最后终于按捺不住兴奋和好奇,伸手去抓瓶子盖,想要将其打开,只听背后突然传来一声急切的断喝:"不许动!"只见说话间,那位母亲急忙走到孩子身边,向孩子的手拍了一个巴掌,孩子吓得急忙将手缩了回去。

化学家这时哈哈大笑,对那位母亲说:"我已经做完我该做的了,你可以离开了。"母亲疑惑地望着化学家,等待对方的解释,化学家漫不经心地将自己的手放入溶液里,然后笑着说:"其实这不过是一杯染过色的水而已。而你的一声呵斥,赶走了一个天才!"

孩子的好奇心是想象力的基础,而想象力是实现梦想的前提。梦想对每个孩子来说都有着无穷的魅力,对孩子的成长也具有强大的牵引力和激励作用,梦想也是孩子自我形象完善的开门钥匙。因此,父母要保护好孩子的梦想。那么,如何才能让孩子的梦想"完好如初"?

1.记录

帮孩子记录梦想是父母的责任。可以专门准备一个相册或者一个笔记本,记下孩子说过的每一个梦想,并且"跟踪记录",看看孩子有没有取得成就。当孩子为梦想努力的时候，他根本不会有记录的意识，父母理应为他们的成长做一个忠诚的见证，以供他们回忆。

2.保留激情

孩子的激情来得快，去得也快，但是，就算你明白不是每一个梦想都能实现，也要争取为他保留对梦想的激情。当他为某件事消沉的时候，你可以提醒他："当初你做×××的时候，可不是这个样子。"然后给他描述一下他充满激情的样子，当时做了什么样的努力，孩子受到鼓励，就会有动力，能更快走出低谷期。

3.给予肯定

对于孩子的梦想，家长还要给予肯定。据考察，爱迪生、毕加索、达尔文等杰出人物，他们在童年时期都有一个绚丽多彩的梦想，并且时刻将这一梦想铭记于心，一生为之奋斗直到实现早年的梦想，因此，可以这样说，没有梦想的孩子是没有未来的，是不可能有所作为的，因此，哪怕孩子的梦想有些不可思议，父母也应该感到高兴，并为之自豪。

梦想的实现，不仅要靠孩子的努力，也要靠家长的努力，要知道，孩子很多的梦想只有你一个人知道，你是唯一可能支持他的人。不要小看孩子每一个想法，尽自己的力量鼓励孩子，也许某一个梦想就成了璀璨的现实。

第24章
有时候,一点儿蛛丝马迹
他都不肯放过

小孩子的观察力不可小觑,对细节的敏感程度也让人惊叹,但是,他们并不知道细节的意义,也很难坚持恒久的观察与精细。帮助孩子发挥他们的特长、培养他们的观察力与细节意识,可以让他们懂得每件小事都是大事的一部分,以小见大,不错过任何一个细节。

让孩子做一些精细活

报纸和杂志的娱乐版上经常有这样的游戏：两张看似一模一样的图，找出它们的不同点。这些不同点常常在最不起眼、最细微的地方，你根本留意不到。

可是，如果你将这两张图给任意一个小孩，他会很快找出大部分不同点，这种能力让你惊讶。小孩子对细微处的敏感程度有时候甚至让你忌妒！利用这种特点，你可以因势利导，帮他们形成一些优良习惯，培养他们细致的思维方式，可以试着让他们做一些烦琐复杂的活动，锻炼他们的耐心与认真。

一个时代的孩子有一个时代的爱好，蓝女士的女儿今年11岁，最近加入一个网络社团，迷上了Cosplay。所谓Cosplay，就是自己准备衣服和道具，扮成某个动画漫画里的人物去拍照或者演舞台剧。蓝女士并不了解新新人类的爱好，但是，在保证学习成绩的情况下，蓝女士愿意给女儿多一笔零花钱，让她自由发展兴趣爱好。

女儿很懂事，尽管需要用到很多道具，她却不会向妈妈要多余的钱，而是自己买来布缝衣服，自己找到木条、彩纸等东西做一个一个的小道具，母亲惊讶地发现，从前连扣子都不会缝的女儿竟然真的做出各种各样的裙子；爸爸也惊讶女儿竟然成了"木工"。他们高兴之余，开始指导女儿如何精益求精。精细活做惯了，原本粗心大意的女儿做什么事都开始仔细小心，越来越有大人样，也越来越让父母放心。

人们常说，细节决定成败。要在孩子小的时候就告诉他，每一件大事都是由若干小事组成，把这些小事做好，才能保证大事的顺利。就像要用积木搭一个宫殿，从地基部分就要摆得密、摆得实。一层一层搭起来的时候，更要考虑每一个部件的承重能力，考虑它们配在一起是否能保持平衡，不论疏忽哪一个细节，都可能导致整个宫殿坍塌。那么，如何指导孩子们学会仔细，动手做那些"精细活"？

1.适度性

如果你让一个孩子缝几个纽扣，他大概会很认真地跟你学习穿针引线，琢磨如何把扣子缝得更牢固。但是，如果你要求一个孩子缝100个纽扣，他恐怕缝到第三个就开始歪歪扭扭，偷工减料，最后干脆宣布罢工，凡事过犹不及，不要以堆积起来的数量训练孩子，最重要的是做事的质量。

2.全局性

有些孩子是"细节完美主义者"，他们常常对某事情的某一个关节特别执著，只要把这个部分做好，他们就觉得大功告成。可是，细节做得再完美无缺，也没法保证整体效果没有差错，过于追求细节，就是本末倒置，甚至影响整体的完美。

训练孩子的精细一定要注意灌输全局意识，要让他知道细节是为整体服务，追求细节完美，指的是把每一个细节做好、做细，以达到最终目的。就像画画，每一个颜色涂上去，要考虑的是整体画面的和谐，不能乱涂。提醒孩子时时刻刻注意整体和全局，能够让孩子在细心的时候看得更远、想得更多。

3.忍耐力

小孩子没有定性，一件事做得久了，就会说"没劲"，不想继续做下去。如果这个时候你责骂他，他会更觉得手中做的事面目可憎。所以，在孩子厌烦的时候，最好的办法是让他稍微休息一下，鼓励他稍后继续做。

忍耐力的培养不是一天两天的事，需要父母和孩子付出极大的耐心。

父母可以考虑用奖励的方式鼓励孩子的耐性。培养过程虽然枯燥,甚至伴随着双方的厌倦,但忍耐力一旦养成,就会成为陪伴孩子终身的好习惯,今后他再遇到需要付出长期耐力的事情,就会想到:"小时候我做××的时候,都能做好,何况现在呢!"

教孩子学会反复检查以避免错误

说到培养孩子的细心,父母总是不知道应该从什么地方入手。从一张最简单的试卷就能够训练孩子的认真细心。有些孩子聪明,一张卷子从头写到尾不过十几分钟,而且保证100%正确,你让他认真,他会拿成绩问你:"我哪里不认真?不认真会考100分吗?"

针对这种孩子,你不妨也用点儿"狡猾"的方法,给他一点儿"颜色"。专门找那些容易疏忽选错的题凑成一张卷子,规定时间让他们做。等到他们因自己的大意失掉很多分数,再板起脸说:"你看,你还能说你认真吗?这么简单的题都选错!"在事实面前,孩子也只能"认栽"。

让孩子承认自己的大意是第一步,最主要的目的是让他学会细致。从平日的作业功课上更要"严防死守",让孩子多检查几遍、多演算几遍。如果平时不能养成习惯,你也别指望他在关键时候能检查清楚。不妨参看以下优秀教师的经验:

唐老师是特级小学教师,她带的班级年年被评为优秀,从她的班级毕业的学生,每个都有极好的素质,即使没能考上好的初中或高中,大多也有不错的前途,这归功于唐老师周到细致的教学方法。

举个例子,从一年级开始,唐老师就要求自己班的学生做好课堂笔记,她也会不辞辛苦地为学生们检查笔记上的漏洞和疏忽。对那些笔记记得非常好，又加了很多自己想法的学生，她会着力表扬，并把优秀笔记让其他人传阅。通过做笔记勘误，学生们在课堂上集中注意力，不放过老师所说的任何一句话，也会主动温习学过的东西，如此一来，班级的成绩自然成了年级上的佼佼者。从唐老师的班级出去的学生有三大特点：写字又快又好、特别擅长找重点、做什么事都比同龄人稳重。

唐老师的优质教育其实并不难理解，也很容易模仿，她只是用"做笔记、检查笔记"的方法强化了学生对所学知识的熟悉度、精细度，让他们的记忆"万无一失"。由此还能得出结论，检查一旦形成习惯，就不再"浪费时间"、"让人着急"，而是习以为常。

学习检查还能给孩子带来一个好处，就是增加孩子性格中的稳定因素。一个懂得将自己做过的事全面检查而不急于求成的人，必然是沉稳的、成熟的，这种性格的延伸好处，就是他做什么事都有一份稳中求胜的心态，他会很好地安排时间，留出检查的空当，这也表现出了他优秀的统筹能力。那么，家长应该如何教孩子学会检查？

1.单项复查

最开始的检查训练对于孩子来说是枯燥甚至让他们烦不胜烦的。孩子首先要学会复查，拿算术题为例，复查就是将主要步骤重新计算一遍，对照结果是否一致。结果不一致，需要思考一下方法，看看有没有问题，再进行一次计算。如果好几次计算结果都不一样，孩子已经处于毛躁状态，这时候家长一定要当着孩子的面，把这道题清清楚楚地演算一遍，得出正确答案，这会让孩子冷静下来重新计算。

复查这个步骤一开始虽然枯燥，但复查成了习惯，孩子就不用再重新演算一遍，只需要注意一下主要关键步骤，然后就能心中有数。而且，复查多了，连做题速度都会得到加快，慢慢地，孩子就会觉得这件事必不可少，而且根本不用占用太多时间。

2.全面检查

全面检查一般针对复杂的大题,或者阅读作文部分。全面检查就要有全面意识,以作文为例,从立意到结构,再到病句和错别字,都是检查的重点。

全面检查并不是全面重做,要做到有重点,知道哪些部分容易出错,给这方面的题目留更多时间,至于那些比较有自信的部分,可以略略检查就跳过。全面检查需要孩子对考卷有一定的信心,否则,他们不可能抓到重点。建议等孩子的成绩好到一定程度再开始训练。

3.做平和的旁观者

家长也是经历过无数次考试的人,相信都有这样的经验:刚刚做完的题目、刚刚写完的文章,因为思维的惯性,往往检查不出错误,连最简单的错别字都可能没看到。等考试之后拿到卷子,才责备自己怎么这么粗心。其实这不是粗心的缘故,而是太过投入,没有旁观者的那种冷静,所以,检查的最高境界是做个心态平和的"旁观者"。

可以这样训练自己的孩子,拿出他的卷子,让他当阅卷老师,告诉他评分标准,让他自己给自己打分。在这个过程中,孩子能逐渐摸索出判卷老师的心理,例如给分的标准、什么样的答案需要加分、什么样的字迹更让人留下好感。给自己判卷成了习惯,在检查的时候,孩子会有更严格的要求,而且非常留意那些得分点。坚持一段时间,你会发现孩子的检查技术越来越好。

第 25 章
他谦虚的时候，
像成熟饱满的麦子

麦田里，成熟饱满的麦子总是低着头，俯视生养它的大地；而没有用处的稗子却把头扬得高高的，不可一世。你的孩子是否已经在为自己获得的夸奖沾沾自喜？这可不是个好兆头。要培养孩子在竞争中的平和、在得胜时的谦虚，他才能一次比一次做得更好。

有时候他的大意能令你瞠目结舌

每个人都知道龟兔赛跑的故事：乌龟提出要和兔子赛跑，兔子差点儿笑掉大牙。等到赛跑那天，裁判宣布开始，兔子一溜烟就没了影子。

兔子跑到一个树林里，回头一看，那只乌龟大概还在起点上慢慢爬，根本看不到龟影。兔子想："我睡一觉起来，一样能当冠军。"于是，它呼呼大睡。

一觉醒来，它慢慢悠悠地踱向终点，没想到乌龟早站在终点线上了。因为骄傲、因为大意，一只善跑的兔子输给了一只慢吞吞的乌龟。

有时候，你的孩子会垂头丧气地回到家，你奇怪地问："怎么了？考得不好？"他一下子跳了起来，对你说"不是我考不好"、"我没看清选项，把 B 写成 D 了"、"我忘写了一个翻译"，等解释。骄傲的孩子受不了失败，他们总会为自己找各种各样的借口，即使那些借口不过是他们犯下的错误。

因为太过自信，犯下了自己不能相信的错误，这是每个喜欢"翘尾巴"的孩子都有过的经历，也让他们的家长忧心忡忡。孩子渐渐大了，开始懂得骄傲，从某种意义上来说，这是一件好事。但一旦这种骄傲变成了狂妄、变成了大意，家长就该着手教育，但，如何教育？

也许你也有这样的经历，小时候，如果谁说你一句："这孩子将来没出息"，你会 10 年、20 年都忘不了，长大后也会想着回去让那个说自己"没出息"的人睁眼瞧瞧。每个孩子都有属于自己的骄傲，在他小小的心灵里，对自己的认同、旁人的夸奖、真实的成绩，一起组成了他最初的自尊心与自豪感，如果你不小心说了一句："就你那点儿成绩，算什么？"那么你就等着你的孩子记仇吧，不记恨这种事的孩子，那真是少得不能再少。

所以，对待孩子的骄傲，不能轻率简单地说几句、骂几句，因为孩子的骄傲情绪很微妙，它与孩子的自尊相连，你说重了，就会伤害他；说轻了，又没有效果，必须把握其中的分寸，教育孩子，不能挫伤他的自尊，但也不能放任他妄自尊大。这个时候，拿出你的耐心和碎碎念吧，只有循循善诱，才能在不伤害自尊的情况下帮他克服自满情绪。要记住，你的重点不是说他的不足，而是告诉他骄傲的危害：

1.麻痹大意

因为对自己太有自信，就容易得意忘形，更容易固执己见。骄傲的孩子总是觉得自己做的一切都是正确的，不可能出错，所以，他们对待考验盲目自信，结果常常让他们奇怪："为什么会这样呢?我明明做得很好呀。"他们不知道，在骄傲的情绪中，他们已经成为一只败给乌龟的兔子。

应该教育孩子，在取得成绩之前，万万不能粗心大意，掉以轻心是胜利的大敌，多少本应成功的事都毁在一次小小的失误上。如果不能保持谨慎与谦虚，任何一件小事都足以毁掉长久的努力，这是多么可惜。

2.看不起他人

骄傲的第二个危害，就是孩子总是看不起别人，即使那些人的优点很明显、成绩很突出，他也会觉得"切，那算什么"，这种自以为是的习惯一旦形成，他就会有一种高高在上的错觉，认为所有人都不如他。

最糟糕的是，骄傲的孩子不愿意听他人的忠告，他们认为别人都不如自己聪明，有什么资格来给自己忠告呢?这种自大也让旁人停止对他的友好帮助。我们都知道，一个人的成功既需要本身的努力，也需要旁人的协助，孤军奋战不是没有结果，却会让时间更长、路径更曲折，何况，看不起他人的人，旁人未必承认他的成功，也不会为他感到骄傲。

3.自我迷失

人们形容骄傲的人常说："骄傲得忘记了自己是谁。"骄傲心理一旦形成，人们很容易迷失自我，特别是小孩子，常常以为自己是世界的中心，认为所有人都有义务围着他转，不能违逆他的意思。常听现在的老师抱怨，说孩子都是独生子女，一个比一个傲，很难相处。是啊，不懂得迁就他人，只想着自己，做什么事都要以自己的意愿为主，这样的孩子怎么能和人好好相处？

更可怕的是，当孩子被骄傲蒙住了双眼，他就成了井底之蛙，只愿意看头顶小小的一片天，拒绝去看更多的东西——在潜意识里，他隐隐约约知道天外有天，但他已经习惯了自己的骄傲心态，不想也不敢去面对挑战，骄傲，最终会造成懦弱与封闭。

告诉孩子：你很棒，但你可以更好

汪老师最近接到了一位家长的电话，想约她一起喝茶谈谈孩子的教育问题。汪老师教小学三年级，一部分学生的家长与她保持密切联系，关注自己孩子的学习情况，这些学生大多是差生或者性格孤僻者。今天接到的电话，却来自于班上第一名的琳琳的家长。

琳琳是班干部，在老师中有口皆碑，是个成绩好、品德好、能力好的学生，在各个科目都有不一般的头脑，也是汪老师的骄傲，汪老师不明白如此让人省心的孩子，家长还要与她谈"教育问题"，难道琳琳的教育出了什么问题？

家长的一番话让汪老师感叹。琳琳的家长说，琳琳有天赋，是个好苗子，但是，她每天受到太多来自老师的夸奖，渐渐有了骄傲心态，这对她的成长不利。家长希望老师与自己合作，不要过度夸奖琳琳，汪老师郑重地答应了这件事。

从此,汪老师不再每天重点表扬琳琳,反倒经常对她说:"这次考试你做得很好,但区里有一个学生,解同样的问题比你用的时间更短,我相信你下次一定比他做得更好。"家长与老师不夸奖,起初琳琳有些失落,很快她就适应了这种状况,开始学会找差距。小学毕业的时候,她已经是一个成熟稳重又谦虚的孩子,汪老师相信,琳琳前途无量。

对于孩子来说,最开心的事莫过于得到旁人的关注与夸奖。你夸得越多,他越是得意。小孩子需要存在感,但他能做出的成绩太少,能引人注目的机会不多,所以只能从父母或周围人的夸奖中寻找自己的存在价值。有人夸他们,他们就觉得自己重要、自己有能力,有很多人需要并喜欢自己,以此为傲。不过,过多的夸奖也会让他们产生骄傲心理,让他们目空一切,并且形成再也看不到其他人的优点,更看不到自己的缺点。

谦虚使人进步,骄傲使人落后。这是一句老生常谈的名言,它之所以一直流传,就是因为它深刻揭示了谦虚与进步的关系。尽管现代人总是强调张扬个性,鼓吹"骄傲使人进步",但对于绝大多数人来说,骄傲只能让他们变得目光短浅、轻视一切、自我封闭。家长夸奖孩子,需要注意技巧,这样才能既满足孩子的小小虚荣心、强大自尊心,又能让他知道自己的位置,不会自满。

1.不是所有事都值得夸奖

有些家长过分注重孩子的自尊心,总担心少夸一句,孩子就会没有积极性。有时候孩子做错了事,他们也会夸上两句。比如孩子拿着剪刀给花朵剪枝,造成一盆花的死亡,父母为了鼓励孩子的"勤劳",仍然会说:"嗯,虽然做得不对,但主动做家务的精神值得鼓励。"实际上这件事是不值得鼓励的,下次他再做错事,会自己跟你说:"虽然后果严重,但我勇于探索的精神值得鼓励哦!"这时候,不知你还要不要继续鼓励。

该表扬的时候及时表扬,该批评的时候就要批评,你不跟他实话直说,他就认为自己的行为得到了你的赞同,以后更加肆无忌惮。孩子的自信的确要建立,夸奖也必不可少,但如果什么事都要夸上几句,让孩子觉得自己完美无缺,你就是害了自己的孩子。

2.强化与淡化

好的父母要把握住夸奖的尺度。对那些孩子明显能够做得好,而且取得成绩的事,要"压一压",轻描淡写地夸奖几句。例如孩子成绩很好,这次又考了个全班第一,这时候不需要大肆宣扬,反倒可以说:"什么时候你能拿个全区第一?"以此激起孩子的斗志。

对于那些他没有多少自信,但仍在努力尝试的事,不要吝啬夸奖。即使他只取得一丁点儿进步,你也要赞不绝口,夸张一点也没关系。孩子思想简单,你的夸奖会成为他的动力,让他更有劲头将事情做下去,克服困难,达到成功。

3.重点是品性,然后才是能力

孩子做什么事都很好,但是,他不懂礼貌、不懂分寸、不懂帮助别人,总是自私自利,这样的人能力再好,长大了也是一个利己主义者,甚至对父母都不懂得报答。家长在培养孩子各种能力时,千万不要忘记品德是一切事业的基础。

不要以为"学习好的孩子品性也不会差"、道德不健全,即使再多的知识也无法弥补。就拿那些高智商犯罪者来说,他们的学习成绩可能比任何人都好,但他们依然是罪犯。不要因为孩子成绩好,就无视他的缺点,教育孩子,要先成人,再成才。

杜绝孩子的虚荣心

虚荣是人类天性的一种。每个人都有自恋的一面，看重自己，希望得到旁人的肯定，喜欢听奉承话，愿意被他人羡慕。适当的虚荣心会让人更加上进，更加专注于追求自己的成绩，所以，虚荣未必是坏事，坏就坏在虚荣容易过度。多数人都不能把虚荣心控制在"上进"的程度，他们错误地把虚荣心当做自尊心，过度注意自己的外在、在乎别人的评价，而不是把注意力放在发展自我、提高素质上。

妞妞今年才6岁，可是小小年纪的她已经开始偷偷涂妈妈的口红、擦妈妈的香粉。一开始，妈妈以为这是女孩子爱美的天性，哪个女孩子不希望自己漂亮得像个公主？兴趣来了的时候，她还会亲自打扮妞妞，让她漂漂亮亮地出门。

渐渐地，妈妈发现事情有点儿不对头，妞妞总是要求妈妈给她买漂亮的连衣裙、漂亮的皮鞋，如果不买就会哭闹不止。每当别人夸奖她漂亮，她就会开开心心，一旦没人夸奖，她一天都不会有好心情。妈妈这才明白，妞妞小小年纪，虚荣心可不小。

小孩子的虚荣心不可小觑，当他们扬扬得意地和同伴炫耀自己的成绩，他们想得到的不过是小朋友们的羡慕；他们还喜欢假装学识渊博，对什么东西都要评论一番，即使不懂，也要卖弄一知半解的理解；他们喜欢把高价位的电子表放在显眼的位置，为的就是让大家都来看一看，艳羡一番……

有些孩子虚荣过了头，不惜说谎也要换得他人的赞扬。例如，他们在父母面前假装乖巧，说自己被老师表扬，其实老师表扬的是另一个人；他们会涂改自己的成绩单,为的是给人留下一个"高分印象",这样的孩子价值观已经发生了轻微的扭曲,他们把自我价值完全建立在外人的评价上,追求的也都是肤浅的东西,长此以往,未来堪忧。那么,如何教育孩子,让孩子改变虚荣心?

1.以"平常心"代替"虚荣心"

对于小孩子而言,"平常心"这个概念太过高深,他们理解不了,你可以把它解释为:"那些你看着好的没有那么好,你觉得差的也没有那么差。"要让孩子知道每个人都有优点、缺点,人活着是为了充分发掘自己的优点,做出一番事业,而不是模仿别人的优点,追求外在、追求享受。

一般来说,让小孩子有平常心是一件很难的事,但是,你一定要在他年幼的时候就把这件事告诉他。随着年龄的增加,他会越来越懂得什么是平常心,看淡人生的得失成败是多么重要的一件事,你的话会越来越深刻地影响他,直到有一天他真的懂得"平平淡淡才是真"。

2.鼓励孩子提高自己

有虚荣心不一定是坏事,也可以成为一种动力。父母要引导孩子在有用的方面"虚荣"。例如,他们追求吃喝玩乐的时候,你要明令禁止,扣掉他们的零花钱,让他多和朴实的孩子接触,给他们讲奋斗的道理。如果他们追求的是成绩、是某一种技能的完美程度,这时候你要大力支持,随时鼓励,让他们越来越好。

虚荣心的核心是什么?是要面子。现在,你就告诉孩子什么是真正的"面子"。真正的面子不是穿名牌、用名牌,那是父母给的。真正的面子是品德优异,让每个人信服;成绩优良,让人望尘莫及;做事有原则、有担当,让所有人喜欢、愿意接近。小孩子如果能将这些事当做"面子"的标准,他的精神面貌就会发生极大改变,他会迅速摒弃那些华而不实的想法,变得勤奋、务实,每一天都努力充实自己。

3.正确评价自己

虚荣心的表现之一，是过分追求不适合自己的东西，或者自己没有的东西，如家境贫困的小孩却一心想用名牌手机，没有美术细胞的小孩却偏偏想当小画家。有些家长认为，不应该过早地让孩子正视现实，他们希望维护孩子的"自尊心"，所以，他们明知道"不行"、"不好"，还是会尽力满足孩子的要求，违心地称赞孩子。

但是，为了孩子的将来着想，应该及早让孩子正视现实，即使那听上去有些残酷，打击了孩子幼小的心灵。可以用"欲抑先扬"的方法来说明这一点。首先指出孩子的优点，告诉他应该努力的方向，然后再说出他的缺陷、现实的条件，指出他正在做一件毫无结果、根本不适合自己的事，这样的说话方式更易于孩子接受，也会促进他思考，更会让他懂得爸爸妈妈对他的看重、信任、期望。

4.不要拿孩子炫耀

想要杜绝孩子的虚荣心，家长也要有相应的觉悟。你是不是总在别人面前炫耀自己的孩子"聪明"、"可爱"、"成绩好"？你的夸耀自然带来别人的夸奖，形成一种云蒸雾罩的夸赞气氛，让你的孩子飘飘然，一旦他整天渴望这种夸奖，虚荣的习性就悄然滋生。

即使你的孩子固然值得大夸特夸，也不要总是对外炫耀。其实，他的成绩大家都看得到，你大可谦虚几句，说自己的孩子做得还不够好，这样做更利于孩子的成长。

第26章

不论面对什么,他都能自信满满

每个人从小就会遇到大大小小的困难,面对挑战时,你的孩子是自信满满,还是畏缩不前?自信是一种勇气、一种底气,也会成为人格的魅力。引导孩子了解自身的优点,扬长避短,让他在成功面前更有雄心,在失败之后不会失意,在人生路上挥洒自如、顶天立地。

自信，是成长的良伴

上一章，我们说过了谦虚，这一章，说一说孩子的自信。谦虚和自信是完全不矛盾的两件事。举个简单的例子，一个孩子一向成绩很好，他马上就要面临一次大考。在别人的鼓励之前，他可能会谦虚地说："这次准备得不太足，也许成绩不会好。"其实他心里有很足的自信，那些题目他也早已经做过十几遍，取得好成绩不在话下。可以说，对于一个资质优秀的孩子来说，他的谦虚和自信相辅相成。

自信是人格的支柱、成功的基点。一个自信的孩子，双眼总是明亮的，对于未来，他有很多种远大却也踏实的设想，当他用充满激情的语调描述这些东西时，你不会觉得他在做梦，只会觉得孩子已经站到了跑道上，或者已经起步，这就是自信的力量。

在市实验小学，严老师的教学风格就像他的姓氏——严。他对学生要求严格，教学水平也高。在他的班级里，没有学生敢抄作业、敢在考试时作弊，每个学生都有自觉复习的习惯，班级成绩也总是走在学校前面。虽然家长们经常心疼写作业写到深夜的孩子，但因为孩子们的成绩一直都在提高，他们还是很高兴有这样一位班主任。

严老师还有一个地方特别严格，他不许学生说丧气话，要求学生必须学会自信。在他的班级里，"我不行"、"我能力不足"这样的话总会遭到他的批评："你为什么不行？你试过吗？你为什么不再努力一点儿？"是严老师常用的问句。当然，对那些明显自卑的学生，严老师也会显示出慈祥的一面，温言鼓励。所以，严老师的学生不光学习好，做其他事也充满自信，各个敢闯敢做,很让其他班级的老师与家长羡慕。

俗话说严师出高徒,严老师能教出一班高徒,就在于他抓住了小学教育的两大基本点:一是成绩,实力是做成一切事的基础,也是学生的根本,有了成绩才敢于高声说话,才有底气说自己是个优秀的人;二是自信,如果成绩是根基,自信就是蓬勃向上的枝干,可以触及各个方面,让自己自由舒展,尝试各种事物。孩子在小学阶段遇到这样一位班主任,何其幸运。

家长也应该是这样一位严师,不但要培养孩子的实力,更要培养孩子的自信。没有自信的孩子,永远无法把握自己的方向,不论做什么都需要别人去推动,但是,推动他的人一定会为他考虑吗?万一是在利用他呢?就算真的为他考虑了,推动的方向就适合他吗?培养孩子的自信,是为了让孩子亲自把握自己的人生。

此外,自信是一种积极的心理素质,一个足够自信的孩子,内心有强大的动力去奋发图强。不过,小孩子的自信要么盲目,要么一不小心成了自大,如何让孩子做到自信得有根有据还有"范围"?这需要父母做出以下努力:

1.帮孩子建立正确的自我认识

认识自我是为了扬长避短,年幼的孩子缺乏"优点"、"缺点"的概念,他们眼中的好坏不一定符合常识。例如,有些孩子认为抽烟是好的,因为"帅"、"酷",有些孩子认为和家长顶嘴是好的,因为"厉害"、"聪明",如果孩子一直有这样的是非观,那么他的行为会越来越让你头疼。

首先要让孩子明白什么是优点。一个孩子的优点首先是好的人品,其次是好的成绩、意志、才能,等等,要善于发现孩子的优点,随时告诉他:"这件事做得好。"他才能树立正确的"优点观"。还要告诉孩子父母重视他的优点,例如,把孩子得过的奖状挂在客厅里、把他每一份高分考卷珍藏起来,这些事都可以激发孩子的荣誉感。

2.不能放任孩子的缺点

孩子的优点要夸奖,错误也不能放过。特别是对于那些优秀的孩子,他们习惯了优秀,父母也为此自豪,所以对他们身上的缺点,大家都会默契地"默认",认为这都是一些小事。其实这是极其错误的认识。

惯子如杀子。再优秀的孩子也有缺点,何况小孩子的优秀终究有限度,在人格尚未完善的当下,他随时可能发生改变。所以,应该让他主动去认识自己的缺点。古代哲人说,做人应该每日"三省吾身",每天都要想想自己有没有做过有损德行的事。父母不必强迫孩子每天都做自我检讨,但要让他定时想想,什么事没做好、什么事可以做得更好。在这种思想中,孩子很容易察觉自己存在的不足,寻找改善的方法。这种"自省式"教育,比直接指出他的缺点更好。

3.取得成绩时,提醒他尚有不足

再谦虚的孩子,也无法时刻保持自省意识。小孩子的心情就像6月的天气,当他取得成绩时,世界上的一切东西都是好的,所有的道路都是光明的,他甚至相信自己是无所不能的超人,没有做不到的事。这个时候,你应该给他们一点儿小小的打击,让他们不要得意忘形。要提醒孩子,成功是暂时的,挫折随时可能出现,想要保住自己的优秀,就要从现在开始更加努力,给他造成一种紧迫感。

4.把命令的语气换成商量的语气

想要提高孩子的自信,最好的方法莫过于让他知道他很重要。让孩子做事的时候,最好用商量的语气,而不是命令。例如,你需要孩子帮你去小区外面订牛奶,跟他说:"帮忙去订一下牛奶好吗?"比"去把牛奶订了"效果更好。

不仅日常要注意语气,在孩子犯错误的时候,更要注意不要辱骂孩子,这会在瞬间打消掉孩子好不容易建立起来的自信。如果用缓和的语气帮他分析、给他提意见,他即使受到打击,也不会一蹶不振,而是开始筹划下一次如何"反击"。换言之,想要个自信的孩子,你先要做一个自信的家长,在任何情况都要相信孩子、鼓励孩子。

自卑,是心灵的毒草

自大的人,以自己的长处和别人的短处作比较,得出的结论是:谁都不如我。

自信的人,以自己的成绩和别人作横向比较,明白自己究竟处在什么位置。

自卑的人,以自己的短处和别人的长处作比较,得出的结论是:我是最差的。

每个家长都希望孩子是个自信的人,他们经常鼓励孩子要自信,鼓励孩子多去尝试,但是,不知道哪个环节出了问题,教育出来的孩子不是自大就是自卑,不是觉得天上天下他最大,就是觉得全世界的人都比他好,真让家长头疼。

小花是一个胆小的女孩,她的成绩一般,性格懦弱,不管是班上的老师还是学生,对她的印象都不深,她也总想躲着人,恨不得谁也不要理她。

小花最想躲的人是她的妈妈,在她看来,妈妈总是看她不顺眼,每次考完试,都会拿着她的试卷批评她,然后举出几个她熟悉的班上同学,说他们都轻易得到了好成绩,为什么只有自己的孩子这么不争气。有时候,小花得到了好成绩,妈妈也一脸不满意,说别人家的孩子已经参加了奥数班,而小花要每天苦学才能达到这种成绩。

小花觉得,不管她做什么,怎样努力,妈妈都不满意。渐渐地,她变得极

度不自信，即使别人夸奖了她，她也觉得那是安慰。从前她总想考出好成绩让妈妈满意，现在她只希望不考倒数第一，虽然她认为以自己的"差劲"，那是一件正常的事。

一个上进的孩子，就这样被妈妈的责骂变成一个自卑者，这是典型的家庭教育失败。其实，好孩子是教育出来的，甚至是夸出来的。你的孩子也许不是那么优秀；也许他的优秀不在学习方面，其他人暂时看不到；也许他只是还小、太贪玩，没发挥出自己的潜力……这个时候，同龄的孩子觉得他笨，老师也会因此忽略他，孩子幼小的自尊心更需要你小心维护，否则，他会渐渐形成自卑心理。

有些家长恨铁不成钢，整天指责孩子"没出息"，孩子从父母身上也得不到夸奖和理解，自我嫌恶更加严重，甚至不相信自己有什么优秀的地方。这样的孩子在人前总是低着头，努力降低自己的存在感；他们的内心极其敏感，总是觉得别人看他的眼神带有歧视性质；在行为上，他们表现为无原则地对他人忍让，有的时候也会没来由发脾气。

自卑过度，还会给孩子带来诸多负面影响：他们很难集中注意力，不愿意交朋友，容易自暴自弃、情绪长期低落、回避竞争……最重要的是，他们的心理承受能力极差，一丁点儿小打击就能让他们"痛不欲生"。家长一定要留意自己的行为，不要让孩子产生自卑心理。如果发现孩子有这种倾向，要及时制止：

1.切勿盲目比较

很多家长喜欢把"你看××家的孩子，学习多好，同样的年龄，你怎么就做不到"这样的话挂在嘴边，要知道说者无意，听者有心，你也许只是随口抱怨，但在孩子看来，这些话透露着你的极大不满，敏感的孩子甚至会想："既然别人家的孩子那么好，你要我做什么？"你的本意是给孩子树立一个学习目标，让他争取超越对方，但是，实际效果却是孩子认为你看不到他的优点，心态更低靡，更加缺乏自信。

2.不增加孩子无谓的心理压力

性格自卑的孩子，心理压力一向很大，他们会把父母的期待、老师的鼓励看做自己努力的方向，这个时候，他们最重视的就是成绩。可是，欲速则不达，越是重视，越不容易达成目标，让他们的心理压力更加沉重。

父母要懂得适时开解孩子，千万不要整天对他唉声叹气，相反，要告诉他"没什么"，人生的成功和失败都是正常的，失败几次"没什么"；努力的过程比努力的结果重要，就算真的达不到目标，又有什么？也许只是选了不适合自己的道路。要让孩子知道，即使他失败了，你依然相信他、喜爱他，只有这种信任才能让他真正站起来。

3.经常强调他的优点

自卑的人最需要的就是他人的夸奖，有时候他们对夸奖有一种"干渴"状态，觉得再没有人夸奖自己，就会支持不下去。这固然有些病态，但也应该理解他们的感受：长久的压抑导致他们对认同的极度渴望。

每个孩子都有自己的优点，也许他懦弱，但他对所有事物保持同情与理解；也许他笨拙，但他总能够一心一意，将一件事情做到有始有终；也许他羞涩，但他总是默默付出，做自己能够想到的一切……家长应该是最了解孩子的人，对孩子的优点要给予肯定。当孩子对自己感到自卑时，更要经常强调他是一个多么难得的人，让他知道自己的存在有多可贵，又有多重要，还有，他可以凭借自己的优点取得属于自己的成功。

帮助孩子走出失败的阴影

积极而自信的心态是人生道路上的良伴,但是,除了极少数的狂妄自大分子,没有人能永远自信。环境的压抑、屡次的失败打击,会给人的心灵投下重重阴影。最初,孩子们对世界都充满了好奇与探索欲,他们相信凭借自己的能力,能够实现心中的愿望。很快,打击就会降临到他们身上:理想与现实的差距、自己与他人的差距,都让他们重新审视自己,甚至开始怀疑自己,有些人甚至变得自卑,再也不敢前进一步。

失败可怕吗?答案是肯定的。一次次花费心血和精力,却只能排在别人后边,这种感觉刺激着孩子的自尊心、忌妒心,又让孩子一次次贬低自己,严重时还会自我否定。

一位作家曾经在文章里回忆她在美国的一段经历。

作家在美国留学的时候,她家附近有一个公共花园,每天晚饭后,很多人在花园散步,老人和孩子尤其多。这一天,她看到一个刚学会走路的小孩正颤颤巍巍地在石子路上走着,孩子的妈妈跟在不远处,微笑地看着孩子。

突然孩子脚下一滑,摔了一跤,立刻大声哭叫起来,作家连忙上前想要扶起孩子,突然发现站在孩子身后的妈妈却袖手旁观,根本没有关心孩子的意思。作家不解地问道:"孩子都摔倒了,你为什么不扶呢?"年轻的妈妈说:"要让他从小就懂得,跌倒了得靠自己爬起来。"

人们常说人生就像一次长途赛跑,道路崎岖,不是所有人都能到达终点,更多的人在中途摔倒,再也没有前进的勇气。所以,在孩子小的时候,父母就要让他明白,摔倒了必须爬起来,而且要靠自己的力量爬起来。失败并不可怕,可怕的是丧失对成功的信念。

懂得教育的家长在孩子跌倒的时候不会立刻去扶起他让他继续走,但也不会袖手旁观,看着孩子自己爬,他会提示孩子如何将路走得更好,也会让孩子正确认识"摔跤"的意义。那么,当孩子为挫折沮丧时,如何帮助孩子走出失败的阴影?还有,如何在日常生活中就有意识地培养孩子抵抗失败的心性,让他们看淡成败?

1.让孩子习惯"吃苦受罪"

俄国著名作家屠格涅夫曾说:"你想成为幸福的人吗?那么首先要学会吃苦。"这句话有两层意思:首先,吃过苦的人会格外珍惜幸福,也明白幸福是什么;其次,吃过苦的人磨炼了自己的能力,更有可能抓住幸福。

让孩子吃点儿苦受点儿罪并不是坏事。让他们在生活中多受点"磨炼",让他们在学习上多一点儿挫折,有意送他们接受一些社会训练,就算孩子叫苦,也得到了真正的锻炼,也让他明白小小的失败并不算什么。人生的幸福与痛苦有先有后,却很均衡,是让他享受苦尽甘来的欢乐,还是先甜后苦的惆怅,在于你如何选择。

2.让孩子明白"人外有人"

相信不少父母都亲眼看到过这样的事:一个学生明明学习成绩很好,为人也很自信,可是当他进入一个更高的阶段,例如进入一个重点高中时,他就会发现自己的优势不再是优势,自己由一个优秀者变成了落后者,通常这时,他的心态就会失衡,不管怎么努力追赶,始终达不到从前的水平,也就此一蹶不振。

不管父母多么希望自己的孩子是全世界最优秀的一个,事实却是总有孩子比他更加优秀。就像不论你自己做出多少成绩,总会有人比你做得好。让孩子接受这个事实固然是残酷的,但却是他早晚要面对的现实。当孩子失意的时候,让他明白超越别人固然重要,超越自己才是人生的意义所在,真正的进步不在于你超过了谁，而是今天是不是比昨天做得更好一些，如此一来，他对"失败"会有更深刻的认识，在他努力的时候，他已经是一个成功者。

3.锻炼更积极的心态

应对失败的最好方法，是在心理上营建一道防线，让孩子自己学会调节心情。父母可以教导孩子一些积极的心理暗示方法，比如每天都在临睡前照照镜子，对自己说："我是最棒的。"而且，家长也要经常将鼓励的话挂在嘴边，让孩子知道他"能行"、"很优秀"。

需要注意的是，家长的夸奖是一种鼓励，而不是盲目刺激孩子的自信。当他有错的时候、过于狂妄的时候，你要打压一下他的"士气"，让他看到自己与真正优秀者的差距，明白强中自有强中手。

第27章

关键时刻,他总能表现出 高度的理智

即使在小孩子的生活里,也很难避免突发事件的降临。这个时候,如何才能让你的孩子保持镇定和理智?这全有赖于父母平日的教育。应变能力不是天生的,要在日常生活中培养孩子成熟稳定的心态,只有具有深思熟虑的性格,才能让他在临事之际胸有成竹、泰然自若。

相机而动，
逐步培养孩子的应变能力

父母教育孩子，总希望教育出一个万能的小超人，不但头脑好、人品好、样貌好，还要学习好、人缘好、口碑好，换言之，最好完美无缺、万里挑一。不过，人无完人，孩子更不可能样样完美。父母也渐渐接受了现实，开始扬长避短，有所侧重。

有一种孩子让父母担忧，在人品、相貌、学习上，他们没得说，都很好，可是，他们遇事常常转不过弯，很难急中生智，有时候被人家一句话问住。举个简单的例子，就像别人让他数数字，他知道正着数、倒着数，如果别人换一个问法，问"第53个数字是什么"，他竟然一下子就被唬住，这就是典型的缺乏应变能力。

孔融是东汉时期的名人，建安七子之一，也是传统故事"孔融让梨"的主角。小时候的孔融，不但恭谦有度，且头脑聪明、才智过人。

有一次，他随父亲去别人家里做客，小神童出场，大家自然夸赞有加。这时一位叫陈韪的名士看着孔融说："很多神童不过小时候聪明，长大其实不会有多大出息。"

孔融听了，恭敬地对陈韪说："我相信先生小时候一定很聪明。"在场的人哈哈大笑，陈韪讨了个没趣。

什么是应变能力?应变能力是指外界环境发生改变时，人们下意识做出的反应，或者经过深思熟虑想出的对策。试想，当你的孩子遇到故事中那样的刁难时,他有没有可能像孔融那样反唇相讥,还是只能默默忍受别人的非议,回来自己郁闷?培养应变能力,就是培养孩子自我保护的能力,不论他的尊严还是利益受到危害,他都能想到正确的应对方法。而且,尽管孩子生活在安全的时代,生活中总有一些危险,让你不得不尽早提防,孩子有应变心态,才能让他化险为夷。

如何培养孩子的应变能力,让孩子能够急中生智?这不能急于求成,需要父母在日常生活中相机而动,通过具体事例的分析,通过让孩子多多历练,逐渐培养。父母可以注意以下方面,这些事都需要长期训练,但绝对有效:

1.常常挑战自我

没有谁天生就具备应变能力,这种能力靠的是风波中的历练,经历的事情多,才能知道出现什么情况,第一步怎么办、第二步怎么走。而且,经历的事情多了,下一次再遇到,就可以直击核心,再也不会慌手慌脚。

当孩子觉得一件事自己处理不好,或者排斥做哪些困难的事时,就是因为他对自己的能力缺乏信心,如果不锻炼,就永远得不到改善。鼓励孩子常常挑战自己,去参加那些自己觉得"不行"的比赛、去做那些自己认为"不会"的事,做得多了,自然就有经验,至少有了"用心做就好,不要管结果"的挑战心态。

2.扩大交际圈

处世能力是应变能力的重点部分,而处世能力只有在与他人的相处中才能培养。家长在孩子小的时候,就应该带他参加各种聚会,训练他的能力,当孩子接触到各种各样的人,熟悉其他人如何说话、做事、应付人与人之间的亲近与摩擦,他会逐步知道如何讨人喜欢、如何缓解矛盾、如何维护自己,这都能增强孩子独立行事的能力。

父母的带领只能起一小部分作用,孩子的事还是应该由孩子自己做主,鼓励他多交朋友,和邻居、和同学、和校友,都应该多多接触。此外,现代社会是网络社会,孩子们都会有自己的网友,这是一个更大的人际圈子,让孩子接触到更多不同年龄、不同职业的人,学到更多的东西。当然,家长也要注意孩子的安全问题,孩子如果要和网友见面,需要问清楚、查清楚,不能大意。

3.改变急躁的个性

孩子遇事慌乱的最大原因是什么?急。或者遇到紧急情况,他们急于改变;或者遇到顺风顺手的事情,他们急于求成;或者一时毫无办法,他们急得团团转。急躁是应变的大敌,没有人能在烦躁的心情中还能冷静头脑分析问题。所谓急中生智,是指情况紧急而心生智慧,可不是干着急。

如何改变孩子的急躁?首先要让他经常保持愉快的心情,一个人愉快,就能平和,习惯了平和,才会稳重,进而激发勇敢、果断、沉着,等正面情绪。还有,在孩子遇事的时候,告诉他不要焦虑,因为"不管有什么事,爸爸妈妈会陪着你",对于有自主性的孩子来说,这句话就是他的定心丸,即使爸爸妈妈什么也不做,他也觉得踏实放心。小孩子固然有自己的理智和机智,但他们总希望自己能有所依靠,不孤单,才更有底气,这就是孩子的特点。

遇事不慌,
塑造孩子处变不惊的从容心态

应变能力最突出的表现,就是孩子在面对重大变故时能不能立刻稳住自己。人的心态就像大海中的航船,一切顺利的时候,每个人都能保持平和,让船沿着航向前行;偶尔有小风小浪,也都有自己的一份应变能力,或转舵、或收帆、或减速,不耽误船的行程。真正的考验是乌云突然聚集,暴风雨在下一秒就要出现的时刻,这时候,有几个人能够保持从容心态,胜似闲庭信步?

舞台上,舞蹈表演正在进行,这是一个欢快的舞蹈,孩子们穿着颜色鲜艳的服装跳得正起劲,突然,音乐戛然而止,在场的观众愣住了。

也许是音响出了问题,导播室负责放音乐的老师急得焦头烂额,孩子们茫然地站在舞台上,不知如何是好。这时,一个响亮的声音说:"按拍子跳!"然后,自顾自地小声说起了"1、2、3、4……"其他孩子终于回过神,按照声音的提示开始跳舞,终于跳完整个舞蹈,谢幕退到后台。

观众报以热烈的掌声,很多人在演出结束后说,印象最深的节目,就是这个无声的舞蹈。而那个在关键时刻沉着冷静的孩子,也受到了老师最热烈的表扬。

跳舞的时候音响出现问题,这个时候最容易出现的情况,是孩子们慌慌张张跑向后台,还需要老师安慰几句。也许有一个孩子懂礼貌,记得对观众鞠一躬,就算是不错的。不过,在这个故事中,却有个临危不乱的"小领导",竟然能在慌张之际让大家镇定下来,从从容容地靠打拍子跳完一场舞,也难怪别人记忆深刻。

如果每一个孩子都有这种从容心态，父母对孩子就会少一些无谓的担心，更加大胆地让他们经历更多锻炼。但自己的孩子现在仍然一出事就慌乱，父母也只好像大鸟一样张开翅膀安抚他们。怎样才能让孩子也在重大关头静下心，想出突破困境的方法？这也要依靠父母平日对孩子的训练和教育。

在生活中，父母应该让孩子养成稳重的个性，让孩子积极应对那些突发事件，形成临危不乱的习惯。这需要日积月累的熏陶，只有习惯了稳重、内心有主见、有智慧，才能在事情突然发生的时候进入"战斗状态"，知道如何应付。孩子平日就要具备以下5种素质：

1.沉稳与灵活

孩子的个性多种多样，不是每个孩子都是稳重的，更多的孩子喜欢咋咋呼呼，但是，不管孩子是好动还是好静，只要头脑冷静，在遇到"危机"的时候都能镇定下来，思索解决的办法，临危不乱不是一种个性，而是一种能力。

面对困难的时候，硬碰硬并不是最好的办法，有时候迂回绕道、以退为进，才是最好的出路，这都需要孩子灵活把握状况。要记住，不论沉稳还是灵活，都是为了争取自己的主动权，不要一直被情况牵着走。

2.摸清对方底细

不论情况多么紧急，孩子都要稳住心态，要知道不论遇到的是环境问题还是针对某个人，对方都有一个底细，把这个底细摸清，就有胜算。

在变幻莫测的大自然面前，"摸底"需要深厚的科学知识；在头脑聪明的"敌人"面前，"摸底"需要把握对方的底线、目的、能力，只有了解这些东西，才能准确预计对方下一步行动，找破绽反击。就像下象棋，可能输了几步，局势危险，但只要了解对方的棋路和习惯，仍然有可能设下圈套，让对方中个埋伏,然后克敌制胜。

3.把握大方向

在危机之中,人们都容易慌手慌脚,甚至会下意识想:"换个方向吧,既然这条路走不通。"不可以让你的孩子形成这种意识,只要大方向没错,就算出现危机,也不能放弃方向,否则,所有努力都会前功尽弃。

在公园小河里划船时,可以训练孩子的"方向感"。即使突然起了风,有快艇经过卷起大浪,小船颠簸着像是就要翻个个儿,也要告诉孩子稳住,向着既定的方向划过去,只要沉住气,风浪很快就会过去。但如果随便改变方向,就算风浪过去,小船也离目的地不知有多远,还可能迷路。一定要记住,什么都可以更改,目标不能轻易改。

4.承受力

突来的情况常常导致失败,这就需要孩子具备相当的承受能力,承受可能到来的挫折。要培养孩子达观的心态,最坏的结果是什么?最坏的结果就是失败。失败了,并不是没有第二次机会,下一次你会更有经验。

在"接受失败"的基础上,孩子会真正静下心来,会安慰自己"就算失败也没什么大不了"。这个时候,他的头脑开始清楚,思维开始活跃,眼光也跳出了此时的危机,开始观察全局,然后,他也许就能想到解决困境的办法。能够承受失败,才能获得成功,有对失败的承受能力,也就有了对成功的追求能力。

5.勇气

很多事失败了可以重新开始,提炼经验做到更好,但人生的恼人之处是有很多事无法重来,例如,孩子只能参加一次的考试、孩子只能参加一次的演出、孩子只能有一次的 12 岁生日聚会……这个时候出现什么意外,可能是一辈子的遗憾。

孩子不但要豁达,还要有"狭路相逢勇者胜"的气概。既然机会只有一

次,危机已经出现,那就只能赌上平日的所有知识和经验,不管前面有什么考验都要冲过去。历史上有很多绝处逢生、以少胜多、化不可能为可能的故事,那些故事的主人公,靠的就是心中不服输、不气馁的勇气,才在危机的瞬间调动了所有智慧,你的孩子也一样可以做到。

第28章
他很友好,能和每一个人愉快相处

　　家长和老师经常抱怨现在的孩子被惯坏了,根本不知道如何与他人相处。与其说被惯坏,不如说家长没有悉心教育。人与人相处是一门深奥的学问,小孩子应该明白感情的基础:尊重、付出、真诚、平等,这样的孩子人格健全,和所有人都能保持良好的关系。

和他人相处是一门学问

大人有大人的世界,在大人成熟缜密的思维中,人与人的关系有真情、有算计,有各自的底线和原则,有是非善恶、有远近亲疏。对大人来说,社会是复杂的,需要步步为营,但是,他们仍然向往以诚相待,仍然愿意结交各种朋友,丰富自己的人生。

孩子有孩子的世界,在他们的小脑瓜里有天真绚丽的幻想,人与人之间的关系,就像父母爱自己、自己爱父母那样简单。他们会听凭自己的喜好,决定和一个人是否是朋友,他们最需要的是有个人陪自己玩耍、有一些人跟自己一起探险,他们也希望身边有很多很多小朋友,每个人都能喜欢自己……

不过,孩子的思想总是有些自我,他们所希望的人际关系都是以自我为中心。在乎的,是自己的喜好;埋怨的,是他人不赞同自己;喜欢的,是那些跟着自己跑来跑去的人。如果不顺心,会觉得自己一个人玩好过理会他人,希望其他人统统离自己远一点儿。

有这样一个童话:一个巨人有一座美丽的大花园,花园里百花齐放,附近的孩子被这美丽的景色吸引,都钻进花园里,尽情玩耍。可是,巨人嫌这些孩子太吵,而且,他不想让自己的花园被别人占满。因此,巨人下令所有孩子都不准进入花园。

花园里没了孩子们的笑声,渐渐变得毫无生气,巨人也渐渐觉得自己的做法也许出了问题,如果没有人欣赏,花园再漂亮又有什么意义呢?

仔细观察,你会发现你的孩子有了好玩的积木玩具,他宁愿自己玩,也不愿意其他小朋友把玩具弄脏。可一个人摆积木有什么意思呢？很快，积木就被他丢在一边，落满灰尘。

有时候，他出去跟小朋友玩耍，玩了一会儿不知为何回到家里，再也不出去，你问他，他说："不跟他们玩。"你去问其他小朋友，他们也觉得奇怪，"我们没有和他吵架呀！"

如果这些情况经常发生，你可以确定，你的孩子是个"不合群"的孩子。他有点儿孤僻、有点儿骄傲，他在小朋友中间总是显得闷闷不乐。他的朋友很少，不是大家不愿意理他，而是他根本不理其他人。他也会用羡慕的目光看着那些玩得开心的小朋友，随即扭过头，一个人玩自己的玩具。看到这里，你是否觉得着急？

不要让孩子从小就养成孤傲的个性，更不能让孩子习惯一个人，拒绝与他人相处。不要轻率地责怪孩子不合群，要想一想他不合群的原因。绝大多数孩子拒绝与人交往，是因为他们找不到存在感，得不到小伙伴的认同，经常被别人忽略。试想，你的孩子如果经常得到小伙伴的羡慕，所有人都喜欢他，把他当做好朋友，他还会拒绝与人来往吗？

如何让自己的孩子变得受欢迎？这需要孩子和家长的共同努力。与人相处是一门学问，对小孩子来说，这门学问很深奥，但却不难理解，你可以用最简单的事例告诉他们以下道理，让他们人见人爱：

1.礼貌、友爱的态度

与人相处，有礼貌是第一步。礼貌是一个人的最基本的修养，对他人尊重、不口出恶言、不嘲笑挖苦别人、不说别人的闲话，这些都是关系品德的礼貌问题。把这些事做好，至少孩子不会是一个讨厌的人。

友爱的态度是关键。一个孩子如果愿意理解他人，在他人困难的时候愿意伸出手帮帮忙，他的为人不光受到小朋友的肯定，说他"讲义气"，连小朋友的家长都会觉得这是一个好孩子，鼓励自家小孩多跟他来往。

2.懂得分享

大方的小孩最受欢迎。不论孩子有什么玩具,都要鼓励他拿出去和别人一起玩;有什么零食,一定要分给和他在一起的小朋友。有什么东西,要让孩子分给其他人,承诺回家后你会再给他买新的,让他养成分享的习惯。

当然,这件事要量力而行,既不能让他斤斤计较,更不能让他大手大脚,什么都送给别人,让那些喜欢贪小便宜的人整天围着他,对他的成长更没有好处。

3.不歧视他人

有些小孩子天生有缺陷,如口吃、残疾、近视,等等。一定要反复教育你的孩子,让他们对这样的小孩心存同情,保持尊重,不能给他们取绰号,不要嘲笑他们的缺点。如果有人这么做,有义务纠正,即使这样会得罪一些人。

从小就要给孩子灌输"平等"观念,这样他才能真正去发掘其他人身上的闪光点,认识到自身的不足。一个不歧视他人的孩子,心中充满对他人的理解与爱,他的真诚必然会打动更多的人,让更多的人喜欢上他。

要让孩子懂得付出

周六晚上,孙先生家里照例有一场朋友间的聚会,几个朋友带着自己的妻子和儿女一起在孙先生家的庭院里吃烧烤。小朋友们年纪相仿,快乐地玩耍着。这时,孙太太捧着一大盘水果走出家门,对小朋友说:"大家都来吃水果吧!"

孙先生的儿子多多第一个冲了上来,一把抓起最大个的苹果,又把最大个的鸭梨也抢在手中。另一个小男孩晚了一步,看到最大的水果都在多多手里，急得大哭大闹："我要最大的！我要最大的！"孙太太哄多多，让他让一个给别人，多多把苹果与鸭梨死死抱在怀里，说什么也不分给别人，父母骂的骂、劝的劝，现场一片混乱。

故事里，孩子们对"大苹果"、"大鸭梨"的争抢导致了一场晚餐会上的不愉快，这反映出了独生子女一个很大的问题：唯我独尊。现在的孩子有父母宠，有两方老人宠，所有人都围着他转，把最好的给他，什么东西都让他先挑，导致了他有一种优越感，认为最好的东西就应该是自己的，其他的人只能拿他不要的东西。

古时候有个故事叫"孔融让梨"，古代才子孔融很小的时候，就知道把更大的梨让给哥哥吃，这个故事流传了1000多年。但是，到了现在，多数孩子别说让梨，连让个枣还要摆架子，认为自己给了他人偌大的恩惠，这种自私自利的心态如果不得到矫正，会影响孩子今后的生活、事业，让他不断和人发生摩擦。

哲人说，真正的快乐来自给予，而不是得到。孩子要懂得分享，才能告别斤斤计较。如果一个孩子从小就太过维护自己的利益，什么事都算计，总怕自己吃亏，这样的"精明"只会害了他，让他为了小利忽略更重要的东西。不懂得付出不是最可怕的，最可怕的是孩子沾染上"贪小便宜"的习气。如果你发现你的孩子正在为"从同学那儿要来一块漂亮的橡皮"而沾沾自喜，立刻行动，止住这种风气！那么，如何让孩子懂得付出、懂得为他人考虑？

1.打压孩子的"气焰"

在古代，中国的家庭最讲究"长幼有序"，不论吃什么、做什么，都要让长辈先来，之后孩子才能动弹。在家庭教育中，父母应该继承这种传统，告诉孩子尊重长辈，不管有没有客人，都要以长辈们的意愿为优先，不能像小霸王一样，想做什么就做什么。

当然，家长也要做出榜样。例如在吃饭的时候，家长首先要为自己的爸爸妈妈夹菜、敬酒,等他们开始吃饭,自己才能动筷子。孩子看到,自然会记住。

2.让孩子学会关心人

父母下班回来的时候,孩子没有一声问候,只顾着玩自己的游戏;父母做了一桌子饭菜,孩子吃完把碗筷一扔,留下他们洗碗;父母好不容易有了休息时间,孩子却指挥他们做这做那……这样的孩子不懂得体谅他人的辛苦,你为他付出再多,他都视为理所当然。

必须让孩子知道这样一件事:天下没有白吃的午餐,没有人有义务为你付出。关心父母是他最应该做的,说出父母的不易,对他提出一定的要求,不是为难孩子,而是让他及早正视亲子关系的最重要节点——相互性。

3.回报他人的好意

网络上有一句流传很久的格言:"要感谢那些对你好的人,因为他们可以不这么做。"应该让你的孩子也学学这句话,让他知道人与人从陌生到熟悉,半是缘分半是相互吸引。不管谁对他好,都是一种付出,需要他予以回报。

回报的方式有很多种,有时候只需要一句"谢谢";有时候需要用心观察,发现对方的喜好;有时候需要在对方困难的时候尽到朋友的责任。这些事,可以随着具体事件的出现慢慢讲给他,不必常常对他说教。

4.不求回报地付出

要教导小孩子"付出不要问回报"是件困难的事,孩子会问:"没有回报,为什么要付出?"并不是因为小孩子的思想市侩,而是他们的世界很简单:我对你好,你对我好,不存在其他可能。

如何让孩子体会付出的快乐?让他去帮助那些最需要帮助的人,比如,带他一起去做义工。起初他可能不会懂做这些事有什么意义,如果你能长期坚持,孩子耳濡目染,会觉得父母做的是一件了不起的事,今后也会同样要求自己,把帮助别人当成一种责任、一种习惯。

正确对待竞争

在孩子成长的过程中,父母总要面对各种各样的问题,一个接一个地解决。比如,在"竞争"这个问题上,孩子们的反应各不相同,大体上有两种:

第一种比较普遍。小孩子喜欢争强好胜,什么事都想拿个"第一"、争个"领先",在全班同学面前得到老师的夸奖,是小孩子心目中无上的荣誉。问题随之而来,有些孩子太过重视成绩,一次考得好,高兴得差点儿飞上天;下次考得差,半个月闷闷不乐。对那些比自己强的同学,又羡慕又忌妒;对比自己差的人,不屑理会……孩子过早地开始"唯成绩论",把成绩当做唯一的标准,看人、看事、看自己——这种情况怎么看怎么扭曲,他才多大?

有些孩子年纪虽小,已经颇有"与世无争"的"仙风道骨",他会睁着乌黑明亮的眼睛问你:"谁当第一不一样?为什么要争第一名?"家里有这样的孩子,父母应该觉得自豪。但是,这种"怎样都好"的孩子脾气好、心态好,也容易不思进取、得过且过。如果没有任何竞争意识,落在别人后边也甘之如饴,这的确不是一件好事——整天得过且过,连个目标都没有,他多大了!

涉及和竞争者的相处,更是一大难题。小孩子想问题有时候会偏激,常常把竞争对手当做"敌人",好朋友之间如果存在竞争关系,甚至会为谁多一分谁少一分这样的小问题大吵大闹。不能让孩子留下"对朋友才要友好,对手就要针锋相对"的印象,要让他知道,即使是对手,也有共同进步的可能,甚至还能成为相当好的朋友。

峰峰小学一年级时就开始打网球,经过几年的训练,小学毕业时,他已经小有成就,成为区里的主力小球员,即使在市里,他也是数一数二的优秀选手,可是,他常常败在同一个人手里,每次比赛都要屈居第二,这让他十分郁闷。

一天,峰峰对自己一直信任的表哥说了他的烦恼,表哥认为,如此优秀的对手,值得结交,他建议峰峰和那个人交个朋友,常常在一起练习。

峰峰不太相信竞争对手之间会有真实的友情,但他仍然按照表哥交代的那样,常常约对手一起打球,后来,发展为一起做功课、一起出去玩,他发现对手不但球技优秀,性格也很可爱,是个不错的朋友。常常跟对手一起练习,峰峰的球技进步很快。表哥进一步交代,对待朋友要真诚,于是峰峰将自己观察到的对手的弱点一一告诉对方,帮对方改正。对手很感激,投桃报李,也常常指导峰峰的动作,后来,峰峰不再每次都落败,而且他们二人的球技都有了长足发展,即将代表市里去参加全国比赛。

竞争对手的存在真的只给孩子带来烦恼吗?家长一定要清楚,只要孩子的心态平和正常,竞争对手带来的正面影响永远大过负面,有些优秀的竞争对手甚至能直接给孩子做出榜样,让他明白应该如何为人处世,省掉家长的口舌,让孩子直接"进化"。

所以,家长也要了解一下孩子的竞争对手,不要让孩子把不如自己的人当做对手,这样他不会有任何进步;也不要让孩子把能力高过他太多的人视为对手,那会让孩子在很长时间内都对自己感到失望。对手,应该是在某些方面与自己能力相当,又在某些方面明显比自己高明的人,才能让他进步更大。另外,有些孩子"剑走偏锋",错误理解了"对手"这个概念,和人比吃比穿,比谁用的手机高级,发现这种苗头,一定要严厉制止。要让孩子树立正确的竞争意识,就要让他懂得:

1.努力是根本

想要在竞争中获得胜利,最主要的就是自己的实力,不论孩子在意的是成绩的高低、比赛的胜负还是技艺的精纯,这些东西都要靠实打实的努力来堆积,只有每一天都努力,时刻想着自己的目标,才能让自己具备最强的竞争力。

如果孩子想到作弊、走后门等手段，要严厉制止，让他再也不敢有这一类的想法。也许他会说，他因为对手的作弊才失败，你也要告诉他："最重要的考试别人无法作弊，而且，没有人能永远靠作弊得第一，只要保证你是最好的，别人就没法靠歪门邪道来打败你。"

2.向对手学习

能够称为对手的人，往往意味着势均力敌，而且，他们身上往往有你的孩子不具备的某些优点。鼓励孩子接近对手，向对手学习，就是在让自己的孩子弥补自己的不足。

向对手学习的同时，不妨试着和对手成为朋友，互相取长补短，一个既是对手又是朋友的人，将在孩子的人生道路中随时起到"坐标"作用，他让你的孩子永远不敢松懈、不会放松努力，从这个意义上来说，每个人都要感谢自己的对手。

3.善待对手

每一位家长都有"给别人留个后路，也给自己留个后路"的经验，能够善待对手的人，会有更多朋友，也会有更多释放空间。对于孩子来说，竞争对手之间既无深仇大恨，也无过多的利益冲突，最多就是争争名次和名额，在这种情况下，没有必要搞得见面就红眼、听到人家倒霉就高兴的程度，反倒应该以平常心对待对手，进而善待自己的对手。

孩子从小就要养成宽容的习惯，要让孩子意识到这一点：竞争对手的存在，促进了自己的成长，也许有一天，你的孩子也会明白，自己能取得好成绩，并不仅仅在于努力，还在于有个人一直在和自己并驾齐驱，为了不落后，自己只能拼命跑——从这个意义上来说，应该感激对手。何况，现代社会强调双赢，而不是两败俱伤，在孩子小的时候就要为他灌输这个理念，让他能够主动与对手保持友好关系。

第 29 章
他很敏锐,有时十分敏感

　　小孩子的思维活跃,观察力敏锐,同时也造成了他们思想上的多疑、情绪上的敏感、心理上的易受伤害。教育你的孩子活得开阔一点儿,不要为琐事斤斤计较,不要为小事伤春悲秋,度过一个无忧无虑、充满阳光的童年,是父母能给孩子的最好的礼物。

让孩子的心胸开阔一点

　　小心眼的孩子不可爱，他们容易为一丁点儿大的小事就大动肝火，会为别人无意的冒犯恼羞成怒，即使在父母的教育下，他们维持了表面上的礼貌和修养，看上去和他人相安无事，但实际上却在心里打着自己的小算盘，认为某些人很"讨厌"。

　　你几乎可以勾勒这样的孩子长大以后会是什么样子。进入学校后，他交不到多少朋友，因为朋友总会因某些小事得罪他，被他记恨；在学习上，他忌妒心强，总是看不上那些排在自己前面的人；他把自己的经验捂得紧紧的，就怕别人学了去，久而久之，无人愿意跟他分享……一个人的生活有时能由一个人的心胸来决定，小心眼的人，注定活得累、活得紧张。

　　常言道，心有多大舞台就有多大。从小就培养孩子的开阔心胸，让他活得"开放"一点儿，既让他容易接受外部世界，也容易被外部世界接纳。何况，心眼小得像针尖一样，生活还有什么意思？"海纳百川，有容乃大"，这个道理，孩子必须清楚。

　　小胖今年 10 岁，学习成绩名列前茅，是父母的骄傲。不过，作为一个男孩，小胖的心胸似乎不太开阔，一直让父母担忧。

　　有一次考完试，小胖高高兴兴地回家，告诉父母："平时考试他们都抄我的答案，结果和我得一样的分数，这次考试，我故意写错了几道题，在交卷的时候才改过来，哈哈，这次他们可有好看的了！"果然，这次考试小胖得了 100 分，那些抄他答案的人都没超过 80 分。

　　父母认为小胖的做法不妥，不只是因为小胖帮人作弊，还有小胖这种计较的心态,因为计较分数,做表里不一的事,影响自己的形象,这才是最大的损失。

帮别人作弊是不对的,更严重的是小胖想出的"报复方法",从此以后,同学们可能不再信任他,认为他"狡猾"。比起作弊,父母更应该纠正的是小胖的计较心态,如果觉得不公平,就不要答应;既然答应了,就不要搞小动作,言而无信。换言之,对很多事,孩子应该有宽容的心态,不要总是想着一丁点儿得失,显得小家子气。

人们常说,吃亏就是占便宜,不妨也把这句话反复告诉你的孩子,他不懂也不要紧,记住就行。随着他经历事情的增多,他会渐渐发现,原来不与人计较,能够给自己带来好人缘、好运气、好机会,因为所有人都喜欢有气度的人,想要与这样的人相处。发现这一点,其实用不了多久。下面说说如何教导"小心眼"的小孩:

1.不要为得失计较

小孩子很喜欢把自己的"领域"计算得一清二楚,他总能清清楚楚地知道自己盒子里有多少粒玻璃珠子,如果和小朋友游戏之后少了几粒,他会非常生气,将小伙伴一个个想过去,想找出谁是"小偷"。应该告诉孩子,大家一起玩,有些人马虎大意,多装走几个,并不是有意的偷窃。何况,几个小小的玻璃珠,不值得计较,就算送给别人又何妨?

2.接受他人的缺点

孩子不明白什么叫"人无完人",他们最喜欢,也最擅长"以偏概全",通常别人做了顺他们心意的事,就是大好人;让他们生气,无疑是大坏蛋。随着他们年龄的增长,他们发现每个人都不完美,难免失望;那些曾经的"大坏蛋",却有让他们佩服的地方,他们也会迷茫……这些失望与迷茫是成长的必然,要告诉他们人都是复杂的、多面的。

更重要的是,要告诉他们和他人相处不能求全责备,不要苛求每个人都顺他们的心意,而要尊重他人的个性、重视他人的优点,而不是盯紧他们的缺点。谁没有缺点呢?何况,有些人的缺点正是他们的特点,使他们更加生动可爱。

3.正确对待别人的"小心眼"

当你要求孩子宽容大度的时候,孩子却不断碰到小心眼的人——没办法,小孩子都有点儿小家子气。这个时候你的孩子会心理不平衡,认为自己吃了亏,更奇怪父母为什么要教他吃亏,你可以这样告诉孩子:"你觉得××小心眼,所以不喜欢他。但是如果你和他一样斤斤计较,在别人眼里,你就也成了一个小心眼的人,同样不讨人喜欢。"

容人又容事,才能办大事。从小就训练孩子的心胸,让他遇事看开一点儿,遇人忍让几分,不仅能让他减少与人的摩擦,腾出更多的时间忙正事,还能让他渐渐改掉敏感的习性,变得更有度量。都说宰相肚里能撑船,你的孩子若从小就能做一个"小宰相",长大后,你还发愁他没有"大前途"吗?

可以多想多思考,但不要多愁善感

"妈妈,下雨了,那些花被雨浇着,会不会疼?"

当孩子问这些话,你会觉得孩子天真、善良、感情丰富。

"爸爸,今天我和××吵架了,他会不会还在生气?"

当孩子说这些话,你会觉得孩子宽容、自省、理解他人。

你正为孩子丰富的心灵、爱思考的头脑而自豪,突然发现事情有点儿不对劲。你家的孩子小小年纪,整天长吁短叹,没事还要哭上一场,简直就像林黛玉附体;和人相处的时候他小心翼翼,总是留心别人的神色,生怕一个不小心气到别人、伤到别人;没事的时候他开始写日记,主题只有一个:别人(爸爸、妈妈、老师、朋友……)是不是不喜欢我?还要罗列出具体的事例。这时候你才知道,你的孩子感情丰富得过了头,想事情考虑得过了头,小小年纪已经告别阳光灿烂,进入阴雨绵绵,变得多愁善感。

孩子过早地多愁善感可不是件好事,它会让你的孩子过早品尝长时间的抑郁与烦闷,看事情更喜欢盯着阴暗面,理解事情也容易产生偏激的想法。世界固然不是一片光明,但如果一开始就相信它黑暗无比,孩子的一生都会在极度的失望中度过,被消极的情绪折磨,更糟的是,多愁善感还会影响人的身体健康,容易导致焦虑、头晕、胸闷、健忘等毛病。

庄太太的孩子小加就是一个多愁善感的小女孩,再加上小加长得瘦且清秀,颇有一些林黛玉气质。可是,在庄家,这位小"林黛玉"可没有"用武之地",她经常被自己的父母弄得哭笑不得。

比如,秋天到了,大雁往南飞,小"林黛玉"正要伤心,父亲看她一眼,佯装严肃地说:"你难受什么?难道让它们留在这儿冻死吗?真没同情心。"小加一腔伤春悲秋的情绪被浇灭,开始和父亲讨论同情心问题。

比如,当小加犯了小心眼的毛病,为一点儿小事生气,母亲就会夸张地说:"那么多国家大事还没人管好,你竟然有心情为芝麻绿豆的小事生气!"小加立刻觉得自己浪费了很多情绪。有时候,她真不喜欢自己的爸爸妈妈,有时候,又想幸亏有这样开朗的爸爸妈妈,她才有如此快乐的生活和开朗的心态。

庄先生和庄太太都是乐天派,在他们的熏陶下,"林黛玉"似的女儿也养成了史湘云。其实,庄先生和庄太太未必不知道女儿的一腔愁绪,他们只是用一种积极开朗的方法帮女儿排解。心中的愁思不一定要表现为愁眉苦脸,也可以是达观的笑脸。

小孩子的心思比大人细腻,他们即使思考外界,最后也会归结到自己身上,他们常常对自己有这样或那样的想法,时而开心,时而忧郁,这种对自身的思考应该鼓励,也应该及时引导。那么,家长应该如何对待孩子的多愁善感?

1.了解孩子的"愁"和"感"

有这样一句诗:"少年不识愁滋味,为赋新词强说愁。"人们都觉得孩子的烦恼、少年的忧愁不过是"强说愁",真正的哀愁是说不出来的。但是,小孩子的心灵有多大?小孩子的世界能装多少东西?也许一件小小的烦心事,就能占满他的整个情感空间,让他完全提不起精神,甚至产生消极的情绪。面对孩子的烦恼,家长不应该笼统地认作是"小事",要尽量了解情况,了解孩子的想法,才能找到最好的解决措施,让孩子告别困扰。

2.让他看到事物积极的一面

万事万物都有两面性,多愁善感的孩子往往只能看到消极阴暗的一面。这种情况下,父母要考虑给孩子一些"阳光教育",让他多多看事物的积极面。可以经常给他讲一些激励人心的故事,让他相信生命的意义在于改变自己、奉献他人、努力实现自己的愿望,而不是沉浸在伤感的情绪中,觉得任何事都没有希望——"如果没有希望,别人为什么做得好?难道你比他们差吗?也许他们的情况远远不如你。"

3.让他相信一切都会向好的方向发展

孩子的伤感有时来自对事物的无能为力,当他们付出了努力与感情,却仍然无法得到想要的结果,或者仍然要看到事情变得更坏,这让孩子幼小的心灵产生难以摆脱的阴影,让他们变得悲观,再也提不起精神。

父母要告诉孩子,有些事不是人力能够改变的,有些事却可以靠自己的力量变得更好。只要努力,一切皆有可能。不如意的成绩通过努力,可以变为优秀;不友好的同学通过努力,可以成为朋友;不熟练的技艺通过努力,可以成为艺术……只有有心,一切都能朝好的方向发展,与其悲叹,不如现在就付诸行动。

4.让孩子正确面对打击

有些孩子本来很开朗,是因为某种打击才变得伤感。例如,小小年纪的他们突然面临亲人、朋友的死亡,他们不明白人为什么会死,继而会想所有人都会死,然后陷入疑问与担忧中。这个时候不妨给孩子讲一些生老病死的道理,和他谈论一些关于人生的深刻问题,让他明白人生在世,每个人都要面对失去,面对各种打击,叹气会让幸福溜掉,而积极地战胜痛苦,前方还有更多的欢乐等着他。因为,冬天来了,春天还会远吗?

不要让孩子拘泥于一些无关痛痒的小事

小女孩茜茜今天又不高兴了,因为早上到了幼儿园,开始吃零食的时候,发现包里的饼干不是自己最爱吃的牌子,她赌气没有吃零食,回来还和妈妈发了一通脾气。

妈妈无奈地叹了一口气,要说茜茜这个孩子,脾气不能说不好,温柔细致起来,人人都夸奖她是个懂事的孩子,但就是太喜欢较真,什么事都要争个明明白白,有时候甚至得理不饶人。昨天晚上,她养的金鱼死了一只,她非说是爸爸买的渔网不够细,刮到了她的宝贝金鱼,和爸爸争执了足有一个钟头,才气鼓鼓地回房睡觉。这个孩子学习好、头脑聪明,什么时候如果能改改她的脾气,那会是很完美的孩子。

有些孩子会为小事耍“公主脾气”、“少爷脾气”,有时候让家长特别无奈。有些孩子耍脾气,表现为不说话,甚至不吃饭,好几天没精神;有些干脆大哭大闹、不依不饶；有些一言不发，但会乱扔东西，制造巨大的声响，宣泄心中的不满；还有一种更严重，趁着家长不注意，他们会离家出走，让家长找不到，你说急人不急人？

还有些孩子总为一点儿小事钻牛角尖，例如他自认为想到了一种很好的解题方法，兴致勃勃地开始演算，却发现怎么算都算不出结果，急得满头大汗，你跟他说："有其他方法，这么一道小题，干吗非要算得这么麻烦？"他还会瞪你一眼，继续他的"演算大业"，典型的"到了黄河不死心，见了棺材不落泪"。你拿他怎么办？

还有孩子动不动就把小事无限制地拔高，小小年纪就跟你讲自尊、讲"人权"，而你做的也许只是将留给他的零食给了来做客的小朋友。当孩子振振有词地跟你说："那是我的东西，你怎么能给别人呢？太不讲信用、太不尊重我了！"你头疼不头疼？

上面所有问题，都因为孩子对小事太过在意，这也是性格敏感的一种表现形式。孩子们希望把一件事按照自己的方法做好，希望生活按照自己的愿望发展，希望他人能够顺着自己的心意，一旦他们发现事实并非如此，就会产生强烈的不安，表现出来就是闹别扭、耍脾气，其实连他们自己都说不明白，作为家长，需要体谅孩子的这种心态，并帮他改正：

1.分清"大事"与"小情"

在孩子眼里，没有事是小事，父母首先要重视这一点，然后才能教导他们区分"大"与"小"。什么是大事？事关个人原则、人格、前途、尊严的就是大事，平时听到点儿流言飞语，谁有时间一一去管？也不必一一去查。人正不怕影子斜，只要大事做得好，不怕别人不承认、不称赞。

2.想做大事，不能拘泥于小事

做事要分得清轻重缓急，那些不那么重要的事先放一放；那些十万火急的事才需要立刻动手。有些孩子做事的时候缺乏全局意识，拿做考卷为例，一道选择题他不会做，就用半小时的时间专门抠这道题，考试结束，后面他全会答的大题却没时间去做，这就是典型的"因小失大"。如果孩子太过拘泥于小细节，他早晚有一天会丢了西瓜捡芝麻，甚至还会有条有理地跟你讲捡芝麻的好处。这时候，你悔之晚矣。

3.计较小事，容易心胸狭窄

当孩子获得"敏感"这个"殊荣"时，他也开始享受一些特别待遇，例如，别人跟他说话会小心翼翼，生怕伤害到他；小朋友和他玩也会特别小心，怕惹哭他。起初，孩子颇有"小王子"、"小公主"的自得感，日子久了，就会觉得自己像个瓷娃娃，别人虽然小心翼翼地看着，却不愿意接近他。

想要改变这种情况，就要让孩子学着大方一点儿。在生活上，不要为食堂打饭的师傅少给自己舀一勺菜而碎碎念；在人际上，不要为朋友忘记送生日礼物而"记仇"；在学习上，不要因为同学借了自己笔记，担心对方超过自己——这些小事除了证明自己小心眼，还有什么其他的意义？对无关痛痒的小事，最好当它们不存在，以节省时间、感情、精力。包括那些小痛小痒，也不要介怀，才能培养孩子越来越强的承受能力。

第30章
强大的领导力让他常常成为同学中的领头羊

有些孩子处处领先,有些孩子常常被动。怎样才能让孩子成为领头羊,从小就具有领导力呢?这就需要孩子有合作精神和领导意识,二者缺一不可。父母要有意识地训练孩子的人格凝聚力,让他成为"中心人物",具备了这种领导意识,就是在为他的未来铺设一条康庄大道。

培养孩子的团队精神

有一天,你的孩子要走出家门,面对学校里的生活与竞争,他将逐渐与人接触,形成自己的小圈子,也会不断参与活动,在集体生活中扮演自己的角色。然后,他走出社会,继续营建自己的小圈子,找到自己的位置,这时候,他的人生基本定型。

作为家长,你希望孩子在团体中扮演一个什么样的角色?是一呼百应的带队者,还是默默无闻的跟随者?或者是被集体排斥的异类?相信每个家长都希望孩子能够出人头地,成为"人上人",那么,如何才能让孩子在团体中处于领先地位?

有个人死后变成鬼魂,来接他的天使问他想下地狱还是进天国,鬼魂对这两个地方充满好奇,就问:"地狱是什么样的?"

天使带他来到一个房间,只见一个大圆桌上围坐着愁眉苦脸的一群人,圆桌中央是一大锅鲜美的肉汤,但人们手中的勺柄足有一米的木勺子,根本没办法用它去喝汤。

"那么,天堂是什么样的?"

天使带鬼魂去了另一间房间,这间房间和前一个一模一样,圆桌、肉汤、长木勺,不同的是这里的人都拿着勺子,将汤舀给坐在自己对面的人,他们每个人都露出满意的笑脸。

家长给孩子讲故事,说教不宜太多,重在启发。就像上边这个故事,你可以问问孩子:"天堂里,是谁在一开始的时候想到了这个主意?然后说服大家同意这么做?"然后再诱导他:"是你的话,你会不会想到'互相帮助'这件事?会不会第一个提出来?"无形中,孩子明白了什么叫团队合作,什么叫

"领导者"。

想要孩子成为领导,先要让他明白集体与个人的关系,让他明白一个人钻研固然重要,但"人多力量大",集体的智慧更加无穷。一个孩子要有强烈的集体归属感和荣誉感,才能被其他人接纳。所以,你应该常常教育你的孩子:"不管你们的性格多么不同,不管你们的最后目的是否一样,只要大家为了同一个目标聚集在一起,就是一家人,你要真诚、热情地对待别人,他们才会如此回报你。"

有主动性的孩子,更容易得到团体中大部分成员的认同。这个"主动性",一是指孩子自愿加入某个团体;二是自己与团体中的成员搞好关系;三是主动参与团体的发展,提出计划并付诸行动。那么,如何鼓励孩子主动进入团体之中?

1.鼓励孩子多参加集体活动

团队精神要在团队中训练,想当领导也要有足够多的下属,否则就是光杆司令。多让孩子去参加集体活动是最好的办法。有些孩子不合群,对集体活动很抗拒,这时候需要家长的鼓励,甚至"逼迫",或者说:"你要亲自跟别人接触,才能知道为什么小朋友都喜欢集体活动。"或者说:"学校规定去春游,你怎么能不去呢?"

如果孩子实在太孤僻,连一个和他一起走路的小朋友都没有,就要鼓励孩子主动去找一个"对子",平日一起学习、一起玩耍,先习惯和单个人相处,然后再慢慢地学会与集体相处。对孩子不要急于求成,要相信水滴石穿。

2.从爱好入手,让孩子学会与他人合作

想要成为领导,首先要保证孩子能够顺利和他人合作,并且表现出高于他人的能力。试着从孩子的爱好入手,让孩子参加相关的活动,给孩子一个发挥特长、被他人认可,又能为他人提供帮助的机会。这样一来,孩子的心理得到了极大的满足,他会更加愿意参加这一类的活动,发挥自己的"主导力",还会将这种尝试心理推而广之,试着做那些原本不爱做的事、接触那些不爱接触的人,让事情做得最好,这,就是初步的领导者思维。

3.正确处理与他人的矛盾

在一个集体中,小孩子容易发生矛盾,这时候就要教导你的孩子有理有节。理,就是当自己做得对、别人做错的时候,不要没原则地谦让别人,让其他人以为自己软弱可欺,该辩驳的时候就要辩驳,该理论的时候就去理论;节,就是当自己有理、别人也退让的时候不要咄咄逼人,让人下不来台,要点到为止,给人留面子,给自己留后路。

有理有节的最高境界,是在谦让人的同时让别人明白自己不可欺、不可辱,只是心胸开阔才会退让一步。这样的孩子尽管年纪小,但已经有了领导风范,既有容人之量,又有自己的气节,让大多数小朋友都服气,甚至家长们看了也会夸奖一句:"这个孩子,未来有出息。"

4.亲自组织活动

此外,让孩子自己组织活动,也是对他的"领导锻炼"的一种好方法。例如,你的孩子喜欢画画,你可以给他一笔钱,让他自己搞一个"涂鸦聚会",邀请同学、附近的小朋友都来参加,然后自己盘算需要买什么、大赛流程、评委是谁、有什么奖品;或者,让他组织一群小孩子去附近的动物园写生,要自己打听路线,确定如何野餐,掌握时间按时回家。这样的活动组织一两次,你会发现孩子已经具备了初步的领导头脑。不论你让他做件什么事,他都会精打细算,考虑很多细节,可谓"质的飞跃"。

5.不断提升自己

想要别人对自己服气,不能只靠某一次活动中的能力显示,也不是某一次考试的第一名成绩,而是持续不断地领先,在各个方面的领先。家长愿意孩子有领导意识,就是因为这会激发孩子的荣誉感,让他们更加努力,自觉地提升自己。

如何培养孩子的"领导风范"

成人们都有这样的体会：现代社会，各行各业都是"金字塔"结构，塔基处的人多，越往上，人越少，想当精英就要面对激烈竞争，想当领导就要彰显能力与风范，不然，你靠什么站到那个塔尖？就算有雄厚的背景，那个塔尖也不是说站就站的，终究还是要靠实力说话。想让自己的孩子今后成为站在塔尖的领导者，从小就要培养他的"领导风范"。

珠珠刚上小学一年级的时候，妈妈凭借自己和班主任的朋友关系，让班主任将珠珠定为班长。在珠珠幼小的意识里，这种"投机取巧"让她觉得难堪，而且自己根本不想当班干部，妈妈为什么要这样做呢？

妈妈却有她自己的打算：珠珠这孩子太内向、不积极，在幼儿园的时候，每天都沉默寡言，如果不能在小学训练训练，将来更没办法培养她的"领导意识"。做父母的，总不希望自己的孩子居于人下、听人号令，虽然知道珠珠会生气，她还是走了一回关系。

虽然不满意妈妈的做法，但珠珠是个认真的孩子，颇有"在其位谋其政"的自觉。为了不让同学说闲话，她每天都会认真复习功课、认真听课，拓展额外的知识，保证自己的成绩能够名列前茅。为了更有班干部的威信，她开始努力锻炼自己的演讲能力，开始大声说话，让自己看上去更像个"带头的"。班级不论搞什么活动，她都积极去查资料、问其他老师、找有经验的高年级前辈。在她的努力下，班级得到了不少奖项，她这个班长也越来越被学生们信服。看到珠珠一天天成长，妈妈对自己的"英明决策"得意极了。

在孩子年纪不大的时候，当班干部，是训练责任感、领导感的最简单途

径。班干部也有很多种,有些一心一意为同学服务,深受同学们爱戴,即使多年以后提起当年班上的某个班干部,也会说一声:"我小学那个班长,真不赖。"还有的班干部只知阿谀,讨得老师高兴,班上的事能推就推、能躲就躲,小小年纪就成了"马屁精",让人鄙视;还有一种属于无功无过型,只做自己分内的事,完成任务就万事大吉,这种班干部,老师和同学都记不住他们的名字,他们自己也没有干部的自觉,等于白当一回。

班干部职位虽小,却也是孩子群里的领导。领导也有好坏之分,既然有志于培养孩子的领导力,就要力求让他当个好领导。好领导一要有能力,二要有威信。这两样素质都能在实践中渐渐培养,其中,威信的培养比能力更困难,因为威信来自于人格魅力,也来自于做出的成绩。那么,如何让孩子更有领导风范,在小伙伴中间帮他树立威信?

1.高度的责任感

领导者与被领导者最主要的不同是什么?被领导者负责执行领导的意图,领导者则要直接对事情的结果负责。因为这种责任,领导者才必须深思熟虑,必须步步为营,必须有控制力和应变力,必须有心理承受力,换言之,一个团体中,领导者往往是最有责任感的人。

可以指定一些小事,让孩子当"负责人",全权指挥,父母做下属。例如周末请朋友来吃饭,指定孩子当聚餐负责人,自己决定菜单和饮料、房间布置、如何排位置、摆盘子,充分考虑客人的喜好:有老人要准备什么?有小孩又要准备什么?当客人到来后,让孩子做主要接待员,陪客人说话,就算他觉得累、做得不好,也要让他坚持到最后,因为这次聚会是他的"责任"。在这样的锻炼中,孩子以最直观的方式明白了什么是责任、什么叫负责任。

2.公正与诚信

领导者要有信用度,而且不能出现不公正现象。具有领导力的孩子常常在孩子们的矛盾中充当仲裁者和协调者,因为大家信服他,相信他不会偏袒任何一个人,会就事论事地说道理,而且不会说谎,这样的孩子,不就是未来的领导吗?

在日常生活中就可以锻炼这种能力。夫妻吵架的时候,可以让孩子当"法官",判断究竟谁对谁错,让孩子初步学会"不偏私"和"公正"。教导孩子分析事情的前因后果,考虑爸爸妈妈各自的立场,然后以常识判断究竟谁的责任更大。

3.聪慧

领导者之所以处在领导位置,就在于他们的头脑比旁人高明。这个高明并不仅仅是指智商,现实生活中,我们不是经常看到一个初中毕业的老板雇用一批博士、硕士?领导的聪明在于对全局的掌控力、对人员的调度力,还有对压力的承受能力,这都需要头脑。

不可否认,有些人天生聪明,他们看事情比常人多一分眼光,在孩提时代就能崭露头角。但是,一些天性愚钝的人,依然可以靠人格与后天培养的智慧成为好领导,关键在于孩子是否愿意观察、思考,智慧可以从经验中提炼,也能在不断地实践中形成。

4.领导力

领导与下属有时并不是职位高低,而是分工不同。领导负责的是全局、是调度;下属负责的是某个部分。两者互为依靠,应该友好相处,没有隔阂与芥蒂。但居于领导的位置,不能低声下气地哀求别人帮忙,而是要用自己的头脑、胆识、人品得到他人的信服,即使暂时没有信服,也要让对方慑于威势,按照你说的话去做,这就是"领导力"。

想要当领导,就要敢于让他人去做事,并且保证他人按你的话做,能得到更多的成就。领导力的训练不是一朝一夕的事,一定要让孩子抓住任何一个提高组织能力、管理能力的机会,不管是当班干部还是组织学校活动,有机会一定要自告奋勇,哪怕会被同学们说"得瑟"、"拔尖",也要勇敢地举起自己的手毛遂自荐,让老师注意自己的存在。不管是老师还是同学都有一个心理惯性,一个孩子组织一次活动、两次活动,今后再有类似的事,他们想的第一个人选总是这个孩子,这就是逐步积累而形成的"威信"。